FRANZ KUROWSKI

DER KAMPF UM KRETA

DER ERFOLGREICHSTE STURMANGRIFF AUS DER LUFT, DER JE GEFÜHRT WURDE

Efstathiadis Group S.A.
Agiou Athanasiou Straße,
GR - 145 65 Anixi, Attikis

ISBN 960 226 240 0

Gedruckt und gebunden in Griechenland durch Efstathiadis Group AG.

INHALT

Vorbereitungen – Abwehrmaßnahmen des Gegners – Bombenangriffe auf Kreta

Zur gleichen Zeit, da am 21. April 1941, um 12.00 Uhr, in Larissa General Papagos, der Oberbefehlshaber aller griechischen Streitkräfte, die offizielle Kapitulationsurkunde unterzeichnete und 16 griechische Divisionen in Mazedonien und im Epirus die Waffen streckten, fand eine Generalstabsbesprechung statt, in der es darum ging, ob Kreta in der Hand des Gegners bleiben sollte.

An der Besprechung nahmen neben General der Flieger Student auch sein Ia, Oberstleutnant Trettner, General der Flieger Jeschonnek, General Jodl und Generalfeldmarschall Keitel teil. Ziel dieser Besprechung war es, den nächsten Einsatz für die Fallschirmtruppe auszuwählen. Als wichtigste Einsätze standen Kreta und Malta auf dem Programm.

Die 7. Fliegerdivision war inzwischen zum XI. Fliegerkorps ausgebaut worden. Kommandierender General des XI. Fliegerkorps war General der Flieger Student. Er trug während jener denkwürdigen Besprechung vor, daß ein so starker Stützpunkt wie Kreta nicht in der Hand des Gegners bleiben dürfe. Er machte den Vorschlag, diese Insel mit dem XI. Fliegerkorps aus der Luft zu nehmen. Kreta würde das erste Sprungbrett zum Suezkanal werden. Cypern sollte folgen.

Bereits am 24. April 1941 begann die Einschiffung der britischen Expeditionsarmee zum Abtransport aus Griechenland. Vizeadmiral Pridham-Whippell von der Royal Navy übernahm die Leitung der Evakuierungsoperation. Die Verladehäfen waren: Rafina, Porto Rafti, Megara, Theodoro und Nauplion. Während der Verladung griffen deutsche Bomberverbände unablässig die britische Transportflotte an. Am 25. April versenkten sie drei Schiffe, darunter die beiden Großtransporter *Pennland* (16381 BRT) und *Slamat* (11636 BRT). Am 26. April versenkte die Luftwaffe 11 Schiffe. Ein Kreuzer und 19 weitere Schiffe erhielten Treffer. Die beiden Zerstörer *Diamond* und *Wryneck* fielen ebenfalls Bombenangriffen zum Opfer.

In der Nacht zum 28. April wurde offiziell von britischer Seite die Evakuierungs-Operation abgebrochen. Dennoch konnten britische Schiffs-Einheiten in der Nacht zum 28. April bei Porto Rafti (schon im Rücken der deutschen Truppen) noch 4200 Mann evakuieren. Bei Monemvasia und Kalamata wurden in der folgenden Nacht nochmals 3750 Mann eingeschifft, und es gelang 740 Angehörigen der Royal Air Force, von der Insel Kythera zu entkommen.

Mit der Einschiffung von 250 Soldaten in der Nacht zum 1. Mai 1941 fand die Operation »Demon« ihren Abschluß. Damit war es Vizeadmiral Pridham-Whippell gelungen, 50672 Mann dem deutschen Zugriff zu entziehen. Der größte Teil dieser britischen Expeditionsarmee wurde nach Kreta, ein Teil nach Ägypten gebracht. Mit dieser Verstärkung war die griechische Insel Kreta zu einem festen Bollwerk geworden.

Während das Generalkommando des XI. Fliegerkorps und die Truppen nach Griechenland verlegt wurden, blieb General Student mit einer kleinen Arbeitsgruppe in Berlin zurück, um den detaillierten Angriffsplan auszuarbeiten. Dieser Plan stützte sich nicht zuletzt auf die Nachrichten, die vom Chef der deutschen Abwehr, Admiral Canaris, dem XI. Fliegerkorps übergeben wurden. Danach sollte Kreta nur schwach besetzt sein. Von der britischen Expeditions-Streitmacht sei der überwiegende Teil nach Alexandria übergeführt worden, hieß es. Nur kleine Splittergruppen seien nach Kreta gebracht worden.

Für die Art der Durchführung des Angriffs auf Kreta bestanden drei Möglichkeiten. Der Vorschlag der Luftflotte 4 lautete:

Besetzung des Westteiles von Kreta (von Malemes bis einschließlich Chania) und Eroberung der Insel durch Vorstoßen beider Divisionen von Westen nach Osten.

Vorteil: Starke Kräfteballung und damit absolute schnelle Überlegenheit an einer Stelle, auch wenn der Gegner stärker war, wie angenommen. Voller Schutz des Absprungs durch das VIII. Fliegerkorps.

Nachteil: Schwierige, vielleicht langwierige Kämpfe im Gebirge, wobei dem Gegner die Möglichkeit der Ausnützung seiner östlich gelegenen Flugplätze – zumindest beschränkt – blieb.

Der Vorschlag des XI. Fliegerkorps lautete:

Gleichzeitige Besetzung durch Absetzen an etwa 7 Punkten der Insel, darunter den wichtigsten: Malemes, Chania, Rethymnon und Heraklion.

Vorteil: Die wichtigsten Punkte der Insel waren schlagartig in eigenem Besitz, die Insel war schnell erobert.

Nachteil: Die an den einzelnen Punkten abzusetzenden Kräfte waren schwach, Unterstützung durch das VIII. Fliegerkorps nicht an allen Stellen möglich.

Das Oberkommando der Luftwaffe hingegen entschied:

Eroberung der Insel durch Inbesitznahme der vier wichtigsten

Punkte, zeitlich gestaffelt, um den vollen Schutz durch das VIII. Fliegerkorps zu ermöglichen; und zwar vormittags den Westteil (Malemes und Chania), hier Schwerpunkt. Nachmittags der Ostteil (Rethymnon und Heraklion).

Um ausreichende Informationen über den Gegner zu erhalten, wurden sofort mit Beendigung der Operation auf dem griechischen Festland folgende Einheiten angesetzt:

a) Luftaufklärung:

2 Aufklärungsstaffeln des VIII. Fliegerkorps zur laufenden Überwachung der Schiffsbewegungen im Seeraum um Kreta, der Belegung der Häfen auf Kreta und Feststellung der gegnerischen Luftwaffe auf Kreta.

1 Aufklärungsstaffel des XI. Fliegerkorps zur Erkundung von Landeplätzen, Feldbefestigungen, Artilleriestellungen, Truppenlagern usw. auf Kreta.

b) Die Abwehrorganisation:

Unter Admiral Canaris versuchte sie, durch Entsendung von Vertrauensleuten und Vernehmung von Agenten ein Bild von der Stärke der Besetzung Kretas und den Verteidigungsabsichten der Engländer zu gewinnen.

c) Durch die 12. Armee:

Durch ständige und systematische Vernehmung der von der 12. Armee eingebrachten Gefangenen.

Das so gewonnene Bild stellte sich folgendermaßen dar:

Bedeutungsvollster Hafen auf Kreta mit schwacher Belegung mit Kriegsschiffen und stärkerer, oft wechselnder Belegung mit Handelsschiffen ist die Suda-Bucht. Im übrigen nur beschränkte Landungsmöglichkeiten in Rethymnon, Heraklion, Golf von Mirabella, Ierapetra und Bucht von Mesara.

Brauchbare Flugplätze mit Startbahnen bei Malemes und Heraklion; ein beschränkt brauchbarer Flugplatz bei Rethymnon. Durchschnittliche Belegung der Flugplätze mit 25 bis 40 Maschinen; in der Mehrzahl Jagdflugzeuge, einige wenige Kampfflugzeuge.

Starke Flakabwehr im Raum Chania, sowohl in der Suda-Bucht wie beim Flugplatz Malemes, bei Rethymnon und Heraklion.

Geschätzte Stärke der Inselbesatzung nach Aussagen der Agenten und Gefangenen ungefähr eine Division und Teile der aus Griechenland entkommenen Truppen.

Die laufende Überwachung des Schiffsverkehrs nach und von Kreta ergab kein klares Bild, ob es sich um Ab- oder Antransporte, oder um reine Versorgungstransporte handelte. Eine unmittelbare Beobachtung des Geleitzugverkehrs in den Gewässern um Kreta war unmöglich, da Ein- und Auslaufen der Schiffe in die Suda-

Bucht, wie der gesamte Schiffsverkehr im Seegebiet um Kreta, bei Nacht erfolgte.

Das Verhalten der Bevölkerung Kretas war ungewiß. Es wurde mit der Möglichkeit gerechnet, daß sie, um ebenso günstige Bedingungen wie die griechische Festlandsbevölkerung zu erhalten, mit den Achsenmächten sympathisieren, sich zumindest voll neutral verhalten werde.

Wesentliche Befestigungen wurden trotz eingehender Lichtbilderkundung nicht erkannt. Bekannt war nur aus den Meldungen der Vertrauensleute, daß natürliche Höhlen vorhanden waren, die angeblich als Vorratslager Verwendung fanden.

Wegen der Geländeverhältnisse mußte das Fallschirm- und Luftlandeunternehmen auf die drei Räume an der Nordküste beschränkt werden, in denen Flugplätze vorhanden waren. Hier mußte, da diese Plätze gleichzeitig die Schlüsselstellungen der Insel waren, mit starker Abwehr gerechnet werden.

(Daß diese Beurteilung *nicht* den tatsächlich angetroffenen Verhältnissen entsprach, liegt daran, daß die Engländer bereits sehr früh, lange vor Beginn der deutschen Operationen im Südostraum, mit dem starken verteidigungsmäßigen Ausbau der Insel begonnen und es verstanden hatten, alle Geländeverstärkungen besonders gut zu tarnen. Bei einem Teil der auf den Lichtbildern festgestellten Flakstellungen handelte es sich um Scheinstellungen, während die *wirklichen* Stellungen nicht erkannt wurden.

Die meist sehr widersprechenden Angaben der Vertrauensleute konnten bei der Kürze der zur Verfügung stehenden Zeit keine volle Klarheit bringen.

England hatte den festen Willen, Kreta zu verteidigen und zu halten, und hat hierzu, wie der Ablauf der Angriffe zeigte, besonders zähe Gegenwehr geleistet und den Einsatz seiner Flotte nicht gescheut. Da bekannt war, daß ein Angriff auf Kreta nur als Luftlandeunternehmen durchgeführt werden konnte, hatte der Gegner die Abwehr entsprechend eingehend vorbereitet. Um die Flugplätze und alle für die Landung in Frage kommenden Plätze waren nach allen Seiten verteidigungsfähige Stützpunkte ausgebaut.

Da jedoch nach unseren Informationen nur mit schwacher Abwehr zu rechnen war, beschloß der Operationsstab des XI. Fliegerkorps den Angriff folgendermaßen:

Die Flugplätze Malemes und Heraklion sollten im Direktangriff genommen und für spätere Luftlandungen offen gehalten werden. Ein weiteres Fallschirmjägerregiment wurde auf Chania angesetzt, um die dort vermuteten Hauptkräfte des Gegners zu fesseln und das Hauptquartier von General Freyberg auszuschalten. Zur Rükkendeckung dieses Regiments sollte das Fallschirm-Pionier-Bataillon bei Alikianou springen.

Die vierte Kampfgruppe hingegen sollte Flugplatz und Ortschaft Rethymnon nehmen und im weiteren Verlauf ihres Einsatzes die Verbindung zwischen der West- und der Ostgruppe herstellen.

Dieser Angriffsplan wurde allen Regimentskommandeuren ausgehändigt. Es war ihnen freigestellt, *wie* sie ihren Auftrag ausführten. Diese Freizügigkeit und Selbständigkeit war eines der Erfolgsgeheimnisse der deutschen Fallschirmtruppe, deren Kommandeure völlige Handlungsfreiheit hatten. Sie erhielten lediglich die Weisung, einen Angriff durchzuführen. Über das »Wie« mußten sie selbst entscheiden.

Am 16. Mai 1941 trugen die Regimentskommandeure in Athen, im Hotel Grande Bretagne, dem Kommandierenden General ihre Absicht vor. Als die Besprechung am Nachmittag des 16. Mai beendet war, fuhren die Kommandeure wieder zu ihren Einheiten zurück. Sie waren davon überzeugt, daß ihnen ein durchschlagender Erfolg beschieden sein würde.

Bereits am 30. April hatte General Bernard Freyberg den Oberbefehl über alle auf der Insel Kreta stehenden alliierten Streitkräfte übernommen. Mit dem Oberbefehlshaber Nahost in Kairo, General Wavell – der am 30. April Kreta besuchte – kam auch General Freyberg zu der Überzeugung, daß bei einem bevorstehenden deutschen Luftlande- und See-Angriff auf Kreta vier Landungszonen in Frage kämen. Diesen vier Zonen wurde in den folgenden Wochen die größte Aufmerksamkeit gewidmet. Alles richtete sich hier auf die Abwehr eines solchen deutschen Angriffs ein.

Die erste Angriffszone war der Westteil der Insel mit dem Flugplatz Malemes. Auf der Ebene östlich von Malemes konnten Fallschirmlandungen vorgenommen werden.

Der zweite Landeabschnitt wurde im Raum der Suda-Bucht in der Nähe der Hauptstadt Chania vermutet. Dritter Angriffspunkt schien unzweifelhaft der Flugplatz Rethymnon, und im Ostteil der Insel würde der erste Angriff vor allem dem Flugplatz Heraklion gelten.

Demzufolge erließ der Operationsstab für Kreta, »Creforce«, am 3. Mai 1941 seinen Operationsbefehl Nr. 10. Dieser Befehl hatte folgenden Wortlaut:

Abschnitt Heraklion:

Einsatz der 14. brit. Infanterie-Brigade mit dem 7. Mittelmeer-Regiment. Dazu das australische Bataillon 2/4, die britische 156. und die australische 7. le. Flakbatterie. Für Küstenschutz wird die B-Batterie des 15. Küstenartillerie-Regiments eingesetzt. Zwei griechische Infanterie-Bataillone werden als Verstärkung unterstellt. Führung der Abschnittskräfte: Brigadier Chappel.

Abschnitt Rethymnon:

Einsatz der australischen 19. Brigade mit den Bataillonen 2/2, 2/7, 2/22 sowie eine MG-Kompanie. Zwei griechische Infanteriebataillone werden als Verstärkung unterstellt. Führung der Abschnittskräfte: Brigadier Vasey.

Abschnitt Suda-Bucht:

Kräfte zum Schutz des Versorgungszentrums der Insel und der Halbinsel Akrotiri, mit der brit. 151. und 234. schweren und der 129. le. Flakbatterie. Hinzu kommt die 7. australische le. Flakbatterie. An Infanterieschutz werden das australische Bataillon 2/8, die Nordhumberlands Hussars, eine Panzerjägerabteilung und der größte Teil des 15. Küstenartillerie-Regiments eingesetzt. Verstärkung durch ein griechisches Infanteriebataillon. Führung der Abschnittskräfte: Generalmajor Western.

Abschnitt Malemes, Raum westlich von Chania:

Einsatz der gesamten 2. neuseeländischen Division mit der 4. und 5. Brigade und der Kampfgruppe Major Oakes, ferner einer Kampfgruppe der brit. 156. und eines Kampftrupps der 7. australischen le. Flakbatterie. Als Verstärkung 3 griechische Infanterie-Bataillone. Führung der Abschnittskräfte: Generalmajor Puttick.

Die Gesamtstärke dieser Inselbesatzung betrug 30 000 Mann Empiretruppen und 11 000 griechische Soldaten. Um diese Abschnittsgruppen noch zu verstärken, wurden von Kairo alle Register der Überführungstechnik gezogen. In der Suda-Bucht trafen im Verlauf der Maitage bis unmittelbar vor dem Angriff neue Kampfeinheiten ein.

Aus dem Nahen Osten wurden die 2. Leicesters und die 1. Argyll and Sutherland Highlanders übergeführt. Am 13. Mai befahl General Freyberg die Aufstellung der 10. neuseeländischen Brigade. Ihre Führung übernahm Colonel Kippenberger. Kommandeur der neuseel. 4. Brigade war Brigadier Inglis. Die 5. Brigade führte Brigadier Hargest.

In einem alten Sprichwort wird über den Wert eines guten Heerführers gesagt:

»Eine Armee von Hirschen, die von Löwen angeführt wird, ist besser, als eine Arme von Löwen, die von einem Hirsch angeführt wird.« Nach den Gesichtspunkten dieses Spruchs war der neuseeländische Oberbefehlshaber von Kreta, General Freyberg, ein »Löwe«. Bereits im 1. Weltkrieg hatte er sich durch ungewöhnliche Fähigkeiten vom Leutnant bis zum Korpskommandeur emporgeschwungen. Nicht weniger als 27 Verwundungen erhielt dieser Offizier im 1. Weltkrieg. Er – das war die Überzeugung aller im britischen Hauptquartier in Kairo – würde Kreta halten, was auch immer die Deutschen gegen dieses Bollwerk im Mittelmeer aufbieten sollten.

Um aber die Position der Inselverteidiger von Anfang an so zu stärken, daß keinerlei Überraschungen möglich waren, drängte Winston Churchill darauf, daß schwere Waffen nach Kreta übergeführt wurden. Das besondere Augenmerk des britischen Premiers lag hier auf der Zurückführung von Panzern. So schrieb er*):

»Sollten die Deutschen die Flugplätze auf Kreta erobern und benutzen können, werden sie in der Lage sein, Verstärkungen in unbegrenztem Ausmaß heranzubringen. Ein Dutzend Infanteriepanzer könnte unsererseits eine entscheidende Rolle spielen, dies zu verhindern. Deshalb bat ich die Stabschefs, zu bedenken, ob man nicht ein Schiff mit Panzern, das sich auf dem Weg nach Ägypten befand, abdrehen lassen sollte, um ein paar Panzer davon auf Kreta zu landen. Meine Fachkollegen hielten es, obgleich sie mit mir der Meinung waren, daß *gerade* Panzer für den Zweck, den ich im Auge hatte, besonders wertvoll seien, nicht für ratsam, den Rest der Schiffsladung durch einen derartigen Abstecher zu gefährden.«

Winston Churchill gab sich nicht so leicht geschlagen. Am 12. Mai telegrafierte er an General Wavell nach Kairo:

»Wollen Sie nicht in Betracht ziehen, daß ein weiteres Dutzend Infanteriepanzer mit ausgebildetem Personal gegen »Schorcher**) eingesetzt werden sollte?«

Am 15. Mai schon telegrafierte General Wavell zurück:

»Habe mein Bestes getan, um ›Colorado‹***) auszurüsten gegen die Käferpest. Die kürzlich vorgenommenen Verstärkungen umfassen 6 Infanterie- und 16 leichte Panzer.«

Damit bewies Winston Churchill seine besondere Gabe, die Gefahren zu erkennen und die richtigen Gegenmittel zu erspüren. Wären tatsächlich diese genannten Panzer *zusätzlich* nach Kreta übergeführt worden, hätten sie das Zünglein an der Waage sein können.

In Wirklichkeit war jedoch nach dem Telegramm Churchills kein einziger Panzer mehr zur Insel im Mittelmeer gebracht worden. Bei den sogenannten 22 Panzern handelte es sich um sämtliche auf der Insel stehenden Panzer, die zum Teil schon lange dort waren. Diese Nichterfüllung der Bitte des britischen Premiers bedeutete am 20. Mai ein großes Geschenk für die beiden Divisionen des XI. Fliegerkorps.

Dem englischen Oberbefehlshaber Mittelmeer, Admiral Cunningham, dem bereits das Unternehmen »Demon« – Rückführung

---

*) In: THE GRAND ALLIANCE.

**) Brit. Deckname für die erwartete deutsche Kreta-Operation.

***) Brit. Deckname für die britische Kreta-Verteidigung.

von 50000 Soldaten aus Griechenland – gelungen war, wurden alle Marine-Operationen zur Verteidigung von Kreta übertragen. Zweck dieser Operationen war die Verhinderung gegnerischer Marinelandungen an den kretischen Küsten. Er selbst sagte darüber*):

»Es war bekannt, daß für die Insel eine Luftlande-Invasion bevorstand; es erschien aber beinahe unfaßbar, daß eine bloße Luftlandeoperation Erfolg gegenüber alarmbereiten Truppen haben könnte, daß eine Unterstützung von See her unvermeidbar war und daß die Vernichtung der Truppengeleitzüge der Deutschen durch die Mittelmeerflotte den Sieg sichern würde.«

In zwei Phasen führte die britische Mittelmeerflotte bis zum 20. Mai 1941 die ihr zufallenden Aufgaben durch. In der ersten Phase wurde der Ausbau des Hafens Suda für die Heeresversorgung durchgeführt, während die zweite Phase in den Marinemaßnahmen für den erwarteten deutschen Angriff bestanden.

Die Einrichtungen zur Entladung von Versorgungsschiffen in der Suda-Bucht waren dürftig. Der Hafen erlebte häufig deutsche Luftangriffe, die unter den Schiffen schwere Schäden anrichteten. Das Problem, den Nachschub in Gang zu halten, war beunruhigend; doch die rastlosen Bemühungen durch den verantwortlichen Marineoffizier Suda – Kapitän Morse –, der die Organisation im Hafen leitete, trugen oft zur Lösung der Schwierigkeiten bei. Insgesamt wurden vom 29.4. bis zum 20.5.1941 in Suda aus 15 Schiffen 15000 Tonnen Heeresversorgungsgüter entladen, während acht Schiffe im Hafen durch deutsche Luftangriffe versenkt oder beschädigt wurden. Unter den versenkten Schiffen befanden sich auch der britische Motortanker *Eleonora Maersk* (10694 BRT) und der britische Marinetanker *Olna* (12667 BRT). Der britische Minensucher ML 1011 ging am 10.5. nach Bombenvolltreffer unter, während der griechische Zerstörer *Leon* am 15.5. sank.

Der britische Jagdschutz war so gering, daß das Ein- und Auslaufen von Geleitzügen nach Kreta unter erheblichem Risiko durchgeführt wurde.

Admiral Cunningham sagte dazu:

»Die Flotte operierte in bequemer Reichweite gegnerischer Luftstützpunkte und außerhalb jeder Abschirmungsmöglichkeit durch unsere eigene Luftwaffe. Infolge von Verlusten und Unbrauchbarkeit bei dem erst vor kurzem erfolgten Unternehmen ›Tiger‹ (die Mittelmeerfahrt von Marineverstärkungen und eines Geleitzugs mit Truppenversorgungsgütern, geschützt durch den Kampfverband H durch das Mittelmeer nach Alexandrien) waren die Bordjäger des englischen Schiffes *Formidable* auf nur 4 zusammengeschmolzen. Es war also zwecklos, dieses Schiff zu Hilfe zu schicken. Ohne jed-

*) In: Bericht an die englische Admiralität vom 4. 8. 1941.

wede Luftunterstützung mußte daher die Flotte Luftangriffen in einem Maß ausgesetzt werden, das wohl alles auf dem Meer bisher Dagewesene überstieg.«

Englischerseits war geplant gewesen, die gesamte MNBDO (Mobile Naval Base Defence Organisation – Bewegliche Organisation zur Verteidigung von Flottenstützpunkten), deren Personal aus englischer Marine-Infanterie bestand, auf Kreta einzurichten. Aber es wurden nur die Flakeinheiten nach Suda übergeführt und dort eingerichtet. Weitere Versorgungsschiffe folgten jedoch nicht, da die Gefahr des Verlustes durch deutsche Bombenangriffe zu groß war.

In der Nacht zum 16.5. verluden die *Gloucester* und die *Fiji* das zweite Bataillon des Leicester-Regimentes mit voller Ausrüstung in Alexandrien und landeten es bei Heraklion. Die *Glengyle*, eskortiert durch die *Coventry*, die *Waterhen*, die *Voyager* und *Auckland*, brachte in der Nacht zum 19.5. 700 Mann der Argyle- und Sutherland Highlanders von Alexandrien nach Timbaki.

In der zweiten Phase, die in den vorbeugenden Marinemaßnahmen für den erwarteten Angriff bestand, kam es zu einer Reihe von wirkungsvollen Maßnahmen.

Die Engländer nahmen an, daß der 17.5. der wahrscheinliche Angriffstermin der Deutschen sei. Da die Verwendung der Suda-Bucht als Ankerplatz für die Mittelmeerflotte bei Tag wegen der schweren deutschen Luftangriffe nur begrenzt war, wurde es notwendig, die Flotte aus Alexandrien einzusetzen. Alexandrien lag jedoch 420 Meilen von Suda entfernt. Bereits vom 14.5. an hielt Admiral Cunningham Marineverbände auf See bereit, um einer Landung der Deutschen auf Kreta von See her begegnen zu können. Das Großziel der englischen Mittelmeerflotte war die Verhinderung eines solchen Angriffes.

Am 15. Mai waren diese englischen Schiffsverbände auf See. Sie standen südlich Kreta. Admiral Cunningham gab General Wavell folgende Absichten bekannt:

a) *Verband C* (Konteradmiral Glennie auf der *Dido)* mit *Kandahar, Kingston, Juno* und *Coventry* sollten sich bereithalten, um mit Heraklion und Sitia fertigzuwerden.

b) *Verband D* (Konteradmiral King auf der *Naiad)* mit *Phoebe* und zwei Zerstörern sollte sich mit jeder Landung westlich von Rethymnon auseinandersetzen.

c) *Verband B (Gloucester* und *Fiji)* sollte sich mit Angreifern nordwestlich von Kreta auseinandersetzen oder den Verband D unterstützen.

d) *Verband A* (Vizeadmiral Pridham-Whippell auf der *Queen Elizabeth)* mit der *Barham* und fünf Zerstörern sollte westlich

Kreta eine Stellung beziehen, um als Abschirmung der anderen Verbände zu fungieren.

e) *Reserve* (in Alexandrien stationiert): Die *Warspite, Valiant, Formidable, Orion, Ajax* und andere Zerstörer.

f) Das nächtliche Absuchen der Gewässer um Kreta war wie folgt geplant:
   1. Verband B die Westküste Griechenlands ab Matapan.
   2. Verband D ab Anti-Kithera die See bis zum Piräus.
   3. Verband C die See von Kaso bis in Richtung Leros.

g) Sämtliche Verbände sollten sich nach Erfüllung der Aufgaben so zurückziehen, daß sie sich bei Tagesanbruch hart nördlich von Kreta befanden. Anschließend sollten sie sich auf die Südseite Kretas zurückziehen.

h) U-Boot *Rorqual* erhielt Auftrag, in der Umgebung von Lemnos zu operieren.

i) Eine Schnellboot-Flottille wurde in der Suda-Bucht stationiert.

j) Die *Abdiel* sollte zwischen Kephalonia und Levkas ein Minenfeld legen, um die Verbindungen des Gegners durch den Kanal von Korinth zu unterbrechen.

k) Für angemessene Luftaufklärung sollte gesorgt werden; sie war aber zu schwach.

l) Der Oberbefehlshaber Mittelmeer sollte das Unternehmen von Alexandrien aus kontrollieren; doch wurden die leitenden Offiziere der einzelnen Verbände verständigt, daß man von ihnen selbständige Aktionen erwarte.

Durch diese Maßnahmen gelang es auch in der Folgezeit der britischen Mittelmeerflotte, jede Annäherung deutscher Schiffe an die Insel zu erfassen und diese deutschen Verbände zu zerschlagen.

Das erste Absuchen des Seegebiets um Kreta in der Nacht zum 17. Mai war erfolglos. Die beteiligten britischen Verbände zogen sich befehlsgemäß auf die Südseite von Kreta zurück. Am 18. 5. traf Admiral Cunningham die Vorbereitungen zur Ablösung der auf See befindlichen Verbände. Der Geschwaderchef des 7. Kreuzergeschwaders, Konteradmiral Rawlings, nahm als neues Flaggschiff die *Warspite* und verließ am 18. 5. um 20.00 Uhr Alexandrien mit dem Verband A-1: Die Schiffe *Valiant, Ajax, Napier, Kimberley, Janus, Isis, Hereward, Decoy, Hero* und *Griffin*.

Nach der Ablösung durch den Verband A-1 sollte der Verband A nach Alexandrien zurückkehren. Nur die *Hotspur* und die *Imperial* sollten vom Verband A zum Verband A-1 verlegt werden. Die übrigen Einheiten des Verbandes A sollten in Alexandrien tanken und am 19. 5. wieder auslaufen.

In der Nacht zum 20. Mai landete das Panzerlandungsschiff Nr. A-2, eskortiert von dem bewaffneten norwegischen Fischdampfer KOS-19, drei Panzer vom Typ I in Timbaki. Diese Panzer fuhren nach Heraklion, wo sie zum Schutz des dortigen Flugplatzes eingesetzt werden sollten.

Am 20.5. bei Tagesanbruch hatten die englischen Marineverbände auf See folgende Positionen:

a) Verband A-1 stand etwa 100 sm westlich von Kreta; ihm sollte sich bald darauf der Verband des Konteradmirals D anschließen.

b) Der Verband mit dem Geschwaderchef 15 (Konteradmiral King) hatte in der Nacht zuvor die Enge von Kaso erreicht und zog sich jetzt nach Südwesten zurück.

c) Der Verband mit Konteradmiral D (Konteradmiral Glennie) hatte in der Nacht die Meerenge von Anti-Kithera erreicht und fuhr jetzt weiter zur Vereinigung mit Verband A-1.

d) Verband B (die *Gloucester* und *Fiji*), die in Alexandrien aufgetankt hatten, waren unterwegs zur Vereinigung mit Verband A-1.

Damit hatte Admiral Cunningham alle nötigen Schritte getan und stand mit Beginn des deutschen Angriffs in Bereitschaftspositionen.

Was die britische Luftwaffe auf Kreta betrifft, so hatte sie seit dem 13.5. unter den schweren Luftangriffen des VIII. Fliegerkorps zu leiden. Ziel der vorbereitenden Angriffe des VIII. Fliegerkorps war die Vernichtung der gegnerischen Flak-Batterien, insbesondere der Flak-Batterie auf dem Kreuzer *York* in der Suda-Bucht, und Unterbindung des gegnerischen Schiffsverkehrs. Am 19.5. wurden nur noch wenige Flugzeuge auf den Flugplätzen Malemes und Heraklion gemeldet. Flakbatterien am Nord- und Südufer der Suda-Bucht und eine Flak-Batterie auf dem Kreuzer *York* schossen noch. In der Suda-Bucht selbst lagen zahlreiche ausgebrannte Schiffe.

Wie der Bericht von Admiral Cunningham ausweist, war der auf Kreta stationierte englische Jagdfliegerverband am 19.5. nur noch 7 Maschinen stark. In Ägypten waren keinerlei Verstärkungen zu haben. Daher entschied General Wavell am 19.5., daß alle Maschinen sofort nach Ägypten zurückgeführt werden sollten, bis sich das Ausmaß der Feindangriffe vermindert habe oder bis Verstärkungen zur Verfügung standen.

Damit war die englische Mittelmeerflotte vom 19.5. an ohne jeden Jagdschutz.

Noch am gleichen Tag wurde auch das griechische 1. Regiment, das einen Sicherungsauftrag bei Kastelli erhalten hatte, der 5. neuseeländischen Brigade (Brigadier Hargest) unterstellt.

Damit hatte General Freyberg alles für eine Verteidigung der Insel getan. Er vertraute auf die Royal Navy, die das Mittelmeer beherrschte. Sie würde die zu erwartenden deutschen Landungstruppen auf dem Weg vom griechischen Festland hinüber nach Kreta angreifen und – versenken.

Wenige Stunden vor Beginn der Luftlandungen war der britische Nachrichtendienst über die deutschen Invasionsabsichten, über die Stärken der dafür eingesetzten Land-, See- und Luftstreitkräfte, die Angriffszeit, die Landeräume und das Kampfverfahren der deutschen Truppen bemerkenswert gut unterrichtet. Die Schätzungen des zentralen Nachrichtendienstes in London und die des Mittelost-Kommandos deckten sich beinahe genau mit den tatsächlich eingesetzten Streitkräften.

Am 17. Mai erwartete »Creforce« den Einsatz von 25000 bis 35000 deutschen Soldaten, die aus der Luft gelandet werden würden. Mit 10000 Mann auf dem Seeweg unter dem Schutz der italienischen Marine gelandete Soldaten wurde außerdem noch gerechnet.

Der deutscherseits anfänglich für Mitte Mai vorgesehene Angriff auf Kreta mußte wegen Betriebsstoffmangels auf den 18. Mai und schließlich auf den 20. Mai verschoben werden.

Am 19.5 abends waren alle Vorbereitungen für den Angriff auf Kreta abgeschlossen. Das Generalkommando rechnete mit einem durchschlagenden Erfolg.

Mit dem VIII. Fliegerkorps war die Unterstützung des Angriffs nach einem detaillierten Zeitplan bis in alle Einzelheiten genau festgelegt worden. Jäger-, Zerstörer- und Sturzkampfverbände warteten auf das Signal zum Angriff.

Da der vorhandene Lufttransportraum für einen gleichzeitigen Einsatz aller drei Gruppen (von denen die Gruppe Mitte *zwei* Aufträge erhielt) nicht ausreichte, mußte der geplante Angriff in zwei Wellen durchgeführt werden. Während die erste Welle in den frühen Morgenstunden des 20. gegen den Flugplatz Malemes, Chania und die Suda-Bucht gerichtet war, sollten in der zweiten Welle (geplanter Abmarsch um 13.00 Uhr mit den Transportmaschinen der ersten Welle) die Flugplätze Rethymnon und Heraklion angegriffen und genommen werden.

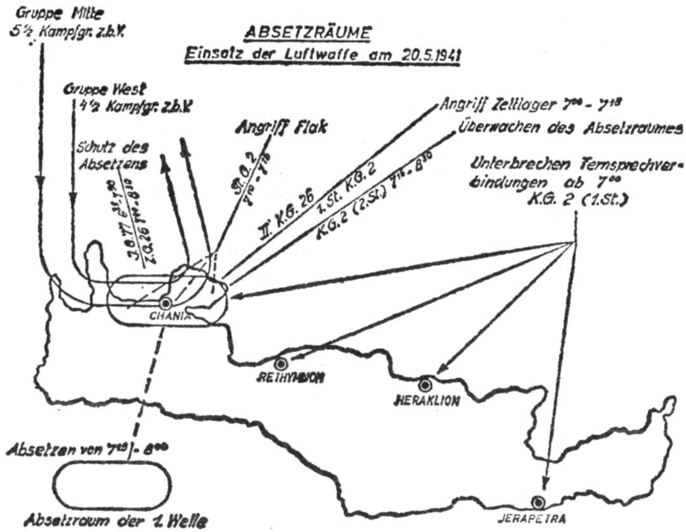

Die drei Einsatzgruppen setzten sich wie folgt zusammen:

1. *Welle: Fallschirmjäger-Sturmregiment* (Generalmajor Meindl).

I. Bataillon (Major Koch): Landung mit Lastenseglern gegen Flakstellungen bei Chania, Suda-Bucht und Flugplatz Malemes. Inbesitznahme der Höhe 107 nahe Flugplatz Malemes.

II. Bataillon (Major Stenzler): Sprungeinsatz östlich vom Flugplatz Malemes, westlich Spilia.

III. Bataillon (Major Scherber): Sprungeinsatz östlich vom Flugplatz Malemes.

IV. Bataillon (Hauptmann Gericke): Sprungeinsatz westlich der Straßenbrücke über den Tavronitis.

Fallschirmjäger-Regiment 3 (Oberst Heidrich).

I. Bataillon (Hauptmann Frhr. von der Heydte): Sprungeinsatz auf der Ebene am Zuchthaus Agya. Raum Straße Chania-Suda.

II. Bataillon (Major Derpa): Sprungeinsatz östlich des Zuchthauses Agya. Besetzung der Höhen von Galatas.

III. Bataillon (Major Heilmann): Sprungeinsatz als Vorhut des

Regiments im Raum Galatas-Daratsos-Straße Alikianou–Chania. Fallschirm-Pionier-Bataillon 1 (Major Liebach) ohne 3. Kp.: Sprungeinsatz nördlich Raum Alikianou.

2. *Welle: Fallschirmjäger-Regiment* 2 (Oberst Sturm).

I. verstärktes Bataillon (Major Kroh): Sprungeinsatz Flugplatz Rethymnon.

II. Bataillon (hier nicht eingesetzt)

III. verstärktes Bataillon (Hauptmann Wiedemann): Sprungeinsatz zwischen Flugplatz und Stadt Rethymnon.

Fallschirmjäger-Regiment 1 (Oberst Bräuer).

I. Bataillon (Major Walther): Sprungeinsatz bei Gournes, östlich von Stadt und Flugplatz Heraklion.

II. Bataillon (Hauptmann Burckhardt): Sprungeinsatz östlich von Stadt Heraklion.

III. Bataillon (Major Schulz): Sprungeinsatz Stadt Heraklion.

II. Batl./Fsch.Jäg.Rgt. 2 (Major Schirmer): Sprungeinsatz Heraklion, als Eingreifreserve.

Wenn der Angriffstermin eingehalten werden sollte, galt es schnellstens das Nachschubgerät heranzuführen, das für ein so großes Luftlande-Unternehmen benötigt wurde. Dieses Material jedoch war – unter dem Gesichtspunkt einer bevorstehenden Landung in England (Unternehmen »Seelöwe«) – in der Hauptsache in Nordfrankreich gelagert.

Die 22. Luftlande-Division, die schon in Holland Schulter an Schulter mit den Fallschirmjägern gefochten hatte, stand für das Unternehmen »Merkur«, wie das Kreta-Unternehmen genannt wurde, nicht zur Verfügung. Sie war schon im März 1941 zum Schutze der wichtigen Ölfelder Rumäniens in den Raum Ploesti verlegt worden.

Statt dessen wurde die 5. Gebirgs-Division (Generalmajor Ringel) dem XI. Fliegerkorps (General Student) zum Einsatz auf der Insel unterstellt.

Der Antrag des Kommandierenden Generals des XI. Fliegerkorps, auch das VIII. Fliegerkorps ihm unmittelbar zu unterstellen, wurde nicht akzeptiert. Mit dem Einmarsch in Athen war für die Angehörigen der 5. Gebirgs-Division der Griechenland-Feldzug zu Ende. Sechs Wochen standen die Gebirgsjäger auf dem Balkan. Sie hatten die gesamte Halbinsel nach einem Fußmarsch von 1500 Kilometern durchmessen.

Durch den Schnee der Stara Planina waren sie vorgestoßen, hatten den Staub der mazedonischen Straßen geschluckt und die Metaxas-Linie durchbrochen – diesen Wall aus Flammen und Stahl. Sie hatten die Neuseeländer am Fuß des Olymp geschlagen und auf dem Gipfel dieses Götterberges die Kriegsflagge gehißt. Tag für Tag, Nacht für Nacht waren sie weitermarschiert und hatten schließlich Athen erreicht.

Hier erhielt Generalmajor Julius Ringel, der Divisionskommandeur, eine Gkdos-Sache, der eine Karte von Kreta beigegeben war. Darüber stand: »Unternehmen Merkur«.

Mit seinem Divisionsstab übersiedelte Generalmajor Ringel von Chalkis nach Athen. Hier begann er, diesen Plan mit seinen Mitarbeitern, dem Ia Major Haidlen und dem Ib Hauptmann Ferchl, auszuarbeiten. Ihr Arbeitsplatz war das oberste Stockwerk des Hochhauses am Ommoniaplatz. Es war Anfang Mai 1941.

»Afrika? Rhodos?« Das war die große Frage, die alle Gebirgsjäger bewegte. Ihr Kommandeur hätte es ihnen besser sagen können. Er wußte Bescheid. Die übrigen ahnten nichts davon, daß sie denselben Weg nehmen würden, den auch König Georg II. von Griechenland genommen hatte, als er aus Athen nach Kreta floh, wo er zusammen mit seinem Ministerpräsidenten Tsouderos in einem Landhaus bei Chania residierte.

Kreta war zum Zufluchtsort der britischen Festlandtruppen geworden. Hierher hatten sich Engländer, Australier und Neuseeländer unter Aufopferung ihrer griechischen Verbündeten zurückgezogen. Diese Insel war als Flankendeckung der Wüstenfront, als Schild für Ägypten und den Suezkanal und als Stützpunkt des Alexandria-Geschwaders der Briten wichtig. Es war von britischer Seite sogar geplant, von hier aus – als Sprungbrett – eine Invasion auf dem Balkan zu starten.

Am 7. Mai sagte Winston Churchill vor dem englischen Parlament:

»Wir verteidigen Kreta, unseren offensiven Vorposten im Mittelmeer, bis zum Tod und ohne einen Gedanken an Rückzug!«

Damit war offenbar geworden, daß der Gegner alle angewandten Täuschungsmanöver durchschaut hatte und genau wußte, worum es ging.

Die 5. Gebirgs-Division wurde auf die südgriechischen Flughäfen verteilt. Sie lag auf Euböa, in Attika und Böotien.

Als am 14. Mai der Angriff des VIII. Fliegerkorps auf Kreta begann, war auch dem letzten Gebirgsjäger klargeworden, wohin der Flug gehen würde: übers Meer nach Kreta.

Tag für Tag wurde es heißer. Am 18. Mai wurden die Boote der beiden »Leichten Schiffsstaffeln« beladen. Auf diesen Nußschalen sollten Fallschirmjäger und Gebirgsjäger mit schweren Waffen über

See nach Malemes und Heraklion transportiert und dort ausgeladen werden.

Vom Motorsegler bis zum kleinen Frachter war alles vorhanden, was schwimmfähig war. Leichte Geschütze und Flak, Munition, Geräte und Fahrzeuge wurden eingeladen; Motorräder und Treibstoff. Schließlich gingen auch die Fallschirmjäger und Gebirgsjäger an Bord.

Jeder dieser Schiffsstaffeln wurde ein italienisches Torpedoboot als »Geleitschutz« mitgegeben. Sie stießen auf See zu den Konvois. Die 1. Schiffsstaffel erhielt das Torpedoboot *Lupo*, die 2. Schiffsstaffel das Torpedoboot *Sagittario*.

In den frühen Morgenstunden des 20. Mai 1941 sollten beide Staffeln in See gehen. Ihr erstes Ziel war die Insel Milos. Von dort aus sollten beide Staffeln nach Kreta weiterlaufen.

An Bord der ersten Schiffsstaffel befand sich das verstärkte III. Bataillon des Gebirgsjägerregiments 100 (Führung Oberstleutnant Ehal). Die Staffel wartete im Piräus auf den Start ins Ungewisse. An Bord der zweiten Schiffsstaffel schiffte sich das verstärkte II. Bataillon des Gebirgsjägerregimentes 85 (Führung Major Dr. Treck) ein. Diese Staffel sollte von Chalkis auf Euböa in See gehen. Die Gebirgsjäger waren bereit.

Wie dieser Teil des Kreta-Planes von der Führung der 5. Gebirgs-Division betrachtet wurde, sagte General Ringel:

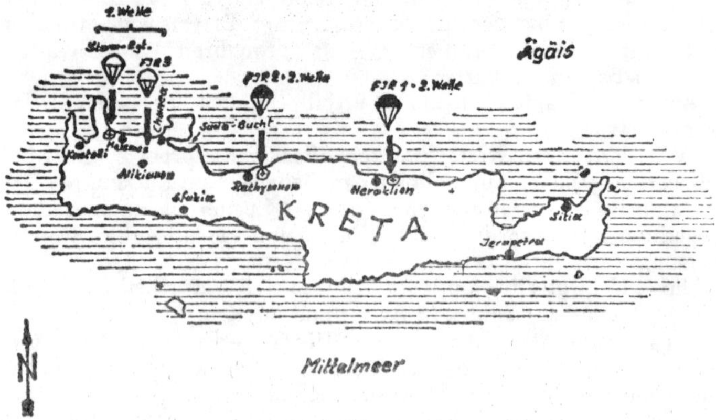

LANDEABSCHNITTE beider WELLEN am 20.5.41

»Diese verrückte Fahrt der leichten Schiffsstaffeln machte mir mehr Sorgen als der bevorstehende Flug meiner anderen Einheiten auf die Insel. Diesem Teil des ›Unternehmens Merkur‹ haftete von vornherein das Gefühl der Unsicherheit, ja des Widerwillens und der Abscheu aller an, die dabei sein mußten. Ob Offizier oder Mann – jeder, der um seine Meinung gefragt wurde, erklärte, er würde zehnmal lieber nach Kreta fliegen als zu Wasser dorthin zu fahren.«

Alles war bereit. Der Auftakt zur ersten Invasion einer Insel aus der Luft konnte beginnen.

Der erste Tag – Hölle von Malemes – Verluste, Verluste – Auf des Messers Schneide!

Das 1. Fallschirmjäger-Sturmregiment unter Oberleutnant Alfred Genz erhielt den Auftrag, mit einer Kampfgruppe von 90 Mann in 9 Lastenseglern eine hart südlich der kretischen Hauptstadt in Stellung gegangene Flakbatterie auszuschalten. Oberleutnant Genz sollte sich nach Erfüllung des Auftrags entweder so lange halten, bis das auf Chania angesetzte Fallschirmjägerregiment 3 eingetroffen war, oder versuchen, sich zur 2. Kompanie des Sturmregiments durchzuschlagen, die im Raum Akrotiri eingesetzt war.

In den Tagen vor dem Einsatz plante Oberleutnant Genz seinen Auftrag bis in kleinste Detail durch. Am 19. Mai versammelte er abends noch einmal seine Zugführer um sich:

»Toschka«, wandte er sich an den jungen Leutnant, der schon in Holland dabei gewesen war und sich vom Feldwebel zum Offizier emporgearbeitet hatte, »Sie landen unmittelbar in der Feuerstellung der Flakbatterie und kämpfen diese nieder.«

Der Leutnant machte sich eine Notiz auf der Karte. Doch schon wandte sich Genz dem Zugführer des II. Zuges zu.

»Mahrenbach, Ihre Aufgabe wird es sein, an der Kreuzung der von der Hauptstraße nach Süden führenden Straße zu landen und die dort durch die Luftaufklärung erkannten Infanteriestellungen niederzukämpfen. Anschließend Sicherung nach Norden gegen Kräfte, die aus der Hauptstadt zu erwarten sind.«

»Und wir, Herr Oberleutnant?« meldete sich Kempke vom Kompaniezug.

»Der Kompaniezug wird mit dem Kompanietrupp, einem schweren Granatwerfer und einem MG, in drei Lastenseglern unter meiner Führung am Rand des Olivenhains niedergehen, der hart südlich der Batterie liegt. Er kämpft die in dem Hain beobachtete Stellung nieder und verhindert, daß die dort zeltenden Soldaten den in der Feuerstellung stehenden zu Hilfe kommen können. – Das ist alles. Und nun: Marsch, ins Bett! Morgen, mit Sonnenaufgang, starten wir.«

Der Morgen des 20. Mai 1941 zog herauf. Auf dem Flugplatz Tanagra, dem Startplatz des 1./Luftlande-Sturmregiments, liefen die Motoren der 9 Ju 52 warm, die durch Schleppseile schon mit den Lastenseglern DFS 230 verbunden waren.

Aus ihren Zelten kamen die Fallschirmjäger und gingen in Reihe zu den Lastenseglern hinüber. Kurze Befehle schallten durch den Morgen. Alles ging mit der Exaktheit des Vielgeübten vor sich. Zwei Minuten später dröhnten die Motoren der Maschinen lauter. Sie donnerten mit Vollgas. Die ersten Ju 52 hoben ab und zogen die Lastensegler mit empor.

Die Vorausabteilung befand sich in der Luft. Sie würde eine Stunde vor allen anderen Einheiten des XI. Fliegerkorps den Fuß auf kretischen Boden setzen; unmittelbar nach dem massierten Stuka-Angriff, der soeben geflogen wurde.

Hart am Peloponnes vorbei, westlich an Kithera vorüber flogen die Maschinen nach Süden.

Noch waren die Schleppzüge nicht an die Küste Kretas herangekommen, als die britische Flak zu feuern begann. Es war geplant, nach dem Anflug über den Westteil der Insel das Ziel aus Südosten, überraschend aus der Sonne niederstoßend, anzufliegen. Doch statt dessen flogen die Schleppmaschinen das hart westlich von Chania gelegene Kap Spatha an.

Oberleutnant Genz bemerkte, daß die Schleppmaschinen nun unruhiger flogen. Einmal explodierte eine Granate nahe bei seinem Segler. Alfred schaute zur Seite, sah, wie plötzlich die linke Nachbarmaschine abriß. Dann riß sich auch der rechte Lastenregler von der schleppenden Ju 52 los.

Der Oberleutnant hielt nach dem I. und II. Zug Ausschau, aber diese beiden Gruppen waren plötzlich verschwunden und ihre Schlepp-Jus drehten bereits ab. Sie hatten also schon ausgeklinkt. Nun drehten auch die Ju 52 des Kompaniezuges und klinkten die Segler aus.

In 2200 Meter Höhe segelte der Kompaniezug über die Insel. Jetzt begann auch die leichte Flak zu feuern. Dazwischen klackerten die Feuerstöße von Maschinengewehren.

Oberleutnant Werner, der den Lastensegler steuerte, in dem sich Oberleutnant Genz befand, sah sich fragend zum Kompanieführer um. Voraus, schräg unter ihnen, brüllten harte Detonationen. Das mußten die Stukas sein, die die Insel sturmreif bombten.

Der Oberleutnant drückte den Segler, der, Olivenhaine und Weinfelder überspringend, dicht über die Hindernisse hinwegfliegend das Ziel ansteuerte. Mit unheimlicher Geschwindigkeit tauchte der Olivenhain vor ihnen auf, der ihr Ziel war. Ein Baum kam rasend schnell näher. Oberleutnant Werner riß den Segler noch etwas herum. Mit ohrenbetäubendem Knirschen schmetterte die rechte Tragfläche des Seglers gegen den Baum und wurde weggerissen. Hart setzte der Segler auf. Staub wirbelte empor.

Oberleutnant Genz griff nach der MPi; er warf die Haube des Seglers ab und sprang ins Freie. Der erste deutsche Soldat hatte den Fuß auf kretischen Boden gesetzt. Zwei Tommies tauchten auf. Ihre Gewehre flogen empor. Der Feuerstoß aus der MPi des Kompanieführers streckte sie nieder.

Schon sprangen die übrigen Männer ins Freie. Vor ihnen tauchten Gesichter unter flachen Stahlhelmen scheinbar aus dem Boden auf. Im Laufen schossen die gelandeten Fallschirmjäger, schleuderten ihre Handgranaten. Dann erklang auch hundert Meter seitlich dieser Gruppe MPi-Feuer.

»Das ist Doktor Stehfen mit der Werfergruppe, Herr Oberleutnant!« brüllte einer Männer.

»Los, weiter! Angreifen!«

Sie stürmten vor. Nun waren sie schon zwei Gruppen.

Die Maschine mit Oberjäger Hahn als Gruppenführer erhielt in der Luft von den angegriffenen Flakgeschützen, die wild feuerten, einen Treffer. Im Steilflug lenkte der Pilot sie auf die Batterie zu. Mitten durch den Feuervorhang stieß die Maschine herunter und krachte gegen das Rohr des nordwestlichen Geschützes der Batterie.

»Raus, raus!« brüllte Oberjäger Hahn.

Er sprang aus der Maschine. Gewehrschüsse krachten, zwei Pistolen bellten und mitten im Sprung wurde der Oberjäger tödlich getroffen.

Obergefreiter Holzmann, der seinen Gruppenführer fallen sah, rannte zu einer Deckung. Er hörte den Todesschrei eines Kameraden, tauchte hinter einer Sandsackumwallung unter und warf die ersten Handgranaten in die Geschützstellung hinein. Schrittweise arbeitete er sich bis in den englischen Graben vor und kämpfte die gesamte Bedienung dieses Geschützes nieder. Der Zug Toschka flog über das vorgesehene Ziel hinaus. Er landete in Chania mitten unter den Engländern. Der Gegner versuchte, den Zug aufzuhalten, aber es gelang ihm nicht, und Leutnant Toschka schlug sich mit seinem Zug zur Batterie durch, um in den Kampf einzugreifen und die Batterie endgültig auszuschalten. An der Spitze seiner Männer erreichte er die Batterie, drang in das Grabensystem ein und rang den Gegner im Nahkampf nieder. Hier erhielt Leutnant Toschka seine schwere Verwundung.

Inzwischen war es auch Oberleutnant Genz mit seinen beiden zusammengerafften Gruppen gelungen, die Batteriestellung zu er-

Die Operationen auf Kreta vom 20. Mai bis 1. Juni 1941

reichen. Leutnant Toschka sah, wie sein Kompanieführer aufrechtstehend die Vorstöße der Gruppen lenkte. Er sah auch, wie die flirrenden Feuerstöße eines MG genau zu seinem Kompaniechef hinüberflitzten und ihn gleich von den Beinen reißen mußten.

»Herr Oberleutnant, Deckung!« schrie er dreimal, viermal hintereinander, obgleich jedes Wort ihm Schmerzen verursachte. Endlich begriff Genz und ließ sich in Deckung fallen. Toschka atmete auf.

Der Engländer, der vierzig Meter entfernt mit dem MG gefeuert hatte, wurde im Handgranatenduell getötet. Die wichtige Batterie bei Chania war in der Hand der Kompanie.

»Rundumverteidigung!« befahl der Oberleutnant Genz.

In diesem Augenblick tauchten Teile des Zuges Mahrenbach auf. Aber es waren nur wenige Männer. Was war beim Absprungplatz des Zuges Mahrenbach geschehen?

»Da vorn ist die Kreuzung! Landen, landen!« schrie der Leutnant Mahrenbach, als er den Zielpunkt erkannte.

In diesem Augenblick schlugen die Granaten rings um den LS ein. Ein Splitterregen prasselte in den Segler hinein. Einer dieser Splitter tötete den Zugführer im Bruchteil einer Sekunde. Der stellvertretende Zugführer, Fahnenjunker-Feldwebel Bühl, wurde am Kopf schwer verwundet. Er erblindete, noch ehe der Segler aufgesetzt hatte. Dann krachte der Segler zu Boden. Fast alle verwundet, waren die Männer dennoch zu der befohlenen Kreuzung hinübergeeilt. Einander schleppend und stützend, versuchten sie hier, ihren Auftrag auszuführen. In einem Haus an der Kreuzung brachten sich die Schwerverwundeten in Sicherheit. Ein einziger Mann aber, der unverwundet geblieben war, legte sich an der Kreuzung auf die Lauer, um den Auftrag des Zuges durchzuführen. *Ein* Mann: Der Gefreite Adolf Pfriemberger.

Gefreiter Pfriemberger sah die vier dicht mit Gegnern besetzten Lastwagen in schnellem Tempo aus der Stadt zum Entsatz der Batterie herauspreschen und auf die Kreuzung zuhalten. Sein erster Impuls war: fliehen! So schnell davonzurennen, wie er konnte. Doch er blieb auf dem Platz, auf den er gestellt war. Er nahm den Kampf auf.

Mit seiner MPi schoß Pfriemberger in das Führerhaus des vorn fahrenden Wagens hinein und stoppte ihn. Die übrigen Wagen kamen nun nicht mehr an dem stehenden Lkw vorbei und hielten ebenfalls an. Beiderseits der Straße griffen die Engländer nun das Haus an. Pfriemberger jagte Feuerstoß nach Feuerstoß hinaus.

Pfriemberger umrundete das Haus, tauchte auf der anderen Seite eben in *dem* Augenblick auf, als eine Gruppe Engländer hier erschien. Auch sie fiel im Feuer dieser einen Maschinenpistole. Dann zog sich der Gegner, der in Kompaniestärke angegriffen und schwere Verluste erlitten hatte, zurück. Pfriemberger hatte den Auftrag seines Zuges erfüllt.

»Da, Herr Oberleutnant!« rief einer der Fallschirmjäger Oberleutnant Genz zu und deutete nach oben.

Eine knappe Stunde war seit der Landung der ersten Kompanie vergangen, als abermals Lastensegler im Schlepp von Ju 52 einschwebten und auf der Halbinsel Akrotiri landeten.

»Das ist Hauptmann Altmann mit der 2. Kompanie. Männer, alles läuft planmäßig!«

Wenige Minuten vorher waren schon die im Sprungeinsatz niedergehenden Einheiten des Fallschirmjägerregiments 3 zu sehen gewesen. Die Männer um Oberleutnant Genz waren trotz der hohen Verluste zuversichtlich. Sie hatten ihren Auftrag erfüllt, und so wie sie würden alle anderen Einheiten ihre Aufträge erfüllen.

Nun besetzten die Fallschirmjäger der Kompanie Genz die britischen Geschütze und versuchten sie wieder einsatzfertig zu machen. Als die Männer gerade an den Geschützen standen, flitzten plötzlich im Tiefflug zwei Me 110 heran und begannen aus ihren Bordwaffen auf die Batterie zu feuern. Als sie eben abgedreht hatten, meldeten die in Richtung zur Stadt eingesetzten Sicherungen den Anmarsch britischer Panzer.

Oberleutnant Genz hatte noch 34 einsatzfähige Männer zur Verfügung. Ein Blick auf die Uhr zeigte ihm, daß es 9.00 Uhr war. Sollte er sich zur 2. Kompanie durchschlagen? Das würde bedeuten, daß sie durch offenes Berggelände gehen mußten. In diesem Augenblick meldete der Oberjäger hinter dem Funkgerät:

»Herr Oberleutnant, Funkspruch vom Regiment 3: ›Wir kommen nicht durch nach Chania. – Schlagt euch zu uns durch!‹«

Dies war der einzige Funkspruch, der aufgefangen werden konnte, denn Sekunden danach wurde das Gerät von einer Gewehrkugel zerschlagen. Noch immer feuerte der Gegner aus seinen Stellungen auf die Batterie.

»Panzer kommen direkt auf uns zu, Herr Oberleutnant!«

»Wir schlagen uns jetzt durch den Olivenhain in südwestlicher Richtung durch.«

Die Überlebenden bemühten sich um die Verwundeten. Und während das sMG Feuerschutz gab, liefen die übrigen in die angegebene Richtung. Sie erreichten einen Weinberg und waren vorerst in Sicherheit.

»Kompanietrupp zu mir!« befahl Oberleutnant Genz.

Er sah vor sich eine Straße, die in die Stadt hineinführte. Der Trupp kam heran, und eben wollte der Kompaniechef den Spähtrupp einweisen, als ein Lastwagen aus der Stadt angebraust kam. Genz erkannte das MG auf dem Führerhaus und sah die in Khaki gekleideten Engländer, die dicht an dicht auf der Ladefläche standen.

»Feuer!« befahl er.

Das MG begann in langen Feuerstößen zu schnattern. MPi, Pistolen und Karabiner fielen in das Feuer ein. Kein einziger Mann dieser englischen Kampfgruppe konnte entkommen.

»Wir müssen weiter! Immer nach Südwesten, dann werden wir das Regiment 3 erreichen!«

Als die Männer um Oberleutnant Genz einen lichten Olivenhain erreichten, der knapp 150 Meter hinter der Straße lag, empfing sie Gewehr- und MG-Feuer.

»Stellung! Seitenabstand 40 Meter!«

Die Fallschirmjäger verschwanden in den Bewässerungsgräben, die die Pflanzung markierten.

»Herr Oberleutnant, unser MG liegt ungedeckt!«

Alfred Genz sah, wie der Oberjäger mit seinem Schützen II dabei war, sich einzugraben. Auf einmal blieben sie still liegen.

»Deckung!« rief er zu den Männern hinüber, und als sie nicht antworteten, raste Alfred Genz los.

Feuer peitschte auf. In langen Zickzacksprüngen erreichte der Oberleutnant die beiden Männer. Sie waren schon tot. Er nahm das MG und lief den gleichen Weg wieder zurück.

Gegnerische Spähtrupps, die versuchten, in den Hain einzudringen, wurden verlustreich abgewiesen. Die Sonne brannte erbarmungslos. Nun stellte sich heraus, daß niemand mehr Tee oder Wasser hatte. Auch die Brotbeutel waren zum größten Teil verlorengegangen.

»Wir müssen Wasser haben, Herr Oberleutnant«, mahnte Oberarzt Dr. Stehfen am späten Nachmittag. »Wir brauchen es vor allem für die Verwundeten!«

Der Einsatz des Luftlande-Sturmregiments

Das Fallschirmjäger-Sturmregiment (Generalmajor Eugen Meindl) erhielt den Auftrag, im Rahmen des XI. Fliegerkorps als Kampfgruppe West im Unternehmen »Merkur« den Nordwestteil der Insel Kreta in Besitz zu nehmen: Insbesondere sollte der Flugplatz Malemes genommen und für die Landung nachfolgender Luftlandetruppen der 5. Gebirgs-Division offengehalten werden. Nach Erfüllung dieser Aufgabe sollte mit der Gruppe Mitte, im Raume Chania, Verbindung aufgenommen werden.

Zur Erfüllung dieses Auftrags wurde das Fallschirmjäger-Sturmregiment verstärkt durch:
3./Fla.MG.-Bataillon (5 Geschütze 2 cm; Oberleutnant Theuerling)
Eine Batterie Fsch.Art.Abt. 7 (Hauptmann Schramm)
Ein Zug San.Abt. 7 (Oberarzt Dietzel).

Für den Nachmittag des ersten Tages sollten dem Regiment zwei Bataillone des Gebirgsjägerregiments 100 durch Schiffstransport und zur Sicherung des Flugplatzes eine Flakabteilung – ebenfalls im Schiffstransport – zugeführt werden.

Die 1. und 2. Kompanie des Fallschirmjäger-Sturmregiments wurden mit Sonderauftrag an die Gruppe Mitte abgegeben.

In seinem Einsatzbefehl legte Generalmajor Meindl den Einsatz der Gruppe West wie folgt fest:

I. Bataillon (Stab, 3. und 4. Kompanie mit jeweils 108 Mann):
Angriff mit LS um Y-Uhr gegen Flakstellung hart südlich des Flugplatzes; Besetzung der Stellungen und Lager, Freikämpfen des Flugplatzes.

II. Bataillon (verstärkt durch 1/2 14. Kp. und 1/2 3. Fla.MG.Btl.):
Sprungeinsatz um Y-Uhr plus 15 Minuten mit einer Kompanie (9. Kp., Hauptmann Witzig) hart östlich des Flugplatzes zwischen Dorf Malemes und Kirchhof am Ostrand des Flugplatzes mit dem Auftrag: Unterstützung des I. Bataillons von Osten her.

III. Bataillon: Mit Masse absetzen nördlich und östlich von Malemes. Auftrag: Säuberung von Malemes und Sicherung des Kampfes um den Flugplatz am Flußbett östlich von Malemes.

Späterer Auftrag: Auf Befehl des Regimentskommandeurs weiterer Vorstoß nach Osten zur Verbindungsaufnahme mit Gruppe Mitte.

Kampfgruppe des Regimentsstabes mit Teilen des III. Bataillons unter Führung von Major Braun mit Oberleutnant Schächter und Oberleutnant Trebes:

Angriff mit 9 I.S um Y-Uhr plus 15 Minuten an der großen Brücke hart westlich des Flugplatzes mit dem Auftrag: Besetzung der Brücke über den Tavronitis, Verhinderung der Sprengung und Unterstützung des I. Bataillons im Angriff gegen die Flakstellung hart westlich des Flugplatzes.

Regimentsstab und IV. Bataillon (ohne 2/3 14. und 16. Kompanie) verstärkt durch San.Zug und 1/2 3.Fla.MG.Bataillon:

Absprung im Raum westlich der Brücke um Y-Uhr plus 15 Minuten. Regimentsgefechtsstand im Nordzipfel des Olivenhains. Angriff des IV. Bataillons zur Unterstützung des I. Bataillons und der Gruppe Braun.

16. Kompanie (Oblt. Hoefelt). Abspringen im Flußbett, 600 m südwestlich des Fluplatzes, mit dem Auftrag: Unterstützung des I. Bataillons im Angriff gegen die Zeltlager; nach Erfüllung dieses Auftrags Sicherung an der Straße nach Süden gegen Feind aus Richtung Kandanos.

II. Bataillon (verstärkt durch 1/3 14. Kp.)

Absprung um Y-Uhr plus 5 Minuten auf den Höhen ostwärts Spilia mit dem Auftrag: Sicherung nach Westen und Sicherung der Straße nach Süden. Bereithalten als Regimentsreserve zur evtl. Unterstützung des Angriffs gegen den Flugplatz. Nach Besetzung des Flugplatzes weiterer Vormarsch nach Osten gegen Chania.

Ein verstärkter Zug des II. Bataillons (Leutnant Mürbe).

Absprung östlich von Kastelli. Bei zu starkem Gegner zurückziehen durch die Berge zum Bataillon.

Wie war nun die Lage beim Fallschirmjäger-Sturmregiment nach der Landung?

Am frühen Morgen des 20. Mai 1941 starteten die Einheiten der Kampfgruppe West, so daß sie mit dem I. Bataillon um 7.15 Uhr bei Malemes einfielen. Die übrigen Einheiten sprangen zeitgerecht wie befohlen; nur beim Abflug des II. Bataillons kam es beim Start wegen des staubigen Platzes zu Verzögerungen, so daß das Bataillon erst gegen 8.00 Uhr abgesetzt werden konnte.

Das I. Bataillon landete mit der 3. Kompanie sehr gut an den

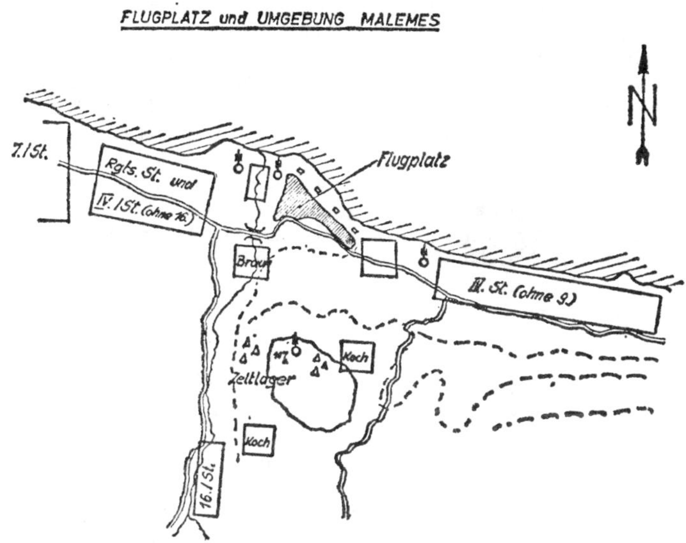

befohlenen Flakstellungen westlich des Flugplatzes. Der Bataillonsstab mit der 4. Kp. landete jedoch unter großen Verlusten an den Hängen der Höhe 107, mitten in Stellungen, die auf den Luftbildern nicht erkannt worden waren.

Der Gegner auf dem Flugplatz Malemes war stärker, als aus unseren Nachrichten entnommen werden konnte. Er lag nicht in den auf den Luftbildern erkannten Stellungen und am Zeltlager, sondern in außerordentlich gut getarnten und mit schweren Drahthindernissen ausgebauten Stellungen, die bei dem überaus schwierigen Gelände nicht zu erkennen waren.

Teile der 3. Kompanie konnten am Westrand des Platzes einige Stellungen und Zeltlager freikämpfen.

Der Auftrag, Start, Landung und erster Einsatztag der 3./Luftlande-Sturmregiment sei hier aus dem Kriegstagebuch im Detail wiedergegeben:

»Die Einsatzstärke des 3./LLSturm-Rgt. betrug 107 Mann: 3 Offiziere, 27 Unteroffiziere und 77 Mannschaften. Der Rest der Kompanie wurde der FschJäg.Kompanie (Oberleutnant Osius) zur Verfügung gestellt.

Für den Einsatz standen 12 Lastensegler zur Verfügung. Für jeden Zug also drei LS. Der Auftrag lautete:

Mit 3 LS setzt der 2. Zug (Oberfeldwebel Arpke) die leichte Flak am Nordwest- und Nordrand des Flugplatzes Malemes außer Gefecht.

Mit 3 LS setzt der 1. Zug (Leutnant Musyal) die schwere Flak etwa 800 m westlich vom Westrande des Flugplatzes außer Gefecht.

Mit 3 LS kämpft der Kompaniezug (Oberleutnant von Plessen) den Gegner am Westrand in dem dort befindlichen Wäldchen nieder.

Mit 3 LS setzt der 3. Zug (Oberfeldwebel Scheel) den Gegner hart südlich der Südwestecke des Flugplatzes außer Gefecht.

Es kommt darauf an, daß die Flak und Fla.MG schnellstens ausgeschaltet werden, damit die nachfolgenden F-Einheiten ungehindert absetzen können. Nach Durchführung des Auftrags richtet sich die 3. Kompanie auf dem Westufer des Flußtales mit Front nach Westen zur Verteidigung ein. Rechts Anschluß an das Meer, links einschließlich Ost-West-Straße, Aufklärung und Verbindungsaufnahme zum IV. Bataillon ist durchzuführen. Auf dem Westteil des Flugplatzes befindliche Hindernisse sind wegzuräumen.«

Am 20. 5. 1941 begann der Start der 3. Kompanie um 5.30 Uhr in Eleusis. Innerhalb des Bataillonsverbandes flog die Kompanie als dritte bis siebente Kette. Der Start ging glatt vonstatten. Während des Anflugs hatten die Maschinen keinen Beschuß. Bei der Maschine von Oberfeldwebel Scheel riß um 6.55 Uhr das Schleppseil mitsamt der Kupplung heraus. Die Maschine verlor den Anschluß an die Kette, landete auf der Insel Antikreta und ging bei der Landung im bergigen Gelände zu Bruch. Die Besatzung erlitt leichte Prellungen, blieb aber kampffähig. Sie schlug sich teils über Land, teils über See durch und erreichte geschlossen am 24. 5. die Kompanie.

Die übrigen elf LS erreichten mit geringem Abstand den Kampfraum. Kurz vor und bei der Landung feuerten die Maschinenbesatzungen mit Bord-MG auf die befohlenen Erdziele.

Kompaniezug: 2 Maschinen Bruchlandung. Besatzung leichte Prellungen.

1. Zug: Alle Maschinen gut gelandet. Führermaschine landete 300 m westlich der befohlenen Flakstellung. Durch MG-Beschuß erhielt Lt. Musyal einen schweren Unterschenkelschuß. Die Führung der Gruppe übernahm Oberjäger Schulz.

2. Zug: Die Maschinen landeten geschlossen, fast gleichzeitig an den befohlenen Plätzen. Die Führermaschine ging vollständig zu Bruch. Oberfeldwebel Arpke erlitt eine schwere Prellung des rechten Knies mit Erguß, ferner eine Gehirnerschütterung und war einige Minuten bewußtlos. Oberjäger Schuster übernahm die Führung der Gruppe.

3. Zug: Die Maschine von Oberjäger Ehm landete 1000 m westlich des befohlenen Objekts. Die Maschine von Oberjäger Dudda 400 m westlich des befohlenen Einsatzortes. Maschine Ehm machte Bruch-

landung, die Besatzung blieb jedoch voll kampffähig. Während der Landung wurden die beiden letzteren Maschinen durch feindliches MG-Feuer von der Höhe südlich des Flugplatzes beschossen.

Als erster erreichte der 2. Zug (Ofw. Arpke) den Flugplatzrand. Er griff die dort befindlichen Flakstellungen und Splittergräben an, die vom Gegner voll besetzt waren. Die Gruppen erhielten sehr starkes, gezieltes Feuer von Süden und Osten. Schon beim ersten Angriff fielen einige Fallschirmjäger, und da der Feindbeschuß sich noch verstärkte, befahl Ofw. Arpke das Zurückgehen bis zum Flußbett und dort das Bilden einer Verteidigungsstellung. Unter Feuerschutz der MG und des leichten Granatwerfers nahmen Stoßtrupps des Zuges Flakstellungen und befestigte Feldstellungen des Gegners.

Der zweite Zug erhielt von Oberleutnant von Plessen Befehl, zusammen mit dem ersten und dem Kompanie-Zug sich nach Süden auf die Brücke zurückzuziehen.

Da jedoch dann die Kompanie keine Flankendeckung mehr hatte und vom Nordrand des Flugplatzes vom Gegner erfaßt werden konnte, blieb der 2. Zug in der befohlenen Stellung. Oberjäger Schuster erhielt Befehl, in südlicher Richtung mit dem 1. und 2. Kompanie-Zug Verbindung aufzunehmen. Die Maschine von Oberleutnant von Plessen ging in Nähe der Küste zu Bruch. Von dort aus unternahm ein Stoßtrupp unter Führung von Fw. Galla einen Angriff auf eine Flakstellung am Westrand des Platzes. Dieser Stoßtrupp wurde völlig aufgerieben. Beim Vorstoß nach Süden und Angriff auf eine andere Flakstellung fiel Oberleutnant von Plessen.

Beim Angriff auf den Olivenhain nördlich der Straße und östlich der Brücke, zu dessen Unterstützung die schweren Waffen der Kompanie unter Feldwebel Gleitsmann eingesetzt waren, fielen die Bedienungen größtenteils durch das schwere Abwehrfeuer aus. Dennoch gelang es, die am Westrand des Flugplatzes am weitesten nach Süden vorgeschobene Flakstellung zu nehmen. Die schweren Waffen der 4. Kompanie, die diesen Angriff ebenfalls unterstützen sollten, konnten nicht in den Kampf eingreifen. Der Olivenhain wurde unter Feuer genommen.

Der 1. Zug (Lt. Musyal) griff geschlossen die Flakstellung an. Feldwebel Ellersiek hatte nach dem Ausfall des Zugführers die Führung übernommen. Oberjäger Schulz übernahm die 1. Gruppe. Die Flakstellung erwies sich als unbesetzte Scheinstellung. Der Zug säuberte daraufhin die umliegenden Häuser. Dann zog er sich zur Kompanie am Westrand des Flugplatzes zurück.

Der 3. Zug fiel mit 2 Maschinen beim Dorf Tavronitis ein und säuberte es. Er machte 30 Gefangene, stieß anschließend zum Westrand des Flugplatzes vor und fand Anschluß an die Kompanie. Einigen Männern gelang es, ein Flakgeschütz wieder feuerbereit zu machen und damit die Flakstellungen auf dem Nordrand des

Flugplatzes unter Feuer zu nehmen, vor denen Feldwebel Galla mit seinem Stoßtrupp gefallen war.

Während dieser Kampfhandlungen versorgte der Kompaniearzt, Oberarzt Dr. Weizel, die bei der Landung und im Gefecht verwundeten Fallschirmjäger. Zusammen mit dem Obergefreiten Müller holte er 3 Mann, die mit Bauch-, Brust- und Rückenschuß schwerverwundet auf der freien Fläche des Flugplatzes lagen, heraus und brachte sie an einem gedeckten Hang in einem erbeuteten Zelt unter.

Um 9.30 Uhr übernahm Oberarzt Dr. Weizel die Führung der 3. Kompanie, nachdem neben Lt. Musyal auch Oberleutnant von Plessen ausgefallen war. Er ließ die gesamte Kompanie am Westrand des Flugplatzes sammeln und dort Stellungen beziehen. Durch Stoßtrupps versuchte er dann, diese Stellungen nach Norden und Süden zu erweitern. Der befohlene Anschluß an die Ost-West-Straße wurde wenig später erreicht.

Gegen 10.00 Uhr hielt die 3. Kompanie den Streifen vom Südrand des Flugplatzes an der Brücke bis zum Westrand des Flugplatzes und nach Norden bis zur Küste besetzt.

Es war genau 11.00 Uhr, als Oberleutnant Trebes mit Teilen der 13. Kompanie und dem Rest des 1. Zuges der 3. Kompanie das Zeltlager südlich der Straße im Olivenhain angriff, um den dort eingeschlossenen Zug Kahleyß zu entsetzen. Das Lager wurde genommen und 30 Gefangene gemacht.

Die Höhe 107 jedoch, das Ziel dieses Vorstoßes, konnte nicht erreicht werden. Der Zug wurde wieder zur Brücke zurückgezogen und übernahm in seinem alten Abschnitt die Sicherung.

Um 12.15 Uhr stieß dann Oberleutnant Dobke vom IV. Bataillon mit 15 Mann Verstärkung zur 3. Kompanie durch und übernahm den Nordabschnitt des westlichen Flugplatzrandes. Er beabsichtigte, zunächst den Nordrand des Flugplatzes aufzurollen, die dort befindliche Flakstellung zu nehmen und die Gräben zu säubern. Da jedoch nach Meldung von Hauptmann Gericke ein Stukaangriff auf den Nordrand des Flugplatzes angesetzt war, wurde dieser Angriff verboten.

Als dennoch gegen 13.00 Uhr Oberleutnant Dobke mit 8 Gefangenen und einem Teil seiner Männer am Nordrand des Flugplatzes vorging, wurde er durch die Gefangenen in einen Hinterhalt gelockt und fand dabei den Tod. Bis 14.00 Uhr waren die letzten Verwundeten geborgen. Zwei Stunden später hatte sich die gesamte 3. Kompanie eingegraben.

Als Oberarzt Dr. Weizel sich um 15.00 Uhr bei Hauptmann Gericke meldete, erhielt er Weisung, die befohlene Stellung am Westrand des Flugplatzes zu halten und zu sichern. Da für die Nacht ein feindlicher Gegenstoß erwartet wurde, sollte die Kompanie durch 50 Mann der Kompanie Osius verstärkt werden.

Um 15.00 Uhr setzte auch starkes britisches Artilleriefeuer auf die 3. Kompanie ein. Trotz zeitweise sehr starken Feuers erlitt sie jedoch keine weiteren Verluste.

Der um 16.45 Uhr erfolgte Angriff des Gegners von Osten her, durch einen mittleren Panzer mit nachfolgender Infanterie, stellte größte Anforderungen an die Kompanie, die durch Werfer- und MG-Feuer diesen Angriff zu halten versuchte. Der im Flußbett vorgehende Panzer wurde durch eine 3,7-cm-Panzerabwehrkanone zum Stehen gebracht und die begleitenden Infanteristen durch Werferbeschuß getötet. Die Besatzung wurde gefangengenommen.

Von 20.00 bis 24.00 Uhr wurden 21 Verwundete, darunter 15 Schwerverwundete, zum HVP nach Tavronitis zurückgebracht. Die Kompanie richtete sich zur Nachtverteidigung ein. Sie hatte am 20. Mai verloren:

17 Tote, darunter Oberleutnant von Plessen;

27 Verwundete, darunter 19 Schwerverwundete.

Während der Nacht erfolgte kein Feindangriff. Die 50 Mann versprochene Verstärkung waren *nicht* eingetroffen.«

Das III. Bataillon wurde mit allen Teilen viel zu verzettelt und weit auseinandergezogen im Raum Malemes–Pyrgos westlich von Platanias bis nach Marina (südlich Malemes) abgesetzt. Durch dieses falsche Absetzen fiel der Bataillonskommandeur mit seinem Stab, Chef der 10. und 12. Kp., mit der Masse aller Kompanien sofort aus.

Lediglich der 9. Kompanie gelang es nach Verwundung ihres Chefs, Hauptmann Witzig, sich mit einigen Teilen im Laufe des Tages zum Regiment durchzuschlagen. Einzelne Gruppen des Bataillons wurden an späteren Tagen beim weiteren Vorgehen des Regiments aufgenommen.

Durch das falsche Absetzen des Bataillons waren so große Verluste entstanden, daß es seinen Auftrag nicht erfüllen konnte.

Die Kampfgruppe Braun erreichte zeitgerecht mit allen 9 LS die Brücke westlich des Flugplatzes, kämpfte sie von MG-Nestern frei, nahm mit Teilen der 3. Kompanie Verbindung auf und mußte dann wegen zu starken Beschusses von der Höhe 107 am Flußbett und dem dort befindlichen Olivenhain liegenbleiben. Durch dieses gutgezielte Infanterie- und vereinzelt auch Flakfeuer von der Höhe 107 entstanden schon bei der Landung Verluste, wobei Major Braun durch Kopfschuß sofort fiel und Oblt. Schächter durch Bruchlandung seines LS schwer verletzt wurde, so daß Oblt. Trebes die Führung der Reste dieser Kampfgruppe übernahm.

Regimentsstab und IV. Bataillon.

Diese Einheiten wurden richtig abgesetzt. Sie gingen sofort nach

Errichtung des Regimentsgefechtsstands am befohlenen Platz gegen die Brücke und den Westteil des Flugplatzes vor. Auch ihr Vorgehen litt stark unter dem Feuer von der Höhe 107.

Beim Vorgehen wurde der Regimentskommandeur, Generalmajor Meindl, schwer verwundet, als er mit schnell zusammengefaßten Teilen des Stabes und des IV. Bataillons rasch die Verbindung zur Kampfgruppe Braun und zum I. Bataillon herstellen wollte.

Hauptmann Gericke übernahm daraufhin auf Befehl des Regimentskommandeurs die Kampfführung in diesem Abschnittt.

16. Kompanie.

Diese Kompanie wurde richtig abgesetzt. Sie übernahm die Sicherung nach Süden, etwa 2 km südwestlich des Flugplatzes, und versuchte mit einzelnen Teilen Verbindung mit dem I. Bataillon an der vom Gegner stark besetzten Höhe 107 aufzunehmen.

II. Bataillon.

Es wurde ungefähr richtig abgesetzt, sammelte sich bei geringem Beschuß auf den befohlenen Höhen. Die 6. Kompanie übernahm die Sicherung nach Westen und Süden am Paß in der Gegend Spilia.

Zug Mürbe:

Der Zug wurde viel zu nah am Dorf Kastelli abgesetzt und erhielt schon beim Niederschweben starkes Feuer von Insurgententruppen und Zivilisten. Der Zug Mürbe wurde schon am ersten Tag völlig aufgerieben. Von den 73 Mann wurden später nur etwa 20 – zum Teil verwundet – aus der Gefangenschaft befreit.

Die Lage beim Regiment nach der Landung stellte sich folgendermaßen dar: Hauptmann Gericke leitete den Angriff gegen den Nordteil des Flugplatzes mit Teilen seines stark durcheinandergewürfelten IV. Bataillons und der 3. Kompanie vom I. Bataillon.

Zur Inbesitznahme der Höhe 107 wurde vom Regimentskommandeur Major Stentzler mit Teilen seines II. Bataillons von Spilia herangezogen. In den Mittagsstunden wurden Major Stentzler und Hauptmann Gericke persönlich von Generalmajor Meindl eingewiesen:

»Bataillon Stentzler greift rechts vom Bataillon Gericke weit ausholend an.

IV. Bataillon greift weiterhin frontal beiderseits der Asphaltstraße von Westen her den Flugplatz in Richtung Malemes an.«

Die schweren Waffen des II. Bataillons, die im Verlauf des Nachmittags westlich des Flugplatzes eintrafen, wurden dem Bataillon Gericke zur Unterstützung des Angriffs gegen den Nordhang der Höhe 107 unterstellt.

Teile des II. Bataillons gelang es in den Nachmittagsstunden durch eine großzügige Umfassung – von Süden mit der 7. Kompanie und von Westen mit der 5. Kompanie – gegen die Höhe 107 vorzustoßen und sich in den Abendstunden unter Gefangennahme von 4 Offizieren und 100 Mann in den Besitz des Südteils der Höhe 107 zu setzen.

Reste des I. Bataillons unter Führung von Oberstabsarzt Dr. Neumann (nach Verwundung von Major Koch) gelangten gegen Abend an den Nordhang der Höhe 107, wo die dort befindliche feindliche Flakbatterie durch zusammengefaßtes Feuer der schweren Waffen des Bataillons Gericke zum Schweigen gebracht worden war.

Doch die Höhe selbst konnte an diesem ersten Tag noch nicht voll in Besitz genommen werden. Hier verteidigte sich der Gegner erbittert.

Die 6. Kompanie wurde von ihrem Sicherungsauftrag im Westen als Reserve für die 1. kritische Nacht herangezogen. Doch sie wurde nicht benötigt, da der Gegner nicht angriff. Im Frühlicht des 21. 5. ging sie wieder zum Paß bei Spilia zurück.

In den späten Abendstunden des 20. Mai übernahm Major Stentzler auf Befehl des Regimentskommandeurs die Regimentsführung in vorderster Linie. Die Leitung der Gesamtoperation blieb jedoch weiter in den Händen von Generalmajor Meindl.

Während dieses ersten heißumkämpften Tages flog die Luftwaffe hier im Westteil der Insel mit Zerstörer- und Stukaverbänden mehrere Einsätze gegen wichtige Ziele und unterstützte das Fallschirmjäger-Sturmregiment erheblich.

Um 4.30 Uhr des 20. Mai 1941 startete auf dem Flugplatz Eleusis das I. Bataillon des Fallschirmjäger-Sturmregiments mit dem Bataillonsstab, der 3. und 4. Kompanie, unter Führung von Major Koch. Es landete zeitgerecht gegen 7.00 Uhr auf Kreta wie befohlen neben den Flakbatterien westlich des Flugplatzes Malemes und an den Hängen der Höhe 107 neben dem Zeltlager der Engländer. Zur gleichen Zeit erfolgte hier der Angriff der deutschen Sturzkampfbomber, die die Flakstellungen und das Zeltlager bombardierten. Mitten in die Bombenexplosionen hinein landeten die Lastensegler.

5 Lastensegler der Gruppe West rissen beim Anflug von ihren Schleppmaschinen ab. Von diesen 5 gehörten 4 zur Gruppe Koch (Bataillonsstab und 4. Kompanie). Dadurch wurden diese beiden Einheiten entscheidend im Einsatz geschwächt, denn drei weitere Lastensegler explodierten beim Aufsetzen. Dennoch gelang es dem I. Bataillon, die Flakbatterien westlich des Flugplatzes niederzukämpfen. Der Versuch, im feindlichen Zeltlager und auf den Hängen der Höhe 107 Fuß zu fassen, mißlang. Das feindliche Abwehrfeuer war zu stark. Das I. Bataillon setzte sich am Westrand des Flugplatzes und der Höhe 107 fest. Der Bataillonsstab und die 4.

Kompanie hatten hohe Verluste. Major Koch wurde durch Kopfsteckschuß schwer verwundet. Die Überlebenden gruben sich ein.

Am Isthmus bei Megara hatten die Männer des IV. Bataillons seit Tagen auf ihren Einsatz gewartet. Als Hauptmann Gericke aus einem der großen gelben englischen Beutezelte ins Freie trat, sah er schon Generalmajor Meindl auf sich zukommen.

»Ich fliege mit Ihrer Maschine, Gericke! Sie springen als erster und ich hupfe hinterher und mache in der Luft alles so, wie Sie es machen.«

»Sie hätten einen Springerkurs absolvieren sollen, Herr General.«

»Ach was! Unsinn. In Narvik bin ich auch ohne Kurs runtergekommen, und das will ich diesmal auch.«

»Runter kommen Sie bestimmt. Es fragt sich nur *wie*.«

Die beiden Offiziere – der Regimentskommandeur und der Kommandeur des IV. Bataillons – sahen sich lächelnd an.

»An die Maschinen!«

Hauptmann Gericke stieg in die Maschine ein, die den Stab nach Kreta bringen sollte. Generalmajor Meindl war zweiter, dichtauf gefolgt von Oberstabsarzt Dr. Neumann, dem Chef der Fsch.San. Abt. 7, der den Truppenverbandsplatz in Tavronitis einrichten sollte.

Donnernd zogen die Maschinen über die Startbahnen. Die Kampfgruppe war in der Luft. Teil eines fliegenden Heeres, erreichte das IV. Bataillon den Absprungraum zum genau vorausberechneten Zeitpunkt. Die Stimme des Absetzers ertönte:

»Fertigmachen! – Fertig zum Absprung!«

Dann kam das langgezogene Signal des Boschhorns.

Hunderte von Männern des Sturmregimentes schwebten der Erde entgegen. Flak, Fla-MG und MG-Salven zischten zu ihnen empor. Abermals erreichten weitere Teile des Sturmregiments die Einsatzpunkte, die bald schon zu Schauplätzen harter Kämpfe werden sollten. Namen wie Flugplatz Malemes, Höhe 107, Höhe 60, Brücke und Flußbett des Tavronitis sollten zu Symbolen blutiger Opfer, aber auch tapferer Einsätze werden.

Hauptmann Gericke schwebte einem Gerstenfeld entgegen. Über ihm schlug ein Flakvolltreffer in eine erst zur Hälfte entladene Ju 52 und ließ sie als brennende Fackel in die Tiefe stürzen. Wer befand sich noch in der Maschine? Neben sich sah Walter Gericke einen seiner Zugführer der Erde entgegenpendeln und ihm zuwinken. Dann schlug etwas knatternd in seinen Schirm und zerfetzte ihn. Schneller wurde der Fall. Der Hauptmann spürte Blut, das ihm von der Nase über die Oberlippe lief. Dann setzte er auf. Glühender Schmerz jagte durch seinen Arm, den er sich beim schnellen Aufprall geprellt hatte. Der Schirm sackte über ihm zusammen. Durch die Ähren pfiffen Kugeln. Dann hörte er, daß jemand auf ihn zukroch. Er hob die Maschinenpistole, die seine Linke umklammert hielt. Aber es war sein Regimentskommandeur, der sicher gelandet war.

»Was ist mit Ihnen los, Gericke?« rief Generalmajor Meindl.

»Nur eine Armprellung, sonst alles in Ordnung.«

Mit ein paar Handgriffen befreite der General den Hauptmann vom Schirm. Als abermals MG-Feuer durch das Feld peitschte, horchten beide gleichzeitig auf. Waren das nicht deutsche MG?

Sie gingen vor und stießen auf zwei Fallschirmjäger. Einer von ihnen trug eine Leuchtpistole.

»Geben Sie her!« befahl der General und feuerte das vereinbarte Erkennungssignal. Das MG-Feuer jedoch verstummte nicht.

»Die Tommies haben unsere Waffenbehälter erwischt und schießen mit unseren eigenen Waffen auf uns.«

In diesem Augenblick kam der Bataillonsadjutant angelaufen:

»Bataillon richtig abgesetzt! MG-Kompanie stößt gegen den Westrand des Flugplatzes vor. Die übrigen Teile des Bataillons sind weiter rückwärts gelandet.«

»In Richtung auf das Dorf Tavronitis sammeln. Neumann, Sie richten dort das Lazarett ein.«

Von der Höhe 107 hämmerten schwere und leichte Flakbatterien auf die gelandeten Fallschirmjäger herunter. Dort oben saßen noch immer die Gegner in ihren gut ausgebauten Stellungen. Sie hatten schon den mit Lastenseglern gelandeten Teilen des I. Bataillons schwerste Verluste zugefügt. Von dort oben beherrschte der Gegner auch die Straße und das Flußbett des Tavronitis mit der Brücke.

»Wir müssen unter der Brücke hindurch, dort haben wir wenigstens notdürftigen Schutz.«

Die ersten Fallschirmjäger, die dies versuchten, blieben mit Kopfschüssen liegen. Neuseeländische Scharfschützen hatten ihr Feuer auf die Brücke konzentriert. Aber General Meindl mußte durch, wenn er mit seinem Regiment Erfolg haben wollte. Darum sprang er nun selbst auf. Er raste unter der Brücke her. Auf einmal ratterte jenseits der Brücke, schräg auf der Höhe, ein MG los. Von einem Brustquerschuß getroffen, stürzte Generalmajor Meindl zu Boden.

»Sanitätstrupp nach vorn!« schrie einer der Fallschirmjäger. »Der General ist verwundet.«

Nun stand Hauptmann Gericke allein hier vorn bei seinen wenigen Männern. Zwei Fallschirmjäger rannten durch das Feuer und holten den General in Deckung zurück.

Sie brachten Generalmajor Meindl nach Tavronitis, wo eben die 3. Sanitätskompanie einen notdürftigen Verbandsplatz eingerichtet hatte. Weitere Verwundete trafen ein. Die Ärzte gingen an die Arbeit. Wenn General Meindl durchkommen sollte, dann mußte er schnellstens zum Festland hinübergebracht werden.

Aber noch war der Flugplatz nicht in deutscher Hand, noch konnte keine einzige Maschine landen.

Das IV. Bataillon stellte sich zum Angriff auf die Höhe 107 und den Flugplatz bereit.

Durch den Start der vorhergehenden Gruppe auf dem Flugplatz Megara konnte das III. Bataillon erst um 7.15 Uhr starten, als sich die dicken Staubwolken etwas gelegt hatten. Die einzelnen Ju-52-Ketten, die in Abständen von einer Minute hintereinander starten sollten, brauchten bis zu fünf Minuten, weil sie sonst keine Sicht hatten. Vergebens war das Bemühen der Platzfeuerwehr, durch Spritzen den Staub niederzuhalten.

Aus diesem Grunde konnten Regimentsstab und IV. Bataillon in dem vorgesehenen Versammlungsraum in der Luft nicht mehr warten, bis alle Maschinen gestartet waren, da sonst diese Ju 52 für den Rückflug nicht mehr genügend Brennstoff haben würden. Deshalb flogen sie die Absetzräume ohne das III. Bataillon an. Da das Bataillon auch nicht geschlossen über dem Ziel erschien, war außerdem seine Stoßkraft entscheidend gemindert.

Mit zwei Stunden Verspätung erreichte diese Kampfgruppe Kreta, wurde jedoch falsch abgesetzt: in den Raum vom Ostrand des Flugplatzes aus nach Süden bis Mariana, nach Osten bis östlich Pyrgos, mitten in ein stark ausgebautes feindliches Stellungssystem, in dem sich der Gegner offensichtlich zum Gegenstoß bereitstellte.

Das III. Bataillon wurde sofort in heftige Kämpfe verwickelt. Oberleutnant Horst Trebes entschied die im Augenblick hoffnungslose Lage für die wenigen Überlebenden, indem er sich mit ihnen kämpfend zum IV. Bataillon durchschlug. Durch seinen persönlichen Einsatz gelang dieser Durchbruch. Das Gros des III. Bataillons war aufgerieben. Fast alle Offiziere waren gefallen. Auch der Bataillonskommandeur.

Mit den Männern seiner Gruppe kletterte Oberjäger Erich Schuster von der 3./Fallschirmjäger-Sturmregiment in den Lastensegler hinein. Die Maschinen hoben sich vom Boden ab. Die Männer dösten vor sich hin. Jeder von ihnen wußte, worum es ging und daß sie einer ungewissen Zukunft entgegenflogen. Es war 6.40 Uhr, als Land auftauchte. Die Schlepp-Ju sackte einmal schwer durch. Der Lastensegler machte diese Bewegung mit, so daß den Männern der Magen in den Hals rutschte.

»Kreta in Sicht!« rief der Gruppenführer seinen Männern zu.

»Wie hoch sind wir?« fragte Schuster seinen Piloten.

»2600 Meter, Erich!«

»Verdammt, viel zu hoch!«

In diesem Augenblick drehte die Schlepp-Ju-52 scharf nach links.

Ein harter Ruck ging durch den Segler. Der LS segelte frei durch die Luft. Sie sahen Rauchwolken.

Eine Me 109 und eine Me 110 flitzten am Segler vorbei und verschwanden mit feuernden Waffen nach vorn. Tiefer und tiefer wurde der Segler hinuntergedrückt. Schon leuchtete das Grün der Weinfelder und der silberne Schimmer der Olivenhaine zu den Männern herauf. Die Nachbarmaschine schwebte ebenfalls schon frei in der Luft. Dann sah Schuster noch einen dritten Lastensegler vorbeiwischen.

»Los, runter, Alter!«

Der Lastensegler stellte sich steil nach vorn.

»Da ist die Brücke von Tavronitis. Daneben muß gleich der Flugplatz sein!« Haarscharf flitzten die drei Segler über die Brücke hinweg. Bäume kamen rasend schnell näher. Schon wurden Tür und Kanzel abgeworfen. Dann setzten die Kufen des Seglers auf und raspelten mit ihren Stacheldrahtbremsen an den Kufen über Geröll und Stein. Die dünnen Sperrholzkisten krachten und barsten. Eine der drei Maschinen machte eine Bruchlandung. Oberjäger Schuster riß den Haltegurt auf und sprang ins Freie. Da erkannte er auch schon die dritte Maschine, die ebenfalls zu Bruch gegangen war.

Schon tauchten die ersten Gegner auf. Ein Blick im Laufen zeigte dem Oberjäger, daß sie am Hang der Höhe 107 niedergegangen waren. Voraus sahen sie das Rollfeld des Flugplatzes Malemes. Schon rasten die ersten Fallschirmjäger auf das Rollfeld. In diesem Augenblick eröffneten die Tommies ein verheerendes Feuer. Die ersten Männer brachen zusammen. Die übrigen zogen sich vom Rollfeld zurück.

Als Erich Schuster zur Höhe hinaufschaute, sah er den Gegner, der von der Höhe herunterstürmte. Er rief nach dem MG-Schützen seiner Gruppe. Der MG-Schütze kam angelaufen und warf sich neben ihm in den Graben. Lewis-MG und schwere Maschinenpistolen bellten und schnatterten.

»Feuer frei, Bergmann! Dort! Halbrechts am Hang!«

Das deutsche MG begann zu rattern. Die Gegner gingen zu Boden und verschwanden hinter Steineichengebüschen. Das Kampfgetöse schwoll zu einem wilden Tohuwabohu ineinander verschwimmender Laute an. Als sich Erich Schuster näher an seinen MG-Schützen heranschob, begann wieder ein MG zu feuern. Der Feuerstoß riß ihm den Ärmel in Fetzen und ließ ihn in volle Dekkung gehen. Ein Flakgeschütz des Gegners begann zu feuern. Die Granaten schlugen in die Stellungen der Fallschirmjäger und rissen Lücken in die schütteren Reihen. Das Geschütz, eine 4-cm-Boforskanone, mußte in dem Olivenhain jenseits des Flußbettes stehen.

Die Männer der Gruppe Schuster gingen vor. Sie pirschten sich durch das Flußbett an das Geschütz heran. Dann erreichten sie die

Stellung. Handgranaten flogen in die Unterstände hinein. Mit der MPi schoß Schuster auf alles, was sich zeigte. Das Flakgeschütz schwieg. Die Gefahr für die Kameraden war beseitigt.

Wenig später erreichten sie ein weiteres Flakgeschütz. Es war schon vom Gegner verlassen. Als einer der Fallschirmjäger eines der Fliegertücher – eine Fahne – herausholte und am Rohr anbringen wollte, begann wieder ein Feind-MG zu feuern. Sie verschwanden schnell in Deckung, aber ein dumpfes brausendes Brummen ließ sie nach oben schauen.

Da tauchten sie schon über ihren Köpfen auf. Kette nach Kette Ju 52.

»Geschafft, Herr Oberjäger!« rief einer der Männer erleichtert aus.

»Das ist unser Regiment!« fiel ein anderer ein. »Gleich sind sie hier und dann werden wir dem Tommy Beine machen!«

Weit, so weit sie sehen konnten, fielen Fallschirme wie weiße Watteflocken aus den Maschinen.

»Wir gehen zur Kompanie hinunter!«

Als sie den Hang überquerten, sahen sie Gefallene, Verwundete und Verstümmelte. Dichtes Werferfeuer verlegte ihnen den Rückweg. Saßen sie in der Falle? Doch endlich erreichten sie ein Haus und in diesem Haus fanden sie den gefallenen Kompanieführer. In diesem Haus fanden sie noch mehr; tote, verstümmelte Fallschirmjäger. Ein grausiges Bild.

Draußen, bei der Brücke, lagen ebenfalls Männer, die gleich zu Beginn des Angriffes gefallen waren. Neben der Straße lag ein zerschmetterter abgestürzter Lastensegler. Neben den Überresten der Maschine ein Fallschirmjäger; tot. In der Maschine saßen andere. Hintereinander, so, als wollten sie gleich aussteigen; aber keiner von ihnen würde dies jemals wieder aus eigener Kraft tun.

Der Boden um den Flugplatz Malemes war aufgewühlt von Stukabomben. Er war übersät mit Waffen, Lastenseglern und Gerät; und immer wieder Tote.

Oberjäger Schuster führte seine Männer weiter. Sie trafen auf einmal ein paar Männer der 15. Kompanie des Sturmregimentes mit ihrem Chef, Oberleutnant Doppke.

Gemeinsam griffen sie eine Sandsackstellung des Gegners an, die als Schutzstellung für das dahinterstehende Flakgeschütz diente. Noch immer hallten von der Höhe 107 die peitschenden Gewehrschüsse und das Brüllen der Flakgeschütze herunter.

Hier an dieser Sandsackstellung sollte sich das Schicksal von Oberleutnant Doppke erfüllen. Mit Handgranaten räucherten sie die Stellung aus und stürmten hinein. Das Flakgeschütz, das den Flugplatz Malemes bestreichen konnte, wurde ausgeschaltet.

Dann aber schossen die Gegner wie wild auf diese Stelle. Granatwerfer schleuderten ihre Geschosse auf die Männer um Oberleutnant Doppke und Oberjäger Schuster. In diesem wilden Feuer fand Oberleutnant Doppke den Tod.

»Ich übernehme das Kommando!« rief Oberjäger Schuster.

Der Oberjäger richtete sich mit wenigen Männern in dieser Sandsackstellung ein, behielt sie gegen jeden Gegenangriff des Gegners fest in der Hand und bildete so ein vorgeschobenes Bollwerk.

Im Lande- und Absprungraum der Gruppen Malemes, Chania, Rethymnon und Heraklion griffen alle verfügbaren Einheiten des VIII. Fliegerkorps bereits im vorbereitenden Bombenwurf und als Zerstörer- und Jagdschutz an.

Während die erste Welle des XI. Fliegerkorps planmäßig anflog, wurden zur unmittelbaren Unterstützung des Absetzens die an den Absetzstellen bekannten Flakstellungen und Truppenlager angegriffen, um die Abwehr während des Absetzens weitgehendst auszuschalten und die Widerstandskraft des Feindes gleich zu Beginn des Kampfes entscheidend zu schwächen. Im einzelnen wurden aufgrund der eingehenden Vereinbarungen zwischen VIII. und XI. Fliegerkorps folgende Einsätze durchgeführt:

a) Angriffe auf die Flakstellungen bei den Absetzstellen bei Malemes und Chania mit Stuka (Stukageschwader 2).

b) Angriffe auf die drei Zeltlager im Raum südlich von Malemes-Chania durch Kampfverbände (Zerstörergeschwader 26 u. Jagdgeschwader 77).

c) Unterbrechung der Fernsprechleitungen, um die Führung auszuschalten, an den Ortsausgängen von Ierapetra, Heraklion, Rethymnon und Chania durch Kampfverbände.

d) Angriffe auf die Kasernen Heraklion und Rethymnon, um deren Besatzungen gleich zu Beginn des Kampfes zu schwächen, durch Kräfte des italienischen Luftwaffenkommandos Ägäis.

Das Absetzen selbst wurde durch Jagd- und Zerstörerverbände, die unmittelbar an den Absetzstellen die Erdabwehr bekämpften, und durch Angriffe der Kampfverbände auf die von den Absetzstellen entfernter liegenden Flakstellungen, wirksam unterstützt.

Wie gut diese Unterstützung war, geht daraus hervor, daß trotz sorgfältiger Vorbereitung der feindlichen Abwehr nur 7 von den 502 eingesetzten Ju 52 in Verlust gerieten.

Neben den Einheiten des VIII. Fliegerkorps waren dem XI. Fliegerkorps selbst folgende fliegenden Verbände zugeteilt worden:

Stab Kampfgeschwader zbV 1
I./Kampfgeschwader zbV 1
II./Kampfgeschwader zbV 1
I./Luftlandegeschwader 1
Stab Kampfgruppe zbV 2
Kampfgruppe zbV 101
Kampfgruppe zbV 102
Kampfgruppe zbV 105
Stab Kampfgruppe zbV 3
Kampfgruppe zbV 40
Kampfgruppe zbV 60
Kampfgruppe zbV 106
I./Kampfgruppe zbV 172.

Diese Verbände hatten den Antransport und Einsatz des Detachements Süßmann (7. Fliegerdivision) und weitere umfangreiche Lufttransportbewegungen für die Luftflotte 4 und das VIII. Fliegerkorps, die im Verlauf des Feldzugs gegen Jugoslawien und gegen Griechenland notwendig wurden, durchgeführt. Sie hatten infolge sehr ungünstiger Wetterlagen starke Ausfälle gehabt und wurden in der Zeit vom 2.5. bis 12.5. zur Überholung und Auffüllung auf Flugplätze in der Heimat zurückgezogen. Zur Durchführung des Angriffs auf Kreta trafen im Aufmarschraum um Athen bis zum 14.5. 10 Ju-Gruppen mit 502 startklaren Flugzeugen (Soll war 539 Flugzeuge) ein.

Damit war das XI. Fliegerkorps mit allen fliegenden Verbänden am 14.5. im Raum Athen versammelt und einsatzbereit. Die Truppenteile lagen in der Nähe der Flugplätze, von denen aus sie starten sollten. Nicht einsatzbereit waren die Bodenorganisation und die Nachschubeinheiten. Im Aufmarschraum wurde keine Bodenorganisation vorgefunden. Es gab weder ein Luftgaukommando noch Horstkommandanturen, noch Nachschubdienststellen. Die wenigen vorhandenen Flugplätze mußten mit dem VIII. Fliegerkorps geteilt werden. Am 15.5. befahl die Luftflotte 4 die Abgabe des dem XI. Fliegerkorps zugesprochenen Flugplatzes Mykene an das VIII. Fliegerkorps. Auf den im Norden von Attika gelegenen Flugplatz Almyros mußte verzichtet werden, da die Verkehrsverhältnisse seine Versorgung unmöglich machten. Unter dem Zwang dieser Verhältnisse blieben für das XI. Fliegerkorps nur folgende Plätze übrig:

Korinth für eine Ju-Gruppe
Megara für zwei Ju-Gruppen
Tanagra für zwei Ju-Gruppen und eine halbe Ju-Gruppe mit LS
Topolia für drei Ju-Gruppen
Dadion für eine Ju-Gruppe
Eleusis für eine Aufklärungsstaffel und eine halbe Ju-Gruppe mit LS
Phaleron für eine Transportstaffel.

Die überstarke Belegung völlig unzulänglicher Flugplätze wie z. B. Topolia und Magra hat dann auch in der Folgezeit die Durchführung der Angriffe nachteilig beeinflußt. Die einfach unvorstellbare Staubentwicklung machte den Start geschlossener Verbände innerhalb einer erträglichen Zeit fast unmöglich. Vom Generalkommando eingesetzte Feuerlöschzüge zur Bekämpfung der Staubentwicklung schufen nur vorübergehend Abhilfe.

Ähnlich war das Nachschubproblem. Der gesamte Nachschub wurde auf dem Seeweg nach den Häfen Piräus und Korinth zugeführt. Die Schiffe trafen infolge feindlicher U-Boot- und Minentätigkeit mit großer Verspätung erst ab 17.5.41 ein. Die Löschung der Ladungen an den weitgehend zerstörten Hafenanlagen mit Hilfe deutscher Gebirgstruppen und griechischer Arbeitskräfte und der Abtransport mit behelfsmäßig aus Truppenfahrzeugen zusammengestellten Kraftfahrzeugkolonnen auf wenigen stark beanspruchten Straßen konnten nur unter Überwindung vieler Reibungen bewältigt werden.

Dem Generalkommando des XI. Fliegerkorps stand eine für die Lösung derartiger Aufgaben geeignete Nachschuborganisation nicht zur Verfügung. Alles mußte improvisiert werden. Eine gewisse Entlastung gab die Unterstellung des höheren Kolonnenführers der Luftflotte 4 unter Generalkommando XI. Fliegerkorps.

Der empfindlichste Engpaß bildete die Versorgung der Flugplätze mit Flugbetriebsstoff. Da mittlere Betriebsstoffkolonnen nicht zur Verfügung standen, mußte die gesamte Betankung aus Fässern erfolgen. Die Anzahl der mit Mühe beschafften Fässer reichte schließlich nur knapp für zwei Einsätze aus. Da bei Beginn des Angriffs für drei Einsätze Benzin bereitliegen mußte, waren fortlaufend schnelle Rückführung der leeren Fässer nach Piräus und ihre rasche Wiederauffüllung sicherzustellen. Eine völlig unzulängliche Füllanlage in Piräus erschwerte die Durchführung dieser Versorgung auf das äußerste. Insgesamt mußten in der Zeit vom 17.5. bis 20.5. 3,6 Millionen Liter Betriebsstoff, drei Einsätze für 10 Ju-Gruppen, auf diese primitive Weise den Flugplätzen zugeführt werden.

Diese Zwischenfälle – das verspätete Eintreffen der Nachschubschiffe und die Schwierigkeit der Versorgung der Flugplätze mit Flugbetriebsstoff – waren es, die eine Verschiebung des Angriffsbeginns zunächst auf den 18., dann aber auf den 20.5. notwendig machten.

Einsalzraum Mitte — Verluste bei Galatas —
Ein Bataillon stirbt

Als Vorhut des Fallschirmjäger-Regiments 3 erhielt das III. Bataillon unter Major Heilmann Befehl, um 7.00 Uhr des 20. Mai 1941 zu springen, den vorgesehenen Absprungplatz freizukämpfen und daraufhin mit den übrigen Bataillonen des Regiments den Angriff gegen Galatas, Chania und die Suda-Bucht vorzutragen.

Schon vor Morgengrauen startete das Bataillon. An der Spitze flog die 9. Kompanie mit dem Bataillonskommandeur über das Mittelmeer.

Im Näherkommen an die große Bucht von Chanion (die Suda-Bucht) waren die britischen Flotteneinheiten zu erkennen, von denen geballtes Flakfeuer den näherkommenden Maschinen entgegenschlug.

Aus dem Absprungraum quollen schon die dicken Qualmpilze der Bombentreffer in die Höhe. Dort hatten die Stukas bereits ihre Bomben geworfen. Vom Westen überflog die Kampfgruppe die Insel. Trotz des Motorengeräusches hörten die schon in der Tür stehenden vordersten Springer MG- und Gewehrfeuer. Dieses Feuer verstärkte sich noch, als die Maschinen auf Absprunghöhe heruntergingen. Besonders nördlich der Straße nach Chania flammte das Feuer zu einem wilden Orkan an.

»Tuuu-uuut!«

Das war das Signal zum Sprung! Die Höhen von Galatas kamen bereits in Sicht.

Mit den ersten Männern sprang Major Heilmann. Auch an dieser Stelle pendelten nun weiße Fallschirme in die Tiefe. Auch hier blieben leblose Gestalten zwischen Telefonleitungen, an Bäumen und auf den Spitzen der Agaven hängen. Andere Fallschirmjäger sprangen direkt vor die Gewehrmündungen der Verteidiger.

Mit gutgezielten Schüssen feuerten die Neuseeländer auf den Absprungplatz. Eine griechische Kompanie ergab sich. Einzeln, nur mit Pistolen, Handgranaten oder Maschinenpistolen bewaffnet, erstürmten die Fallschirmjäger die Höhen. Im Nahkampf schalteten sie die Widerstandsnester des Gegners aus.

Sprungweise arbeitete sich Major Heilmann an der Spitze der 9. Kompanie über das Gefechtsfeld vor. An einem Hohlweg erreichte er einen verwundeten Zugführer der 9. Kompanie und einen ebenfalls verwundeten Neuseeländer. Sie verbanden sich gegenseitig. Sie hatten aufgehört, Feinde zu sein. Sie waren von nun an Schicksalsgefährten.

Plötzlich erkannte Major Heilmann eine Gruppe Neuseeländer, die an einem sanft ansteigenden Hang hinter Bäumen in Deckung gegangen waren. Mit einem Oberjäger ging der Bataillonskommandeur aufrecht durch die neuseeländischen Linien hindurch. Es erschien ihm, als wollte sich der Gegner hier ergeben. Als der Gegner aber sah, daß die deutsche Kampfgruppe nur aus zwei Männern bestand, eröffnete er das Feuer.

Mit Riesenschritten jagte Major Heilmann den Hang empor. Und in dem Augenblick, als er die Höhe erreichte, hörte er hinter sich einen Schrei. Getroffen stürzte der nachfolgende Oberjäger zu Boden. Schüsse peitschten an dem Offizier vorbei, der in Deckung ging. Von Galatas her aber sah Major Heilmann schon eine Gruppe von 20 Neuseeländern durch einen Hohlweg auf die Höhe zukommen. Rechterhand stürmte sein Adjutant eine Höhe und vernichtete eine feindliche MG-Stellung im Handgranatenduell. Linkerhand rannte der Chef der 9. Kompanie an der Spitze seiner Männer vor. Schwerverwundet blieb er unter einem Olivenbaum liegen. Ein Feldwebel sprang an ihm vorbei, ohne ihn zu erkennen. Erst als er mit zerschossener Schulter zurückging, fand er seinen Kompaniechef.

In dem Augenblick, als die Gefahr am größten war, daß die von Galatas anrückenden Neuseeländer die Höhe gewinnen und die angreifenden Fallschirmjäger niederhalten konnten, erreichte ein MG die Höhe und die Stelle, an der der Kommandeur mit dem tödlich getroffenen Oberjäger lag.

»Direkt voraus!«

Der erste Gurt wurde durch das MG gejagt. Die flachen Stahlhelme der Gegner verschwanden urplötzlich aus dem Hohlweg. Weitere Fallschirmjäger trafen ein.

Keine 200 Meter hinter dieser Stellung errichtete ein Oberarzt der Sanitätskompanie 7 das erste Verwundetennest.

In dieser Situation irrten auf einmal Menschen in Sträflingskleidern auf dem Gefechtsfeld herum. Sie kamen aus dem nahegelenen Zuchthaus Agya. Der Bataillonsadjutant traf ein. Er brachte 80 Gefangene mit. Die Gefangenen wurden hinter die Mauer eines Kirchhofes geschafft.

Als die 9. Kompanie versuchte, sich weiter nach Norden auf Galatas vorzuschieben, erhielt sie plötzlich auch von hinten Feuer und erlitt schwere Verluste.

Nach zwei Stunden erbitterten Kampfes, während die Sonne höher und höher stieg und mit ihrer sengenden Glut die Erde und die Männer auszudörren begann, hatte das Bataillon Heilmann mit dem Bataillonsstab und der 9. Kompanie die Höhe südlich Galatas genommen. Wo aber steckten die übrigen Kompanien?

Major Heilmann nahm Verbindung mit dem Regiment auf. Oberst Heidrich befahl, die Höhe zu halten und alles zum Angriff auf Galatas vorzubereiten. Am Nachmittag begannen die Gegenstöße des Gegners. Das bei Karatsos liegende 19. neuseeländische

Bataillon griff nun pausenlos an. Noch immer hatte Major Heilmann keine Verbindung zu den Kompanien 10, 11 und 12. Nur mit den Resten der 9. Kompanie verteidigte er. Die wenigen Fallschirmjäger gaben keinen Meter des buchstäblich mit Blut getränkten Bodens wieder auf.

Als die Sonne des ersten Angriffstages sank, wurden starke Motorengeräusche gemeldet. Schon ging die Munition zur Neige. Der am Nachmittag mit Verpflegungsbomben abgeworfene Nachschub war in die feindlichen Stellungen gefallen. In vorderster Linie starb am Abend der schwerverwundete Chef der 9. Kompanie.

Oberst Heidrich, der mit seinen Männern das Zuchthaus Adya in Besitz genommen hatte, ließ für die Nacht die gewonnene Höhe räumen, um das Regiment geschlossen zusammenzuhalten und eventuellen Nachtangriffen begegnen zu können. Nur eine Gruppe Fallschirmjäger blieb zur Sicherung auf der Höhe. Sie war es auch, die die nächtlichen Vorstöße der Neuseeländer abwehrte.

Was aber war mit 10., 11. und 12. Kompanie des Bataillons Heilmann geschehen? Wo waren die Männer geblieben, daß sie sich nicht zum Bataillon durchschlugen?

Während die 9. Kompanie mit dem Bataillonskommandeur am späten Abend des 20. Mai aus einem erbeuteten Feldgeschütz auf die Feindstellungen feuerte, trafen die ersten Nachrichten über diese Kompanien ein. Die 11. Kompanie war mitten im Gebirge abgesetzt worden und hatte sich durch einen Ring von Gegnern zum I. Bataillon durchgeschlagen. Nur der Chef der 11. Kompanie, der mit seinem Kompanietrupp als einziger richtig an der Straße nach Galatas abgesetzt worden war, kam nicht zum I. Bataillon. Er ging mit seinen wenigen Jägern befehlsgemäß auf der Straße nach Galatas vor.

Sie mußten wohl auf Feindkräfte gestoßen sein, die ihnen einen Hinterhalt gelegt hatten, denn später wurde er mit seinen Männern gefunden. Wie sie vorgegangen waren, in Schützenreihe, lagen sie hintereinander tot am Straßenrand.

Die 12. Kompanie erlitt ein schreckliches Schicksal. Sie wurde zum Großteil über einem Stausee abgesetzt. Eine Anzahl von Fallschirmjägern konnte sich nicht aus den Gurten befreien und ertrank.

Die 10. Kompanie wurde bei Daratsos mitten in die feindlichen Stellungen und in ein Truppenlager hinein abgesetzt. Sie kämpfte einen aussichtslosen Kampf gegen die Übermacht. Einem Zug gelang es, in ein umzäuntes Lager einzudringen und dort 400 Gefangene zu machen. Als er aber diese Gefangenen in Richtung Straße Galatas abtransportieren wollte, erhielt der Zug starkes MG- und Granatfeuer von den feindbesetzten Höhen. Die dort liegenden Neuseeländer vernichteten fast die gesamte Kompanie. Die letzten überlebenden Fallschirmjäger wurden aufgefordert, sich zu ergeben. Sie marschierten mit den befreiten Gefangenen, nun selbst Gefangene, in das Lager zurück.

Bei diesem Kampf wurde auch der Chef der 10. Kompanie schwer verwundet. Als er sich wieder erheben wollte, um die Kompanie in Deckung zu führen, traf ihn ein zweiter, tödlicher Schuß. Das Schicksal dieser Kompanie war besiegelt.

Mit dem II. Bataillon unter Major Derpa sprang auch Oberst Heidrich bei Chania und landete sicher. Das Bataillon hatte Auftrag, Galatas zu nehmen. Sofort setzte Oberst Heidrich einen Angriff auf die Kastellhöhe von Galatas an. Beim Sturm auf die Höhe fiel neben ihm der Bataillonskommandeur Major Derpa.

Das Fallschirm-Pionierbataillon unter Major Liebach sprang wie vorgesehen bei Alikianou im Rücken des Regiments 3 und löste seinen Auftrag – Rückendeckung für das Regiment 3 zu geben – erfolgreich.

Das I. Bataillon des Fallschirmjäger-Regiments 3 unter Hauptmann Freiherr von der Heydte hatte Auftrag, als zweite Kampfgruppe hinter dem Bataillon Heilmann zu starten. Es sollte nahe dem Zuchthaus Agya springen. Die Straße Alikianou–Chania war von diesem Bataillon zu sperren und die Höhen südlich davon in Besitz zu nehmen. Nördlich des Zuchthauses würde das II. Bataillon stehen und nach der Sicherung des Absprungplatzes würden alle Kampfgruppen des Regiments direkt auf Chania vorgehen und die kretische Hauptstadt erstürmen.

In dem zweiten Pulk des Ju-52-Geschwaders Heyking flogen die Fallschirmjäger des Bataillons von der Heydte ihrem Ziel entgegen. Sie erreichten die freie See. Rechterhand tauchte die von der Frühsonne überstrahlte Akropolis auf. Blau leuchtete die See unter den Maschinen.

»Sehen Sie nach dem Zuchthaus!« befahl Hauptmann von der Heydte seinem Adjutanten.

In Athen hatten sie einen »Führer durch Kreta« gekauft und in diesem war das Zuchthaus Agya abgebildet gewesen. Die erste Kampfhandlung auf kretischem Boden für das Bataillon sollte die Besetzung dieses Zuchthauses sein, und wenn die Fallschirmjäger in Sichtweite des Zuchthauses sprangen, dann hatte der Bataillonskommandeur alle dicht beisammen.

»Kreta in Sicht!« rief der Flugzeugführer.

Schräg unter Hauptmann von der Heydte tauchten die kretischen Berge auf. Er sah Bäume und dichtes Buschgrün. Gleich gigantischen Vögeln zogen die Ju 52 über dem Meer der Küste entgegen, und in diesem Augenblick kam der Ruf des Flugzeugführers:

»Fertigmachen zum Sprung!«

Der Bataillonskommandeur schaute auf die Uhr. Es war 7.10 Uhr. Mit zwei Schritten stand er in der Tür. Die Luftströmung packte ihn. Unter sich erkannte er das Dorf Alikianou. Die Maschinen waren schon auf Sprungtiefe heruntergegangen, so daß der Bataillonskommandeur die Menschen auf der Straße erkennen konnte. Die Schatten der Maschinen schwebten wie Geisterhände über die Häuser hinweg.

Im Tal voraus erglomm ein riesiger blitzender Spiegel. Das war das Wasserreservoir. Schon verlangsamten die Maschinen ihren Flug. »Absetzgeschwindigkeit«, ging es dem Hauptmann durch den Kopf.

Dann erklang dröhnend und drohend zugleich das Boschhorn.

»Springen!«

Mit Händen und Füßen stieß sich Hauptmann von der Heydte ab. Wie ein Schwimmer beim Startsprung warf er die Arme nach vorn. Steil segelte er durch den Himmel, vom Fallwind gepackt und umröhrt. Der Schlag des Entfaltungsstoßes traf ihn hart. Er schwebte nieder. Als er während des Niederschwebens emporschaute, sah er seine Fallschirmjäger. Überall standen die weißen aufgeblähten Schirme am Himmel.

Dann drehte er sich etwas zur Seite. Es gab ihm förmlich einen Schock. Vom Wind wurde sein Fallschirm genau auf das Wasserreservoir zugetrieben.

Wild rudernd und lufttretend versuchte er, den Flug des Fallschirms aufzuhalten. Er landete unmittelbar am Rand des Wasserbeckens in einem Feigenbaum und befreite sich aus seiner Lage. So viele Fallschirme er vorhin auch in der Luft gesehen hatte, hier – auf der Erde – sah er auf einmal keinen einzigen Soldaten. Wo war sein Bataillon geblieben?

Er sah die Ju 52, die gedreht hatten und wieder zum Festland zurückflogen.

Der Wasserspeicher lag in einem Olivenhain. Die Straße von Alikianou nach Chania, das hatte der Bataillonskommandeur aus der Luft gesehen, lag rechter Hand. An dieser Straße, nahe einer Gruppe weißer Häuser, sollte der Bataillonsstab sich sammeln.

Als er allein entlang des Straßenrandes zu dem weißen Gebäudekomplex vorging, vernahm er schon das Feuern aus MG und Karabinern, das aus der Gegend von Galatas herüberpeitschte. Dort mußte das II. Bataillon schon im Kampf stehen. Und er hatte noch nicht einen Mann zu seiner Verfügung. In diesem Augenblick hörte Heydte hinter sich Motorengeräusche. Über die Berge stieß ein deutscher Jäger herunter und begann aus seinen Bordwaffen zu feuern. Mit einem weiten Hechtsprung landete der Hauptmann in einem Graben, der ein langes Kornfeld flankierte. Eine Kette einschlagender Kugeln riß Staubfontänen aus der Straße empor. Dann zog der Jäger in die Höhe und verschwand in Richtung Chania. Die ersten scharfen Schüsse auf Kreta waren auf den Hauptmann von einem eigenen Flugzeug abgegeben worden.

Kurz darauf erreichte er das Zuchthaus. Das riesige Eisentor war geöffnet. Ein schweres MG war im Eingang aufgebaut. Die Männer der schweren Kompanie waren an der Straße in Deckung gegangen. Unter Feldwebel Gabbay und Feldwebel Ackermann waren sie schnell gesammelt worden. Es herrschte eine Atmosphäre, die eher einem Manöver denn einem kriegerischen Einsatz ähnelte. Alle waren irgendwie aufgekratzt. Der Sprung mit all seinen Gefahren war vorüber.

Mittlerweile hielt der Bataillonsstab alle Meldungen für den Kommandeur bereit. Der Bataillonsadjutant, Ordonnanzoffizier, Nachrichtenoffizier und die Funkstelle waren hier schon eingetroffen. Melder aller vier Kompanien waren bereits erschienen. Schon war auch die Funkverbindung zu allen Kompanien hergestellt und Hauptmann von der Heydte schrieb den Angriffsbefehl nieder, als drei Jäger ihm einen gefangenen Griechen brachten. Es war ein Kaufmann, der seine Dienste als Dolmetscher anbot. Er sprach perfekt deutsch und als Begründung für seinen Schritt sagte er:

»Sie sind ein Deutscher, Herr Offizier, und Sie verstehen das nicht, aber in der Levante muß ein Kaufmann wählen zwischen betrügen und betrogen werden. Sie können sich denken, daß ich es nicht liebe, betrogen zu werden.« Nun hörte man aus der Richtung der Galatas-Höhen und auch aus Richtung Chania Feuer. Bren-MG hackten irgendwo. Dazwischen detonierten Handgranaten.

Das I. Bataillon ging vor. Aber nach knapp hundert Metern wurde es durch MG-Feuer aufgehalten. Durch einen Olivenhain ging es gedeckt weiter. Den Cladiso kreuzend, stürmte das Bataillon mit der 2. Kompanie an der Spitze in Zickzacksprüngen durch das Cladiso-Tal. Oberleutnant Knoche kämpfte mit seiner Kompanie den Landeraum frei. Dicht daneben die 3. Kompanie unter Oberleutnant Straeler-Pohl. Ein Gebäude tauchte voraus auf.

»Angriff. – Sprung auf – Maarsch!«

Die Fallschirmjäger stürmten vor, und im Vorrennen sah der Hauptmann einen Mann, der plötzlich vor ihm auftauchte. Er hob die MPi. War das einer von seinen Männern? Hinter ihm feuerte einer der Jäger. Der Mann brach zusammen, und als von der Heydte ihn erreichte, sah er, daß es ein junger Bursche war. Er befahl, ihn zur Sanitätsstation zu bringen.

Sie erreichten das Haus. Es war genau 10.30 Uhr, drei Stunden nach der Landung auf Kreta. Die 2. Kompanie schaltete zwei britische MG aus. Die ersten Gefangenen wurden gebracht. Es waren Griechen. Die 1. Kompanie hatte in der Zwischenzeit in schlechtem

Gelände Feuer erhalten und lag fest. Hauptmann von der Heydte übergab das Kommando seinem Adjutanten, um selbst zur 1. Kompanie zu gehen. Er fand sie eine Stunde später im offenen Gelände. Das Feuer von zwei Maschinengewehren hielt sie zwischen der linkerhand entlangführenden Straße und dem tiefen Einschnitt des Cladiso fest. Der Bataillonskommandeur sandte einen Funkspruch an die 4. Kompanie. Sie sollte mit der Werfergruppe diese beiden MG außer Gefecht setzen. Die Werfer ließen nicht lange auf sich warten. Wenige Minuten nach dem Befehl waren zwei losgezogen und in Stellung gegangen. Hauptmann von der Heydte kroch nun mit dem Chef der 4. Kompanie vor, um die Ziele auszumachen. Doch sobald sie sich zeigten, erhielten sie Feuer aus dem vor ihnen liegenden Olivenhain, das sie wieder in die Deckung zurückzwang.

Die Verluste mehrten sich. Beide Werfer begannen zu feuern. Als Antwort feuerte die englische Artillerie auf die Stellungen der Fallschirmjäger. Die Artilleriesperre war so dicht, daß das Bataillon keinen Schritt weiter vorankommen konnte.

Als Hauptmann von der Heydte in einer Feuerpause abermals nach vorn kroch, sah er den Gegner an einem Abhang halblinks vor dem Bataillon in der Nähe eines Hauses. Er wies die Werfergruppe persönlich ein. Beide Werfer eröffneten das Feuer. Um die Wirkung seiner Granaten besser beobachten zu können, stand der Oberjäger auf und spähte zu dem Hause hinüber.

»Deckung!« schrie ihm der Hauptmann zu.

»Aber Herr Hauptmann, so kann ich doch viel besser beobachten! – Zwanzig mehr!« sagte er, sich zu seinen Werfern umwendend.

Durch sein Glas sah Hauptmann von der Heydte, daß die Werfergranaten dicht beim Haus, mitten in die Gruppe der Gegner einschlugen. Nach der vierten Salve war niemand mehr zu sehen.

In dieser Phase des Kampfes wurde eine Meldung von Mann zu Mann weitergegeben. Sie erreichte den Bataillonskommandeur:

»Der Chef der 4. Kompanie ist schwer verwundet.«

Wenig später kam die Meldung durch, daß auch der Chef der 2. Kompanie verwundet sei. Unmittelbar darauf setzte auch das Artilleriefeuer des Gegners wieder ein.

»Volltreffer auf das Haus, Herr Hauptmann!« meldete der Oberjäger der Werfergruppe.

»Wir müssen Fühlung zum III. Bataillon aufnehmen, Herr Hauptmann«, sagte der Ordonnanzoffizier.

Hauptmann von der Heydte überlegte schon seit langem, wie er dies bewerkstelligen sollte. Ein dichtes Waldgelände trennte sie von Galatas und dem III. Bataillon. Wenn er die 1. Kompanie ansetzte, würde sie unter Umständen in diesem Waldgelände vernichtet werden. Erst wenn er wußte, was jenseits der Straße vor sich ging, konnte er die Kompanie ansetzen. Er wandte sich seinem Melder zu:

»Ich werde hinübergehen!« rief er.

Doch der stellvertretende Kompanieführer der 2. Kompanie hielt ihn an der Schulter fest.

»Sind Sie verrückt geworden, Herr Hauptmann?« fragte er entsetzt.

Hauptmann von der Heydte wollte auffahren und den Mann zusammenstauchen. Aber er spürte, daß der Oberleutnant recht hatte und bezwang sich. Er blieb. Dieser Einspruch rettete ihm wahrscheinlich das Leben.

Langsam vertickten die Minuten. Die Spannung aber löste sich auf einmal, als ein Röhren und Rasseln vor ihnen erklang.

»Panzer von vorn!« brüllte einer.

Der Ruf ging von Mann zu Mann weiter und brach die unerträgliche Spannung. Auf einmal kam ein kleiner Panzer um eine Biegung, 140 Meter voraus, aus dem Buschwerk heraus. Alles Feuer konzentrierte sich auf ihn. Kugeln knallten gegen seine Panzerung. Bis auf 50 Meter kam er an die vordersten Linien heran. Schon war der Gestank verbrannten Öls zu bemerken, als ein Panzerbüchsenschuß ihn erwischte. Eine Explosion. Der Panzer ruckte hart zur Seite, rammte einen Telefonmast und blieb bewegungslos liegen.

In der Zwischenzeit war Oberleutnant Hagl mit einem Zug der 2. Kompanie beim Bataillonskommandeur eingetroffen. Hagl hatte sich mit seinem Zug mit Bravour, selbst an der Spitze kämpfend, mitten durch die Engländer zum Bataillon durchgeschlagen. Der wuchtige Bayer, aus dem Mannschaftsstand hervorgegangen, übernahm diesen Verteidigungsabschnitt des Bataillons. Hauptmann von der Heydte wußte nun diesen Abschnitt bei Hagl in guten Händen. Er ging mit seinem Ordonnanzoffizier und seinem Melder in Richtung zum Bataillonsgefechtsstand zurück.

Als sie den Gefechtsstand in einer Seitenschlucht des Cladiso erreichten, kam ihnen der Bataillonsadjutant entgegen. Er meldete, daß der Gefechtsstand einen Volltreffer erhalten hatte und daß zwei Männer gefallen waren. Das Funkgerät war dabei beschädigt worden. Oberleutnant Mäckh sei bereits unterwegs, um Verbindung mit der 1. Kompanie aufzunehmen. Wenig später erhielten sie wieder Funkverbindung mit der 1. Kompanie. Der Fernmeldezugführer hatte es also wieder einmal geschafft.

Oberleutnant Mäckh sei schon mit wichtigen Unterlagen wieder auf dem Weg zum Bataillonsgefechtsstand, wurde durchgegeben. Sofort schickte Hauptmann von der Heydte ihm zwei Männer entgegen. Diese beiden Männer fanden den Nachrichtenoffizier mit einem Halsschuß bewußtlos unter einem Busch am Rand der Schlucht. Als sie ihn aufheben wollten, sagte er:

»Laßt mich hier. In meiner Tasche findet ihr eine Meldung für das Bataillon.«

Sie brachten die Meldung zum Gefechtsstand. Oberleutnant Mäckh wurde zum Verbandsplatz geschafft. Am 25. Mai erlag er seiner schweren Verwundung. Oberfeldwebel Jeier übernahm den Fernmeldezug.

Nun trafen die Meldungen von allen Kompanien ein. Ein Stoßtrupp der Ersten war bis an das Dorf Peribolia vorgegangen und meldete starke gegnerische Stellungen südwestlich des Ortes. Die 3. Kompanie hatte eine Höhe mit mittelalterlichen Ruinen genommen und sich dort festgesetzt. In der Nähe dieses Hügels, den Hauptmann von der Heydte »Großer Burghügel« nannte, lag auf einem niedrigeren Hügel ein Weinberg, in dem sich ebenfalls einige Ruinen befanden. Diese Höhe wurde als »Kleiner Burghügel« in die Karte eingetragen.

Die flache Küste von Chania lag östlich des kleinen Burghügels in einem Seitental. Dahinter zog sich bis ins Gebirge eine dicht überwucherte Felsschlucht entlang. Griechische Truppen, die dieses Gebiet verteidigten, wurden von der 3. Kompanie gefangengenommen.

Hundert Meter hinter dem Bataillonsgefechtsstand hatte Oberarzt Dr. Petritsch den Verbandsplatz eingerichtet. Der zweite Arzt war mit einer der Kompanien nach vorn gegangen, um auf dem Gefechtsfeld Erste Hilfe zu leisten. Unter einem aus Zweigen errichteten schrägen Dach operierte der Oberarzt schon, als der Bataillonskommandeur gegen Mittag dort eintraf. 12 Schwerverwundete lagen oder saßen hier herum. Die leichten Fälle wurden sofort in das Feldlazarett zurückgebracht, das vom Regiment beim Zuchthaus Agya eingerichtet worden war.

Der Bataillonskommandeur ging von Mann zu Mann, um jedem ein paar tröstliche Worte zu sagen. Es fiel ihm nicht leicht. Seine Stimme erschien ihm in der lastenden Stille selber fremd. Er kam auch zu einem englischen Schwerverwundeten, der ebenfalls geborgen worden war. Als der Engländer hörte, daß dies der Bataillonskommandeur der deutschen Fallschirmjäger sei, sagte er:

»Sir, der Krieg ist für mich zu Ende. – Ich hoffe, daß er es auch bald für Sie und Ihre Männer ist.«

Am Nachmittag, gegen 15.00 Uhr, lag der Gegner in tiefgestaffelter Front vor dem Bataillon und verwehrte ihm den Durchbruch in die Ebene von Chania. Aber die Engländer unternahmen keinen Gegenangriff mehr. Sie verstärkten lediglich das Artilleriefeuer, und schließlich fielen auch die Schiffsgeschütze der in der Suda-Bucht liegenden britischen Mittelmeereinheiten in das Artilleriefeuer ein.

Plötzlich stiegen bei der 2. und 3. Kompanie Leuchtkugeln in die Höhe. Der Gegner griff dort an. Die Engländer versuchten, an der 1. Kompanie vorbei über den Hang vorzugehen, an dem die 2. und 3. Kompanie sich eingegraben hatten. Der Gegner gelangte nahe heran. Immer wieder kam es zu Kämpfen Mann gegen Mann. Die Verluste des Bataillons wurden größer. Schon wurde die Munition knapp. Das Gesicht des Bataillonskommandeurs verdüsterte sich.

Am späten Nachmittag gelang es, Funkverbindung mit dem II. Bataillon aufzunehmen.

Der Regimentsbefehl für den weiteren Angriff sah vor, daß das III. Bataillon beide Seiten des Weges Chania-Alikanou decken sollte. Das II. Bataillon blieb als bewegliche Reserve beim Regimentsgefechtsstand, der in der Nähe des Zuchthauses eingerichtet worden war. Die Pioniere sollten die nördlichen und westlichen Flanken im Bereich des Stausees schützen, und dem I. Bataillon wurde befohlen, auf der Höhe, rechts des Cladiso, Verteidigungsstellungen vorzubereiten. Mit diesem Befehl erhielt Hauptmann von der Heydte auch die Nachricht vom Tod des Divisionskommandeurs, Generalleutnant Süßmann. Der Chef der 4. Kompanie seines Bataillons war schon am Nachmittag seiner schweren Verwundung erlegen.

Mit Einfall der Dunkelheit hörte im Abschnitt des I. Bataillons das Feindfeuer auf. Der Bataillonsgefechtsstand wurde in eine andere, von Weingärten flankierte Seitenschlucht des Cladiso verlegt.

Hauptmann von der Heydte ging von Stellung zu Stellung, um seinen Männern ein paar aufmunternde Worte zu sagen und sicherzugehen, daß keine Lücken entstanden waren, durch die der Gegner einsickern konnte.

Der erste Tag auf Kreta war auch für das I./Fsch.Jäg.Rgt. 3 zu Ende.

Ein König auf der Flucht — Tod eines Divisionskommandeurs — Stukas greifen ein – Start nach Rethymnon

Zur gleichen Zeit, da die Fallschirmjäger des Regimentes 3 am Morgen des 20. Mai 1941 bei Alikianou vom Himmel fielen, mit dem Regimentskommandeur Oberst Heidrich an der Spitze den mächtigen Bau des Zuchthauses Agya erstürmten und dadurch *den* Regimentsgefechtsstand erhielten, beobachteten König Georg II. von Griechenland und sein Ministerpräsident aus den Fenstern des Landhauses an der Straße nach Alikianou dieses Schauspiel.

Von seinem Schlafzimmerfenster aus sah König Georg II. die weißen Fallschirme niedergehen, die vordersten nur etwa 100 m vom Hause entfernt. Er sah, wie die Fallschirmjäger sich aus den Schirmen lösten, die Waffen aufnahmen und nach Osten durch die Weingärten vorstürmten, genau in die Richtung, aus der weiterer Gefechtslärm den Absprungplatz einer anderen Fallschirmjägergruppe kennzeichnete.

Diese Schnelligkeit des deutschen Vorstoßes bot dem griechischen König die einzige Entkommenschance.

Zehn Minuten später verließ er das Landhaus und flüchtete in Begleitung des Ministerpräsidenten und einiger Offiziere zu Fuß nach Alikianou. Niemand kümmerte sich um die Fliehenden. Noch immer war die Luft erfüllt vom Motorendonner der Ju 52, aus denen deutsche Fallschirmjäger heraussprangen und zur Erde fielen. Der gesamte Raum bis nach Galatas und Chania war vom Getöse der Bombendetonationen erfüllt.

Stundenlang liefen die Männer um den König der Griechen durch das Gebirge, der Südküste entgegen. Zum erstenmal mußte auch ein gekröntes Haupt vorn bei seinen Soldaten die ganze Wucht eines solchen Angriffs und die Strapazen einer Flucht zu Fuß mitmachen.

Zwei Tage und zwei Nächte schlug sich diese Gruppe quer durch die Insel, bis das kleine Fischerdorf Roumeli erreicht war. Hier ging König Georg II. von Griechenland in der Nacht zum 24. 5. 1941 an Bord eines britischen Zerstörers, der ihn und seine Begleitung nach Ägypten brachte.

Von Kairo aus erließ König Georg II. dann den Aufruf an das kretische Volk zum heimtückischen Heckenschützenkrieg, zu Massakern und Morden, obgleich auch Griechenland an die Haager Landkriegsordnung angeschlossen war und den Heckenschützenkrieg verdammt hatte.

Generalleutnant Süßmann, Kommandeur der 7. Fliegerdivision, startete am 20. 5. um 6.00 Uhr mit seinem Gefechtsstab in 5 Lastenseglern in Eleusis. Seine beiden Adjutanten und die zwei Ordonnanzoffiziere befanden sich mit ihm in einem LS. Nach etwa 20 Minuten Flug – der Verband hatte eben die Insel Ägina erreicht – wurde dieser kleine Verband von einer einzeln fliegenden He 111 überholt. In dem Augenblick, in dem die He 111 vor der Kettenführermaschine war, brachen plötzlich, anscheinend infolge des entstandenen Luftwirbels, die Flächen des von der Kettenführermaschine geschleppten Lastenseglers ab. Der Rumpf des Seglers stürzte auf einen Felsen der Insel Ägina. Sämtliche Insassen dieses LS fanden den Tod. Mit Generalleutnant Süßmann fiel auch der Ordonnanzoffizier, Leutnant Freiherr von Liliencron.

Die übrigen Flugzeuge des Divisionsstabes landeten planmäßig etwa 600 m östlich des Stausees. Die Führung der Division übernahm – unter Beibehaltung der Führung seines Regiments – Oberst Heidrich.

Im Westteil der Insel verteidigte die neuseeländische 2. Division am 20. 5. 1941 ihre Stellungen, bei Malemes waren es die Bataillone 21, 22, 23 und 28 der 5. Brigade und eine Composite-Bataillon. Hinzu kam die neuseeländische 10. Brigade mit dem 20. Bataillon, einem griechischen und einem Composite-Bataillon und den Flakeinheiten, mit insgesamt 16 Geschützen von Kalibern von 3,7 bis 7,5 cm. Ferner noch 2 Infanterietanks und 7 leichte Tanks. Von der 4. neuseeländischen Brigade waren im Malemes-Sektor noch das 18. und 19. Bataillon und die *I. Welch* eingesetzt.

Im Sektor Suda-Bucht befand sich neben den Truppen des MNBDO (der Mobile Naval Base Defence Organisation) noch ein Bataillon Rangers. Das 102. australische Tankregiment, die 106. RHA und 2/2 des australischen Feldregiments waren als Infanterie eingesetzt. Hinzu kamen zwei Composite-Bataillone und 1 griechisches Bataillon. Daneben lagen im nahegelegenen Georgioupolis noch Teile der 19. australischen Infanteriebrigade. Andere Teile der 19. australischen Brigade lagen im Raum Rethymnon. Sie wurden durch zwei griechische Bataillone und 2 Tanks unterstützt.

Beim Flugplatz und in der Stadt Heraklion jedoch lagen die erst unmittelbar vor dem Angriffsbeginn übergeführten Teile britischer Eliteregimenter. So 2 Bataillone der berühmten *Black Watch*, 2 *York* and *Lancaster* und 2 Bataillone der *Leicester*. 2/4. australische Infanteriebrigade, das 7. Med. Regiment (als Infanterie eingesetzt); 3 griechische Bataillone und 6 leichte Tanks vervollständigten die Verteidigungsbereitschaft.

Auf dem Korpsgefechtsstand des XI. Fliegerkorps warteten gegen Mittag des 20. Mai alle auf die erlösenden Meldungen von der Insel. General der Flieger Student hatte Oberstleunant Snowadzki noch am Vormittag mit einer Ju 52 nach Malemes geschickt. Der Oberstleutnant hatte Auftrag, auf dem Flugplatz von Malemes zu landen und dort das Flugplatzkommando zu bilden, das Start und Landung der Maschinen koordinieren sollte, mit denen die 5. Gebirgs-Division im Luftlande-Einsatz nach Kreta übergeführt werden sollte.

Generalmajor Schlemm, der Chef des Stabes, war ebensowenig über die genaue Lage auf der Insel orientiert wie Oberstleutnant Trettner, der Ia des XI. Fliegerkorps. Hauptmann Mors, der Ic des Korps, hatte keine zuverlässigen Informationen über die Lage erhalten können. Alles schwebte in peinvoller Ungewißheit. Bis endlich Oberstleutnant Snowadzki von Kreta zurückkehrte. Er brachte die erste Gewißheit, und die war niederschmetternd. Der Flugplatz von Malemes war nach wie vor in der Hand des Gegners. Keine Maschine konnte dort niedergehen.

Zwar war es dem Oberstleutnant gelungen, seine Ju 52 auf dem Flugplatz zu landen, aber noch im Ausrollen hatte er bemerkt, daß der Platz noch feindbesetzt war. Im Feuer der Engländer gelang es Snowadzki, mit beschädigter Maschine wieder zu starten. Auch seiner Begleitmaschine, mit dem ersten Flugplatzpersonal an Bord, gelang dieser Start, und wohlbehalten landeten beide Maschinen wieder in Athen.

Obgleich von den 502 eingesetzten Ju 52 nur sieben Maschinen verlorengegangen waren und die übrigen mit Hochdruck auf den Startplätzen aufgetankt wurden, um die zweite Welle der Fallschirmjäger nach Kreta zu fliegen, stand die Sache schlecht. Weder mit der Westgruppe noch mit der Gruppe Mitte konnte Nachrichtenführer Oberstleutnant Dr. Weyland Verbindung erhalten. Immer wieder riefen die Funker in der Stabsfunkstelle. Immer wieder, ohne eine Antwort zu erhalten.

Dann trat noch ein Umstand ein, der zu schwersten Sorgen Anlaß gab. Die ersten zwischen 9.00 und 10.00 zurückgekehrten Ju 52 konnten auf den Feldflugplätzen nur notdürftig von Hand betankt werden. Aus Fässern mußte der Brennstoff gepumpt werden. Und die Flugplätze lagen mit Sonnenaufgang bereits unter einer unbarmherzig niederglühenden Sonne.

Die auf 13.00 festgesetzte Startzeit der zweiten Welle konnte unter keinen Umständen eingehalten werden. Die Fernsprechverbindungen innerhalb der Transportverbände und die von den Transportverbänden zum Korpsgefechtsstand waren durch Sabotageakte unbrauchbar gemacht worden.

Die für die zweite Welle vorbereiteten Bombenangriffe des VIII. Fliegerkorps jedoch wurden planmäßig durchgeführt. Wieder heulten genau um 15.15 Uhr, diesmal über Rethymnon und im Großraum Heraklion, die Stukas mit eingeschalteten »Jericho-Sirenen« der Erde entgegen. Aber die Fallschirmjäger, die nun hätten springen sollen, um die Schockwirkung auszunützen, waren nicht zur Stelle. Sie saßen zur gleichen Zeit noch auf den Feldflugplätzen in den Maschinen, um nach Rethymnon zu fliegen.

Wenig vorher war der erste Funkspruch von der Insel im Korps-HQ eingegangen. Oberst Heidrich, der mit einer Handvoll Männer die Kastellhöhe erobert hatte, war aus eigener Kraft nicht mehr stark genug, den Sturm auf Chania durchzuführen. Er forderte das Regiment 2 (Oberst Sturm) als Verstärkung an, um so die Hauptstadt, die gleichzeitig Kommandozentrale des Gegners war, in Besitz nehmen zu können. Doch das FschJägRgt. 2 konnte nicht mehr umdirigiert werden, da es keinerlei Unterlagen über den neuen Einsatzort hatte und die Flugzeugführer auch keine Unterlagen für ihre Navigation besaßen.

So startete das Regiment 2 um 15.15 Uhr zum Flug nach Rethymnon. Es hatte für diesen Einsatz nur 2 Bataillone zur Verfügung, da das II. Bataillon (Hauptmann Schirmer) der Gruppe Ost – Heraklion – unterstellt worden war.

Ziel des FschJägRgt. 2 war es, Stadt und Flugplatz Rethymnon anzugreifen und zu nehmen. Das I. Bataillon unter Major Kroh, mit der 2./Fallschirm-MGBataillon 7, einem Zug der 2./FlaMG-Bataillon 7 nebst einem Zug der 13. und 14./FschJägRgt. 2 als Verstärkung, hatte Auftrag, beiderseits des Flugplatzes zu springen, den Platz zu nehmen, ihn instand zu setzen und für spätere Truppenlandungen offenzuhalten.

Als erste in der Reihenfolge startete die Gruppe Kroh 13.30 Uhr vom Flugplatz Megara. Fünfzehn Minuten nach dem ersten Bombenwurf der Stukas sprangen die vordersten Gruppen auf Kreta. Die letzten Gruppen aber erst eine Stunde später, da während des Starts abermals dicke Staubwolken die Startfolge verzögerten. Die 4. Kompanie mit dem Bataillonsstab erreichte als erste kretischen Boden. Sie wurde genau im Zielgebiet abgesetzt.

Schon beim Sprung erhielt sie starkes Feuer. Die ersten Toten hingen bereits in den Schirmen. Nur 800 Meter östlich des Flugplatzes landeten die Überlebenden. Aber Hauptmann Morawetz, der Chef der 4., fiel mit sämtlichen Offizieren dieser Kompanie dem Feuer des Gegners zum Opfer.

Die folgende 3. Kompanie wurde ca. 7 km östlich ihres Zielgebiets abgesetzt. Sie ging westlich der Höhe 217 im Felsgebiet nieder und hatte viele Sprungverletzte.

Die 1. Kompanie sprang dicht bei der 4. in der Nähe des Flugplatzes. Als beide Kompanien zum Flugplatz durchzustoßen versuchten, wurden sie heftig beschossen. Beide Kompanien hatten Verluste. Noch ehe die 1. Kompanie ihre abgeworfenen Waffenbehälter erreichte, war sie schon schwer angeschlagen.

Dennoch griffen beide dezimierte Kompanien in Richtung Flugplatz an. Vor einem Weinberg, nur 600 Meter vor dem ersehnten Ziel, blieben sie endgültig liegen.

Mit der 3. Kompanie war der Stab und mit ihm auch Major Kroh weit östlich des Absprunggebiets niedergegangen. Sofort sammelte er die 3. Kompanie unter Oberleutnant von Roon und die bei der Ölfabrik gelandeten 2./Fsch-MG-Batl. 7 und ging damit auf den Flugplatz vor. Gegen 17.15 Uhr erreichten Stab und 3. Kompanie die Straße 400 Meter östlich des Weinbergs. Die glühende Hitze hatte allen Männern hart zugesetzt. Aber Oberleutnant von Roon trieb die Jäger immer wieder zur Eile an. Er wollte das Tagesziel erreichen, und das war der Flugplatz. Es gelang Oberleutnant von Roon mit Unterstützung eines schweren Granatwerfers gegen 18.00 Uhr den Nordhang des Weinbergs zu erstürmen und sich dort festzusetzen. Major Kroh hatte eine halbe Stunde vorher dem

Chef der 2. FschMGBatl. 7 den Befehl erteilt, im gemeinsamen Angriff mit den in einem Olivenhain südlich der Weinberghöhe festliegenden Teilen der 1. und 4. Kompanie diesen Weinberg zu nehmen. Lassen wir hier einen Angehörigen der 4. Kompanie berichten:

»Oberjäger Lepkowski, Funktruppführer in der 4. Kompanie, sah beim Springen, wie neben und vor ihm Kameraden, in den Schirmen hängend, erschlafften. Er vernahm das Zischen der vorbeiflitzenden Gewehrkugeln, hörte, wie eine Kugel durch die Seide seines Fallschirms schlug. Schnell kam die Erde näher. Er prallte auf, rollte ab und hatte schon die Gurte des Schirms gelöst. Er rannte ein paar Schritte weiter in Deckung. Hinter sich hörte er den Ruf eines Feldwebels. Dann kamen Emmerland und Bröker angelaufen, seine beiden Kameraden.

›Weiter zum Flugplatz, wir liegen dicht dran! Los, der ganze Verein hört auf mein Kommando! Sprung auf – marsch!‹

Sie schnellten hoch. Erich Lepkowski raste los. Er gewann fünfzig Meter an Boden, bevor das rasende MG-Feuer ihn in Deckung zwang. Hinter sich vernahm er den Todesschrei von Emmerland. Auch Bröker hatte einen Schuß abbekommen, denn als er sich neben seinen Oberjäger in Deckung warf, blutete es bereits durch den Ärmel der Springerkombination durch.

›Weiter, Sprung auf . . .‹

Der Feldwebel brach mitten im Wort ab. Er stürzte zu Boden.

›Hauptmann Morawetz ist tot!‹ schrie einer.

Dann raste Oberjäger Lepkowski wieder los. Auf einmal begann vor ihm ein MG zu feuern. Die Leuchtspur zischte fahlglimmend an Lepkowski vorüber. Plötzlich spürte er einen harten Schlag am linken Unterschenkel und stürzte zu Boden.

Er hörte, wie sich die Kameraden weiter hinter ihm sammelten, und versuchte zurückzukriechen. Aber auf einmal tauchten ein paar flache Stahlhelme vor ihm auf.

›Hands up!‹ hörte er eine Stimme.

Es waren Neuseeländer, sie brachten ihn zurück auf die Weinberghöhe, und der neuseeländische Sanitäter besah sich das Bein.

›Steckschuß!‹ radebrechte er auf Deutsch und grinste. ›Souvenir‹, fügte er hinzu. ›Wir schneiden es dir raus und du nimmst es als Andenken mit in die Gefangenschaft.‹

›Na, na‹, erwiderte Lepkowski. ›Noch ist es nicht 'raus, wer *wen* in die Gefangenschaft mitnimmt.‹

Der Neuseeländer – es stellte sich heraus, daß er zwei Jahre in Deutschland Medizin studiert hatte – lachte lauthals los.

›Ihr verdammten Sauhunde‹, sagte er, mit Anerkennung im Tonfall, ›ihr macht ja tolle Sachen, aber es wird euch nicht gelingen, uns in den Bach zu werfen.‹«

Eineinhalb Stunden später griffen die Reste der 1. und 4. Kompanie mit der 2. MG-Kompanie die Weinberghöhe an. Oberleutnant von Roon erreichte als erster die Höhe. Der Gegner wurde nach einem kurzen, erbitterten Kampf geschlagen. Die Reste flüchteten. Um 19.30 Uhr war die Weinberghöhe in deutscher Hand.

Mit lautem Hallo wurde der Gefangene der Neuseeländer, Oberjäger Lepkowski, befreit. Er konnte den Männern sagen, daß sich hier auf der Höhe und auf dem Flugplatz die 19. australische Brigade unter Colonel-Lieutenant Campbell verteidigte.

Die Kampfgruppe unter Oberleutnant von Roon griff in der einbrechenden Dunkelheit, mit Unterstützung eines erbeuteten leichten Flakgeschützes, noch einmal in Richtung Flugplatz an. Die Kampfgruppe erreichte den Flugplatzrand und arbeitete sich im zähen, verbissenen Kampf bis zur Flugplatzmitte vor, bevor der am südlichen Platzrand in gut getarnten Höhenstellungen verteidigende Gegner sie zwang, in volle Deckung zu gehen und sich einzugraben.

Bis zu diesem Zeitpunkt, da Major Kroh seine Kampfgruppe sammelte, hatte sie 400 Männer an Toten, Verwundeten und Vermißten verloren.

Aber sie hatte zum mindesten einen Teilerfolg errungen, und der morgige Tag würde zeigen, ob die Kampfgruppe stark genug war, den Flugplatz in Besitz zu nehmen und ihn gegen die zu erwartenden Gegenstöße zu halten.

Die Gruppe Wiedemann, das III./FschJägRgt. 2 mit der 1./FschMGBatl. 7, der 2./FschArtAbt. 7 und der 2./FschFlaBatl. 7 als Verstärkung, startete erst um 14.00 Uhr vom Flugplatz Megara. Bereits in der Luft erhielt diese Gruppe starkes Abwehrfeuer.

Der Gegner war nun alarmiert und erwartete die Landungen mit der geballten Feuerkraft aller Rohre und mit MG- und Gewehrfeuer.

Um 16.10 Uhr erklangen in den Ju 52 die Boschhörner. Bis 16.30 Uhr waren die letzten Fallschirmjäger beiderseits der Platanias-Brücke gesprungen.

In dem unübersichtlichen Absprunggelände konnte jedoch nur ein Teil der abgeworfenen Waffenbehälter gefunden werden. Andere Waffenbehälter waren im Abwehrfeuer explodiert. Drei durch Flakfeuer schwergetroffene Ju 52 setzten zur Notlandung an und kamen mehr oder minder heil herunter.

Sofort nach dem Sammeln der Verbände stieß Hauptmann Wiedemann an der Spitze der 9. Kompanie, die durch Teile der 11. Kompanie und der Pak und Flak, nebst einem 10,5-cm-Geschütz der 2./FschArtAbt. 7 verstärkt worden war, nach Rethymnon vor. Es gelang dieser Kampfgruppe, die griechischen Verteidigungsstellungen östlich Rethymnons zu durchstoßen und bis zum östlichen

Stadtrand vorzudringen. Dort blieb sie jedoch im starken Abwehrfeuer liegen. Aus den flankierenden britischen Stellungen, von den südlichen Höhen, die den Raum bis zur Küste beherrschten, paukte Artilleriefeuer auf die Kampfgruppe Wiedemann nieder und hielt sie am Boden fest.

Es war genau 18.00 Uhr, als der Gegner zum Gegenstoß antrat, der die südliche Flanke des deutschen Angriffskeiles traf. Eine Stunde lang hielt die Kampfgruppe stand. Dann gab Hauptmann Wiedemann den Befehl zum Absetzen. Bis um 20.00 Uhr erreichte die Kampfgruppe mit allen Verwundeten die Ausgangsstellung und bildeten um das Dorf Peribolia herum einen starken Igel zur Abwehr des nachdrängenden Gegners. Als die Nacht einbrach, brandeten die ersten Angriffe gegen diesen Igel an. Sie wurden abgeschlagen.

Die Gruppe Schulz, die sich aus dem Stab des FschMGBatl. 7, dem Regiments-NachrichtenZug, der 2./FschJägRgt. 2 und einem Zug aus Resten der 13. und 14. Kompanie zusammensetzte, erhielt den Auftrag, den Raum westlich des Flugplatzes Rethymnon freizukämpfen und sich dann als Regimentsreserve bereitzustellen, um im Notfall zur Verfügung zu stehen. Diese Gruppe startete bereits um 13.30 Uhr vom Flugplatz Tanagra. Als die vordersten Maschinen den Raum Rethymnon erreichten, erhielten sie schweres Flakfeuer. Eine Ju 52 mit Männern der 13. Kompanie stürzte brennend ab. Der Rest sprang um 15.50 Uhr an der richtigen Stelle, dicht beim Flugplatz Rethymnon. Doch die 2. Kompanie war allem Anschein nach durch das zu starke Abwehrfeuer am Absprung gehindert worden. Major Schulz gelang es erst spät, den Großteil seines Stabes und die Männer seiner Gruppe zu sammeln. Gegen 22.30 Uhr erreichte er den vorgesehenen Regimentsgefechtsstand. Er stieß hier auf den Regimentsadjutanten und den versprengten Kompanietrupp der 1. Kompanie. Der Regimentsadjutant meldete ihm, daß der Regimentsstab falsch und weit auseinandergezogen abgesetzt worden war. Der Regiments-Nachrichtenzug war – wie sich am anderen Tage herausstellte – acht Kilometer zu weit östlich niedergegangen und hatte sich zum I. Bataillon durchgeschlagen. Ein Teil des Regimentsstabs sprang zudem noch mitten in gegnerisches Gebiet hinein. Auch er erlitt – noch am Schirm hängend – schwere Verluste. Oberst Sturm, der 52jährige Senior der Fallschirmtruppe, der mit dem Stab gesprungen war, wurde vermißt. Es stellte sich später heraus (als er nach zehntägiger Gefangenschaft befreit wurde), daß er mit nur 10 Männern völlig isoliert von den anderen abgesetzt worden war. Aber erst am Abend des zweiten Tages mußte er sich nach einem mehrstündigen Feuergefecht, nachdem alle Munition verschossen war, dem Gegner gefangengeben.

Major Schulz übernahm die Regimentsführung. Er rückte mit seiner schwachen Kampfgruppe nach Westen vor und erreichte in der Nacht zum 21.5.1941 die an der Platanias-Brücke kämpfende Gruppe Wiedemann.

Kampf um Heraklion – Die lange, ungewisse Nacht

Das Fallschirmjäger-Regiment 1 unter Oberst Bruno Bräuer, dem auch das II./FschJägRgt. 2, die FschFlaMGBatl. und die FschSanAbt. 7 unterstellt war, hatte Auftrag, in der zweiten Welle um 15.15 Uhr absetzend, Stadt und Flugplatz Heraklion in Besitz zu nehmen und den Flugplatz für nachfolgende Landungen offenzuhalten. Oberst Bräuer beabsichtigte folgende Kampfführung:

Das II./FschJägRgt. 1 sollte mit zugeteilten schweren Waffen überraschend und unter Zerstörerschutz den Flugplatz Heraklion fest in die Hand nehmen. Zur gleichen Zeit sollte von Westen und Südwesten das III./FschJägRgt. 1 die Stadt Heraklion einnehmen. Das I./FschJägRgt. 1 sollte die Funkstation bei Gournes (8 km östlich des Flugplatzes) in Besitz nehmen und nach Osten sichern. Das II./FschJägRgt. 2, westlich des III./FschJägRgt. 1 abgesetzt, sollte die Sicherung nach Westen übernehmen.

Der Erfolg des Angriffs hatte das geschlossene Absetzen *aller* Verbände über ihren Zielräumen – um 15.15 Uhr nach vorhergegangenem Bombenangriff und unter Zerstörerschutz des VIII. Fliegerkorps – zur Voraussetzung. Diese Voraussetzung wurde nicht erfüllt. Es gelang nicht, die zwischen 9.00 und 10.00 Uhr vom ersten Einsatz zurückkehrenden Ju-Gruppen bis zur befohlenen Startzeit um 13.00 Uhr startklar zu machen und pünktlich und geschlossen starten zu lassen. Die Schwierigkeit der Betankung, die Beseitigung von Ju's, die mit Brüchen in der Startbahn liegengeblieben waren, die ungeheure Staubentwicklung auf den Plätzen und zahlreiche Ausfälle an Personal und Maschinen während des 1. Einsatzes verzögerten den Start der einzelnen Ju-Gruppen bis zu 3½ Stunden.

Da die Fernsprechverbindungen zwischen den Plätzen unterbrochen waren, war eine rasche Verständigung der Führer über die eintretende Verzögerung und die Festsetzung einer neuen gemeinsamen Startzeit nicht möglich. Infolgedessen starteten die Verbände in falscher taktischer Reihenfolge und trafen nicht geschlossen, sondern in Ketten- und höchstens Staffelverbänden zwischen 15.00 und 18.00 Uhr über ihren Zielräumen ein. Da die Jagdbomber wegen der begrenzten Reichweite nur bis 16.15 Uhr über den Zielräumen sein konnten, mußte die Masse der Kräfte ohne Luftsicherung absetzen. Die Bombenangriffe des VIII. Fliegerkorps kurz vor

15.00 Uhr hatten den Gegner nicht vernichtet, sondern nur vorübergehend in Deckung gehalten. Infolge des Ausfallens von Maschinen beim 1. Einsatz war die Gesamt-Einsatzstärke des verstärkten FschJägRgt. 1 um rund 600 Mann schwächer als vorgesehen.

Der Gegner war auf die Abwehr eines Fallschirmeinsatzes bei Heraklion gut vorbereitet. Unter geschickter Ausnutzung des tiefeingeschnittenen, verkarsteten und höhlenreichen Geländes hatte er die Umgebung des Flugplatzes und der Stadt Heraklion mit einem tiefgegliederten System von Stellungen versehen. Er beherrschte die Mulden, die allein für das Absetzen in Frage kamen, mit frontalem und flankierendem Feuer.

Das II./FschJägRgt. 1, das den Flugplatz im gleichzeitigen Angriff von zwei Seiten nehmen wollte, geriet beim Anflug und Absetzen in stärkstes Flak- und MG-Feuer. Mehrere Maschinen stürzten brennend ab. Bei der notwendigen Absetzhöhe von 200 m wurden viele Fallschirmjäger in der Luft verwundet.

Die Ostgruppe dieses Bataillons, geführt von dem Bataillonskommandeur, Hauptmann Burckhardt, kam zu keinem einheitlichen Angriff. Die Kompanieführer der 5. und 8. Kompanie, Oberleutnant Herrmann und Oberleutnant Platow, und die übrigen Offiziere, rafften alle Leute zusammen und stürmten, nur mit Pistolen und Handgranaten bewaffnet, gegen die zum Flugplatz hin ansteigende Höhe. Oberleutnant Platow und mehrere andere Offiziere wurden später auf der Höhe selbst tot aufgefunden.

Oberleutnant Herrmann hatte – noch im Schirm hängend – einen Kopfschuß erhalten, der ihn zeitweise erblinden ließ. Trotzdem führte er seine Kompanie weiter. Auf seinen Hauptfeldwebel gestützt und von einem Gefreiten auf der anderen Seite gehalten, führte er den Kampf weiter, bis er zusammenbrach.

Hauptmann Burckhardt gelang es bei Einbruch der Dunkelheit, 60 bis 70 Mann seiner Kampfgruppe am Fuß der Höhe 182 zu sammeln.

Die unter Führung von Hauptmann Dunz stehende westliche Kampfgruppe des II. Bataillons, bestehend aus der 6. und 7. Kompanie und der 1./FlaMGBatl. 7 sprang am Westrand des Flugplatzes ab und wurde binnen 20 Minuten aufgerieben. Soweit die Soldaten nicht bereits durch starkes Flak-, MG- und Gewehrfeuer in der Luft getötet oder verwundet worden waren, erlagen sie dem folgenden Angriff mehrerer leichter und mittlerer Panzerwagen, die in die landenden Fallschirmjäger hineinrollten. Nur 3 Mann der 6 Kompanie und 2 Mann der FschFlaMGKp. gelang es, an der Küste entlangschwimmend, sich zum Regiment durchzuschlagen und die Meldung vom Verlauf des Kampfes zu überbringen. Von diesem Bataillon sind 12 Offiziere und 300 Mann gefallen. 8 Offiziere und 100 Mann wurden verwundet.

Vom I./FschJägRgt. 1 wurde nur die 3. Kompanie im Raum Gournes zeitgerecht abgesetzt. Bataillonsstab, 1. und 2. Kompanie folgten mit dreistündiger Verspätung. Die 4. Kompanie erhielt auf dem Festland wegen der vorgeschrittenen Tageszeit keine Starterlaubnis mehr und wurde später an anderer Stelle eingesetzt.

Die 2. Kompanie, die 2 km westlich von Gournes absetzen und die Funkstation in Besitz nehmen sollte, wurde 5 km zu weit östlich abgesetzt und traf erst verspätet beim Bataillon ein. Das Bataillon sicherte noch Süden und Osten und besetzte die Funkstelle.

Oberst Bräuer, der mit dem Regimentsstab um 18.40 Uhr im Raum östlich von Gournes eintraf, entschloß sich sofort, mit einer Sicherung des I. Bataillons unter Oberleutnant Graf Blücher auf den Flugplatz vorzugehen, den er schon im Besitz seines 2. Bataillons glaubte. Er erreichte mit der Spitze gegen 23.40 Uhr den Osthang der Flugplatzhöhe und stieß hier zu seiner Überraschung auf einen starken Gegner.

Oberleutnant Graf Blücher erreichte in der Nacht mit einem Zug der 2. Kompanie kämpfend die Höhe am Ostrand des Flugplatzes. Der Regimentsgefechtsstand wurde auf der Höhe nördlich der Straße, 2 km östlich des Flugplatzes eingerichtet.

Das II./FschJägRegt. 2 ohne seine 5. und 6. Kompanie, die wegen Ausfalls von Ju 52 zurückgelassen werden mußten, sollte erst nach dem III./FschJägRgt. 1 abspringen, kam aber bereits vor diesem Bataillon über dem Absprungplatz an, setzte ohne Gegenwehr ab und übernahm die Sicherung nach Westen und Süden.

Oberst Bräuer versuchte nun in der Nacht die weit versprengten Teile seiner Gruppe, soweit sie erreichbar waren, zusammenzufassen, um am nächsten Tag zum Angriff auf den Flugplatz anzutreten.

Das III./FschJägRgt. 1 mit zugeteilten schweren Waffen, erreichte seine Absetzräume 2 km westlich und südlich der Stadt Heraklion ebenfalls verspätet und weit auseinandergezogen. Bereits beim Absetzen wurde es unter Feuer genommen. Dieses Feuer peitschte von den Höhen, von der Stadtmauer und aus den Häusern zu den zur Erde niederschwebenden Fallschirmjägern empor. Bis 18.00 Uhr gelang es, die Absetzräume freizukämpfen. Hierbei erlitt die 9. Kompanie sehr schwere Verluste. Der Kompanieführer, Oberleutnant Singer, fiel.

»Fertigmachen!« befahl Major Karl-Lothar Schulz (nicht zu verwechseln mit Major Schulz vom FschJägRgt. 2).

Es war fast 16.00 Uhr. Dann ertönte das Boschhorn. Die Tür war schon geöffnet. Der Wind zerrte an dem Bataillonskommandeur, der sich jetzt mit weitem Satz ins Leere schwang. Er spürte, wie die Gerätetasche und die Waffen ihn pfeilschnell nach unten zogen.

Auf einmal spürte er nichts mehr von der angespannten Nervosität vorher. Er spähte nach unten. Noch feuerte der Gegner nicht stark. Doch gleich darauf verstärkte sich das Feuer zu einem wilden Getöse. Britische Flak, die bisher vereinzelt geschossen hatte, feuerte nun im Salventakt. Und während er der Erde entgegenschwebte, vernahm er hinter sich die Detonationen, mit denen die getroffenen Ju 52 auseinanderplatzten. Er sah eine dieser Maschinen an sich vorbeiflitzen. Sie zog einen riesigen Feuerschweif hinter sich her.

Zu Hunderten standen die weißen Glocken der Fallschirme hier westlich der Stadt Heraklion am Himmel und wurden zu Zielen für den Gegner, der von der Stadtmauer und von einer kleinen Straßensiedlung aus auf die Niedergehenden feuerte.

Die getroffene Ju 52 krachte gegen die Zyklopenmauer der Stadt. Jetzt erreichte Major Schulz die Erde. Er rollte ab, löste sich aus dem Schirm und kroch in das Maisfeld hinein, das ihm willkommene Deckung gegen die Männer bot, die von der Stadtmauer aus auf ihn und seine Kameraden schossen, die weiter rückwärts niedergingen. Er selbst war achtzig Meter vor der Stadtmauer gelandet.

Kriechend arbeitete sich Karl-Lothar Schulz zurück. Hier, nahe an der Mauer, mitten im direkten Beschuß konnte er sein Bataillon nicht sammeln. Als er einen Weingarten erreichte, stieß er auf eine englische Kampfgruppe. Der Feuerstoß aus seiner Maschinenpistole ließ den Gegner sofort verschwinden. Weiter links fielen zwei MPi in das Feuer ein. Handgranaten krachten. Und wenige Minuten später, als Karl-Lothar Schulz seine Männer gesammelt hatte, kannte er den Grund des verheerenden Feindfeuers. Sie waren mitten in die Stellungen des Gegners hineingesprungen, die im Umkreis von 1500 m um die Stadt herum angelegt waren.

Oberleutnant Wolf-Werner von der Schulenburg, der »Graf«, tauchte auf.

»Wie sieht es aus, Schulenburg?«

»Das Bataillon sammelt vierhundert Meter rückwärts, zum Angriff durch die Straßensiedlung.«

»Die Ausfälle? Groß?«

»Oberarzt Dr. Langemeyer operiert bereits. Viele Ausfälle, Herr Major.«

Sie erreichten die Sammelstelle. Oberleutnant Kerfin wies hier die noch immer eintreffenden Gruppen ein. Major Schulz sah die gestapelten Waffenbehälter mit den MG und Granatwerfern. Auch ein Medikamentenbehälter konnte bereits gefunden werden.

»Wir greifen sofort die Straßensiedlung an, damit wir eine Ausgangsposition für die Stadt selbst haben.«

Die Fallschirmjäger griffen die langgezogene Siedlung an. Im Häuserkampf drangen sie ein. Die Teile der Sanitätskompanie rückten mit den Fallschirmjägern vor. Englische und griechische

Truppen, dazu noch bewaffnete Zivilisten, feuerten aus der Stadt. Fallschirmjäger brachen zusammen. Die Sanitäter sprangen hinzu und brachten sie zurück. Schwerverwundete erhielten an Ort und Stelle die schmerzstillenden Injektionen. Die schottischen Scharfschützen in der Stadt schossen nur zu gut. Viele Fallschirmjäger starben – größtenteils durch Kopfschüsse.

Als einer der mitgesprungenen Assistenzärzte im vollen Lauf eine Straße überqueren wollte, fiel auch er durch Kopfschuß.

Auf einmal blieb der Vorstoß stecken. Die Straßensiedlung war in ihrer Hand. Von der Stadtmauer peitschte ihnen verheerendes Feuer entgegen. »Herr Oberarzt, dort ruft man nach uns!« schrie einer der Sanitäts-Unteroffiziere, die Oberarzt Dr. Langenmeyer begleiteten. Wieder erklang der Ruf: »Hilfe – *Wasser!*«

Der Oberarzt sah die Gruppe Fallschirmjäger, die hinter einer niedrigen Mauer in Deckung gegangen war. Er wußte, daß es dort Schwerverwundete gegeben hatte, denen sofort geholfen werden mußte, wenn sie nicht sterben sollten.

»Bauer, Müller, Kleinschmidt, Sie kommen mit. Ihr anderen gebt Feuerschutz!«

Der Oberarzt raste tiefgeduckt los. Hinter sich hörte er das Rattern des eigenen MG, das Feuerschutz gab. Von der Mauer herunter blitzten Abschüsse. Kugeln schlugen links und rechts von ihm ein. Noch 10 Meter. Er schlug einen Haken und warf sich dann mit letzter Kraft im weiten Hechtsprung nach vorn.

»Piu! – piuuu!«

Noch einmal gutgegangen. Er hatte seine Kameraden erreicht und hakte die Feldflasche los. Als der Mann mit dem Bauchschuß danach greifen wollte, schwenkte er sie herum.

»Sie noch nicht! Warten Sie, ich feuchte Ihre Lippen an.«

Es sah nicht gut aus. Ein Bauchschuß, ein Brustschuß und dann ein Extremitätenschuß.

Carl Langemeyer spritzte Morphium, um wenigstens die Schmerzen seiner Kameraden zu lindern. Dann verband er sie mit Hilfe der beiden Sanitäter, die ebenfalls durchgekommen waren.

An dieser Stelle vor der Mauer bestand die Kampfkraft der Fallschirmjäger aus 6 Unverwundeten und 5 Verwundeten, die noch ein Gewehr halten konnten.

»Wie können wir die Schwerverwundeten retten, Langemeyer?« fragte Major Schulz, als er mit Einbruch der Abenddämmerung in das behelfsmäßige Lazarett zurückkam, das inzwischen eingerichtet worden war.

»Erfolgversprechende Hilfe kann ihnen nur zuteil werden, wenn wir das Hospital in Besitz nehmen und richtig operieren können.«

»Also in die Stadt hinein! – Ich brauche drei Männer für einen Spähtrupp, Langemeyer.«

Drei Sanitätssoldaten waren sofort bereit. Sie schlichen durch die Dunkelheit auf die Stadtmauer zu und gelangten bis zur Barrikade unter dem Torbogen des Westtores. Sie kamen heil zurück.

Zur gleichen Zeit etwa tauchten die letzten Versprengten bei der Sanitätskompanie auf. Es war eine ganze Gruppe unter Feldwebel Becker.

Ein Pakgeschütz wurde von Leutnant W. in Stellung gebracht. Der Leutnant selbst war schon zweimal durch Streifschüsse an der Schulter und der Hüfte verwundet. Aber er wollte dabei sein. Er wollte mithelfen, die Stadt zu gewinnen, um die Kameraden zu retten.

Dr. Langemeyer ging in das Zelt zurück, in dem auch Oberarzt Dr. Kirsch untergebracht war. Dr. Kirsch war durch Brustschuß rechts schwer verwundet. Er hatte sehr viel Blut verloren, aber er würde durchkommen, und das war wichtig. Denn wer sollte operieren, wenn Kieferverletzungen eingeliefert wurden? Dr. Kirsch war der Zahnarzt und Chirurg.

Major Schulze versammelte die Kompanieführer um sich.

»Wir werden durch das Westtor in die Stadt eindringen«, begann er, als der letzte Kompanieführer eingetroffen war. »Über diese Mauer kommen wir nicht hinweg. Aber hier, auf der linken Flanke, könnten wir über die Felsen bis oberhalb des Stadttores kommen. Von dort aus haben wir Möglichkeiten, die in den Wachttürmen steckenden Gegner auszuschalten.« »Wir sollten uns teilen, Herr Major. Dort am Stadttor würde einer den anderen behindern.«

»Gut, Schulenburg! Sie übernehmen mit Oberleutnant Becker zusammen die Strandgruppe, umgehen die Stadt und dringen von der Seeseite aus ein. Die Westtorgruppe übernehme ich mit Oberleutnant Kerfin. Die Strandgruppe tritt um 2.30 Uhr an. Die Gruppe am Westtor um 2.45 Uhr. Lassen Sie alle fertigmachen. Es kommt darauf an, daß wir schnell und entschlossen vorgehen.«

Es war Nacht geworden. Nacht nach einem blutigen verzweifelten Ringen auf Kreta. Die Lage der Angreifer war mehr als kritisch. Die Schlacht um Kreta stand auf des Messers Schneide. General der Flieger Student erwog ernstlich, die Operation aufzugeben. Doch das hätte den Verlust der schon auf Kreta im Einsatz stehenden 7000 Fallschirmjäger nach sich gezogen.

Seit dem Nachmittag gingen auf dem Korpsgefechtsstand in Athen die Funkmeldungen ein, die fast alle Hilferufe waren. Es war – entgegen den Vorausberechnungen – noch an keiner Stelle gelungen, einen der drei Flugplätze fest in die Hand zu bekommen.

»Wir müssen«, rang sich General Student zu einem Entschluß durch, »alle noch vorhandenen Reserven zum Angriff auf den Flugplatz Malemes zusammenfassen, um wenigstens einen Platz für die Landung der Gebirgsjäger in die Hand zu bekommen.«

Der Stab des XI. Fliegerkorps wußte, daß dies die letzte Möglichkeit war, sonst hätte der Kommandierende General nicht diese Möglichkeit erwogen. Generaloberst Student sagte später selbst zu diesem Entschluß:

»Dieser Entschluß ist mir wahrhaftig nicht leicht geworden. Der wie ein Tennisplatz rotschimmernde Flugplatz von Malemes war klein und von den Engländern nur als Jäger-Flugplatz benutzt worden. Das war bekannt. Auf diesem Platz allein ein Luftlande-Unternehmen mit 500 schweren Transportmaschinen zu basieren, mit allen nicht voraussehbaren Zwischenfällen, bedeutete nun alles auf eine Karte setzen. Aber es blieb kein anderer Ausweg. Der eindeutige Schwerpunkt wurde auf Malemes gelegt.«

Die erste Nacht auf kretischem Boden zerrte an den Nerven aller Beteiligten. Den 7000 gelandeten Fallschirmjägern stand eine Übermacht von 43 000 Gegnern gegenüber. Wenn nun der Gegner seine Gegenangriffe startete? Wenn er mit *allen* verfügbaren, weit überlegenen Kräften zuschlug, dann waren die verstreuten Fallschirmjäger-Kampftruppen verloren.

Wie sah es nun mit diesen Gegenangriffen aus?

Obgleich General Freyberg noch am ersten Angriffstag der Angriffsbefehl des Fallschirmjäger-Regiments 3 in die Hände fiel, in dem nicht nur die Aufgaben dieses Regiments, sondern auch die Operationen der anderen Kampfgruppen in großen Zügen enthalten waren, zog er daraus nicht die nötigen Konsequenzen.

Dies hatte viele Gründe. Einer dieser Gründe war, daß die Drahtverbindungen vom Hauptquartier zu den einzelnen Kampfgruppen ausgefallen waren und daß zu wenig Funkgeräte zur Verfügung standen. So war das Hauptquartier über die Lage an den entscheidenden Punkten des Kampfes nicht oder nur unvollständig orientiert. Dies führte letztlich zum Verlust des für die späteren Landungen unendlich wichtigen Flugplatzes Malemes, weil General Freyberg nicht rechtzeitig zum Gegenangriff antreten ließ. Sofortige Gegenangriffe jedoch – und darüber war sich die britische Führung im klaren – waren zwingend notwendig, wenn die Insel gehalten werden sollte.

Darum waren auch in den vorhergegangenen alliierten Übungen solche Gegenangriffe mehrfach geübt worden. Bei diesen Gegenangriffen sollten die auf Kreta stehenden Panzer eine entscheidende Rolle spielen und die deutschen Fallschirmjäger ins Meer werfen oder in den Grund einwalzen. Doch als dann die Fallschirmjäger gelandet waren, schien alles vergessen. Zwar kamen einige Gegenangriffe kleiner Einheiten schnell zum Tragen, aber im großen ganzen blieben die Verteidiger dort stehen, wo sie standen.

Als zum Beispiel gegen 10.00 Uhr des 20.5. der Chef der C/22-Kompanie, die am Flugplatzrand von Malemes in Stellung gegangen war, den Vorstoß der Bataillonsreserve zum sofortigen Gegenangriff beantragte, wurde dieser vom Bataillonskommandeur abgelehnt.

Erst um 17.00 Uhr – als sich die Lage der deutschen Fallschirmjäger an dieser Stelle gefestigt und die verstreuten Gruppen zusammengefunden hatten – wurde der Gegenangriff mit 2 Infanterie-Panzern und einem Zug Füsiliere durchgeführt.

Der Vorstoß – der sieben Stunden vorher Erfolg gehabt hätte – wurde von den Fallschirmjägern abgewiesen. Die britische Kampfgruppe wurde restlos aufgerieben.

Dieser Mißerfolg veranlaßte den Bataillonskommandeur dazu, sich zurückzuziehen. Und dieser Entschluß führte in letzter Konsequenz zum Verlust des Flugplatzes Malemes am 21. Mai.

Auch in der Nacht wurden an allen Stellen auf Kreta nur wenige örtlich begrenzte Gegenangriffe mit schwachen Kräften geführt. Damit verschenkte die gegnerische Führung die einmalige Chance, die Fallschirmjäger von der Insel herunterzufegen.

Die Funkverbindungen — Die Entscheidung bei Malemes suchen — Hauptmann Kleye landet auf Kreta – Kampfgruppe Genz stößt zum Bataillon von der Heydte durch

In den späten Abendstunden des 20.5 hatte das Generalkommando des XI. Fliegerkorps den Eindruck gewonnen, daß der Widerstand des Feindes erheblich stärker als erwartet war. Entscheidend für den Fortgang der Operation war die rasche Inbesitznahme eines Flugplatzes, so daß Landungen durchgeführt werden konnten. Nach Lage der Dinge konnte dies nur der Flugplatz Malemes sein. Aus diesem Grunde wurde in Athen vor allem auf die Unterstützung des Sturmregiments zur Freikämpfung des Flugplatzes Malemes der Schwerpunkt aller Maßnahmen gelegt.

Die Funkverbindungen von den Gruppen Malemes, Chania und Heraklion nach Athen waren von Anfang bis zum Abschluß der Kämpfe auf Kreta gut. Nur zwischen Rethymnon und Athen bestand keine Funkverbindung, weil die Funkstation dieser Gruppe schon beim Abwurf schwer beschädigt worden war. Der Abwurf von Ersatzgeräten an diesem Punkt mißlang zweimal. Daraufhin war von General Student ein Fieseler Storch nach Rethymnon geschickt worden. Doch der geriet in Gefangenschaft.

Allein diese gute Funkverbindung zu den anderen Gruppen gestattete General Student durch die ausreichende Lagebeurteilung, den Schwerpunkt ganz auf Malemes zu verlegen. Noch in der Nacht ließ er Hauptmann Kleye zu sich kommen, einen berühmten Draufgänger seines Stabs. Er beauftragte ihn, in der Morgendämmerung des 21.5. bei Malemes zu landen und dort persönlich zu erkunden und mit dem Fallschirmjäger-Sturmregiment Fühlung aufzunehmen.

Hauptmann Kleye war von dieser Möglichkeit, sich zu beweisen, begeistert und stimmte sofort zu. Er bereitete alles auf einen Alleinflug nach Kreta vor, während im Stabszimmer des XI. Fliegerkorps an den neuen Plänen gearbeitet wurde, die das Korps in die Möglichkeit versetzen sollte, endlich mit den Truppenlandungen auf der Insel zu beginnen.

Im Morgengrauen des 21. Mai wagte es Hauptmann Kleye, vom Stab des XI. Fliegerkorps, am flachen Strand von Spilia auf Kreta zu landen. Drei Kilometer westlich Malemes ging die Maschine nieder. Die Lage war unverändert, und das war schon viel. Der Gegner hatte seine große Chance in der Nacht verstreichen lassen.

Wenig später starteten sechs weitere Ju 52, um die gleiche Landung und damit das Herüberschaffen der knapp gewordenen Munition zu schaffen. Auch ihnen gelang es, zu landen, zu entladen, wieder aufzusteigen und zum Festland zurückzukehren.

Wann aber würden die Gebirgsjäger landen können? Die Männer, auf die jeder überlebende Fallschirmjäger seine letzte Hoffnung gründete.

Die Nacht war eingefallen, als die Überlebenden der Kampfgruppe Genz im Raum Chania nach dem Ausschalten der Flakbatterie durch einen Straßengraben nach Süden krochen. Eineinhalb Stunden dauerte das Kriechen, dann erreichten die Männer einen tunnelartigen, mit Büschen überwachsenen Graben, in dem sie wenigstens gebückt gehen konnten. Oberarzt Dr. Stehfen und Oberjäger Kempke gingen freiwillig als Spähtrupp voran. Sie kamen nach einer Stunde zurück und meldeten, daß im Tal eine größere Ortschaft liege, in der es von Tommies wimmelte. Aber die Ortschaft war nicht zu umgehen, weil das Gebirge sich zu beiden Seiten heranschob.

Noch während die Männer berieten, wurden sie von einer Gruppe von 30 Zivilisten beschossen. Mit Handgranaten und MPi-Salven wurden die Partisanen verjagt.

»Wir versuchen, durch das Dorf zu gelangen. – Stahlhelme ab!«

In Doppelreihe, ohne die verräterischen Umrisse der Stahlhelme, gingen die Fallschirmjäger auf das Dorf zu. Am Ortseingang fanden sie ein Haus, in das viele Kabel hineinführten.

»Eine Nachrichtenzentrale«, wisperte Oberjäger Kempke. »Durchschneiden, Herr Oberleutnant?«

»Dann wissen sie sofort, daß wir hier sind und . . .«

»Stop!« brüllte eine Stimme aus der Finsternis. »Who are you!«

Oberleutnant Genz wartete nicht lange mit der Antwort:

»Good evening, old chum!« rief er dem Posten entgegen. »I am Captain Miller, 5th battery of Yorkshire antiaircraft!«

Zwischen dem Posten und »Captain Miller« entspann sich ein längerer Disput, in dessen Verlauf sich die beiden Männer immer lauter anknurrten. Dabei zog sich die Kompanie langsam zum Dorfeingang zurück, und als Alfred Genz sie in genügender Entfernung glaubte, verabschiedete er sich von dem Posten, der ihn in diesem Augenblick erkannte, sein Gewehr hochriß und hinter dem in langen Sätzen zurückrasenden Oberleutnant herfeuerte. Ein paar Stimmen aus einem Getreidefeld zeigten Genz, wo seine Kompanie war. Er hatte seine Männer gerettet. Aber vier fehlten.

Lange Zeit später wurden diese vier fehlenden Männer gefunden: ermordet, verstümmelt und ausgeraubt.

Als neues Marschziel gab Alfred Genz eine Bergspitze an. Dort mußte auch die Quelle des kleinen Flusses liegen, den sie soeben erreichten. Doch zuerst tranken sie sich satt. Jeder einen Stahlhelm voll. Dort oben auf der Höhe konnte sich die Kompanie verteidigen, wenn der Tag anbrach.

»Wir gehen durch den Fluß. Dann haben wir durch den Seitenbewuchs Deckung!« befahl der Oberleutnant.

In dem knietiefen Wasser schlichen sie weiter. Erst als sie eine Brücke unterquerten, wurden sie von den oben stehenden Wachtposten beschossen. Sie feuerten auf die dunklen Schatten zurück, die schnell verschwanden. Dann hetzten sie weiter. Es schien so, als seien sie vollkommen allein auf der Insel; allein einem übermächtigen Gegner ausgeliefert.

Als der Fluß eine weite Biegung beschrieb, verließen sie ihn und gingen in Richtung eines Hügels weiter. Mitten auf dem Hang empfing sie das Feuer des Gegners. Infanteriewaffen und leichte Flak feuerten. Handgranaten kollerten den Hügel abwärts und platzten vor den Füßen der Fallschirmjäger. Einer der Männer glaubte, deutsche Stahlhelme zu erkennen.

»Reichsmarschall!« brüllte er die Parole dieser Nacht.

Als Echo hallte Geschrei in englischer Sprache und wieder Schüsse und Handgranaten. Alfred Genz durchzuckte eine Idee:

»Stop your fire!« brüllte er durch das Getöse. »We are English!«

Das Feuer stockte, und diese kurze Galgenfrist nutzten die Fallschirmjäger um Alfred Genz, um wieder nach Westen hügelabwärts zu rasen. Sie erreichten einen Gegenhang, aber auch von dort schlug ihnen MG-Feuer entgegen. Sie waren eingekreist. Aber noch gaben sie nicht auf. Wieder rief Alfred Genz diese neuen Gegner in seinem besten Englisch an, und dann rief er dieser Gruppe zu, daß hinter ihnen die Deutschen kämen, und daß sie sie von vorn angreifen sollten, während sie selber von der Flanke kommen würden.

Während sich nun die beiden englischen Gruppen bekämpften, setzte sich der Rest der Kompanie Genz seitlich davon ab.

Ein abenteuerlicher, bis an die Grenze der Kraft gehender Nachtmarsch begann. Es ging durch feindbesetzte Ortschaften, durch Zeltlager des Gegners und durch tiefe Schluchten. Die ersten Männer blieben völlig ausgepumpt liegen.

Oberarzt Dr. Stehfen bat Oberleutnant Genz, eine zweistündige Ruhepause einzulegen. Sie warfen sich in einen flachen Graben, der eine Bergnase umschloß. Zwei Männer zogen als Wache auf, die anderen schliefen sofort ein.

Als Oberleutnant Genz von einem der Posten geweckt wurde, war es schon taghell.

»Herr Oberleutnant, dort drüben sitzen Deutsche!« sagte der Posten. Elektrisiert fuhr Alfred Genz hoch. Sollten sie es doch noch geschafft haben? Er suchte die bezeichnete Stelle durch sein Fernglas ab. Tatsächlich, etwa 3 km entfernt, am Gegenhang, gingen eben deutsche Fallschirmjäger in Stellung.

Das Erkennungssignal wurde geschossen und wenig später flitzte das Antwortzeichen in den kretischen Morgenhimmel empor.

»Los, wir machen dort hinüber!«

Sie eilten eine Dreiviertelstunde durch das Tal, und als sie den Hang hinaufkletterten, auf dem die Männer des Bataillons von der Heydte in Stellung gegangen waren, peitschte aus der Richtung, aus der sie gekommen waren, MG-Feuer durch den Morgen. Sie hatten es um Haaresbreite geschafft.

Nun waren sie nicht mehr allein. Jetzt standen ihnen die Kameraden des I./FschJägRgt. 3 zur Seite, jetzt mußten sie es schaffen.

In den frühen Morgenstunden des 21. Mai griff das I. Bataillon des Fallschirmjäger-Sturmregiments unter Oberstabsarzt Dr. Neumann aus seiner Stellung am Nordhang die Höhe 107 am Flugplatz Malemes an. Das Bataillon stieß mitten in die Absetzbewegungen des Gegners hinein, säuberte die Höhe und besetzte sie. Nur am Rand der Höhe hielt sich der Gegner noch.

Etwa zur gleichen Zeit erhielt Hauptmann Gericke folgenden Korpsbefehl zum Angriff auf den Flugplatz:

»Am 21. Mai muß der Flugplatz Malemes unter allen Umständen genommen werden. Angriffsbeginn 13.00 Uhr. Zur Unterstützung dieses Angriffs werden erneut Fallschirmjäger im Rücken des Gegners bei Malemes und Pyrgos abspringen und in den Kampf um den Flugplatz eingreifen. Dem Sturmregiment werden außerdem noch zwei Kompanien Fallschirmjäger im Sprung zugeführt. Starke Kampffliegerverbände werden ab 14.00 Uhr den Angriff vorbereiten.«

»Gott sei Dank, daß sie uns noch Männer schicken«, wandte sich Hauptmann Gericke an seinen Adjutanten.

»Sonst wäre das hier eine schöne Pleite, Herr Hauptmann«, erwiderte der Oberleutnant.

Wenig später vernahmen die Fallschirmjäger von See her das Feuer von Schiffsgeschützen, das sich binnen weniger Sekunden zu einem einzigen drohenden und grollenden Gewitter steigerte. Aber dieses Feuer galt nicht ihnen.

Zwei der englischen Flakgeschütze auf der Höhe 107 waren noch intakt. Sie wurden nun von den Fallschirmjägern auf eine der umliegenden Höhen gerichtet, von denen der Gegner noch immer auf den Flugplatz herunter feuerte, an dessen Rand sich schon die Männer des IV. Bataillons festgesetzt und einen schmalen Streifen in ihre Hand gebracht hatten. Einzelne Bunker am Platzrand wurden im Nahkampf genommen. Und auf einmal hörten alle – es war gegen Mittag – das dumpfe Dröhnen eines Flugzeugs. Wenig später tauchte die Maschine auf.

»Eine Ju 52, Herr Hauptmann!« brüllte einer der Männer.

»Dann kommen auch noch mehr.«

Aber es war nur eine einzige Maschine, die über die Kronen der Olivenbäume hinweg den Platz anflog. Erkennungssignale wurden geschossen. Noch war der Flugplatzrand nicht feindfrei. Schon begannen MG der Briten zu hämmern. Mit einer Kurskorrektur schwenkte die Ju 52 aus, setzte auf den kochend heißen Strand auf und rollte aus. Fallschirmjäger rannten auf die Maschine zu, deren Luken eben geöffnet wurden. Kisten mit Munition wurden ausgeladen.

»Holt die Schwerverwundeten!«

Der Flugzeugführer verließ die Kanzel und kam auf Hauptmann Gericke zu. Es war Leutnant von Koenitz, der es als einzelner versucht und – geschafft hatte.

Die Verwundeten wurden eingeladen. Unter ihnen auch Generalmajor Meindl. Die Maschine startete, kam hoch und verschwand nach Norden, wo irgendwo das griechische Festland lag.

Granaten schlugen auf dem Rollfeld ein. Nur an der Westseite wurde der Platz nicht von den Artillerieeinschlägen aufgewühlt. Und hier landeten gegen 14.00 Uhr drei Me 110, die im Tiefflug über den Platz kamen.

»Nehmt euch die englische Batterie vor. Die dort drüben. Sie beschießt ständig den Flugplatz!«

Die Me stiegen wieder auf. Sie flogen die Höhe an und eröffneten aus MG und Bordkanonen das Feuer. Dreimal flogen diese Maschinen die Stellungen an. Dreimal setzten sie sich dem Abwehrfeuer aus, um ihrerseits schießen und treffen zu können. Dann verstummten die Geschütze des Gegners. Die Me 110 drehten ab und flogen zum Festland zurück.

Am zweiten Morgen wurde die 3. Kompanie des Fallschirmjäger-Sturmregiments um 5.30 Uhr bei Malemes bereitgestellt. Im Lauf des Vormittags blieb die Kompanie in der befohlenen Stellung. Gegen 9.00 Uhr setzte starker Artilleriebeschuß ein. Doch noch immer erfolgte kein englischer Gegenangriff, der auch zu dieser Zeit noch Erfolg gehabt hätte.

In den frühen Nachmittagsstunden wurden 2 4-cm-Flakgeschütze des Gegners klargemacht und damit die Batterie beschossen, die den Flugplatz dauernd unter Feuer hielt. Die Batterie wurde zum Schweigen gebracht. 250 Schuß wurden abgegeben.

Als gegen 16 Uhr die ersten Gebirgsjäger landeten, wurde die Beschießung der feindlichen Batterie eingestellt. Sofort setzte deren Feuer wieder ein und richtete auf dem Westrand des Platzes Schaden an. Die 3. Kompanie wurde zur Einweisung der landenden Gebirgsjäger eingesetzt. Sie barg verwundete Gebirgsjäger und deren Gerät.

Um 20.00 Uhr meldete sich Oberarzt Dr. Weizel wieder bei Hauptmann Gericke. Der Kommandeur des IV. Bataillons erteilte ihm Weisung, mit einem Zug Gebirgsjäger den Küstenschutz zu übernehmen und feindliche Landungsversuche zu verhindern.

Gegen 21.00 Uhr gingen Fallschirmjäger und Gebirgsjäger zum Küstenschutz vor. Die Leichten Schiffsstaffeln wurden erwartet. Doch keine Einheit unternahm einen Versuch zu landen. Nur ein heftiges Seegefecht wurde später beobachtet.

Im Sprungbereich des Fallschirmjäger-Bataillons III des Fallschirmjäger-Sturmregiments aber sah es im Licht des zweiten Tages auf Kreta trostlos aus. Dort, wo dieses Bataillon niedergegangen war, breitete sich die weiße Seide der Fallschirme über den Olivenbäumen aus. Die Fangleinen hingen wie Spinnennetze durcheinander verwoben. Tote Fallschirmjäger hingen noch im Geäst und überall, wohin man schaute, lagen Tote, Tote, Tote. Hier hatten kretische Freischärler grausig gehaust, das sah man nicht nur an den umgedrehten Taschen der Toten. An dieser Stelle des Absprungplatzes waren die Fallschirmjäger zu Hunderten in den Tod gegangen.

Mit 580 Männern war das III./Fallschirmjäger-Sturmregiment hier abgesprungen. 250 waren sofort gefallen, 115 wurden verwundet, 135 blieben vermißt, nur 80 konnten sich zu den anderen Bataillonen durchschlagen.

Genau um 14.00 Uhr flogen die ersten Stukas Malemes an. Abermals wurde die Erde umgewühlt. Gelbe Richtungspfeile und Fliegertücher zeigten den Maschinen den Weg. Das Dorf Malemes, noch immer vom Gegner besetzt, wurde zerschmettert.

Und dann griffen die Fallschirmjäger an. Sie stürmten in das Dorf hinein, erreichten die ersten Häuser von Malemes und kämpften sie frei. Doch der Gegner hielt sich auch hier. Die eine Hälfte der Häuser blieb in seiner Hand. Um 15 Uhr kam ein ganzer Pulk von Ju 52, erreichte den Absprungplatz und entließ einen Schub Fallschirmjäger zum Sprung in die Hölle. Es war Hauptmann Schmitz mit fast zwei Kompanien der Fallschirm-Panzerjägerabteilung. Sie griffen sofort nach der Landung in den Kampf ein. Aber noch war höchste Gefahr. Wann endlich sprangen die zugesagten Reserven?

Am 19. Mai war Oberst Bernhard-Hermann Ramcke mit seinem Adjutanten, Hauptmann Vogel, auf dem Flugplatz Topolia, vierzig Kilometer südlich Athen, eingetroffen, um den springenden Verbänden zu helfen, und vor allem um die 5. Gebirgsdivision zu unterstützen und ihr in den Vorbereitungen zu den Luftlandungen zu helfen.

In der Nacht zum 21. Mai überwachte Oberst Ramcke das Verladen der schweren Waffen für die Gebirgsjäger, die am Morgen zum Flug nach Kreta starten sollten.

Aber noch immer war kein Flugplatz für diese Landungen frei. Der Startbefehl für die wartenden Gebirgsjäger konnte jedoch erst gegeben werden, wenn der erste Flugplatz freigekämpft worden war.

Von allen Seiten des riesigen Rollfeldes meldeten sich in den späten Abendstunden des 20. Mai Fallschirmjäger bei Oberst Ramcke, die zurückgeblieben waren, weil ihre Maschinen beim Start ausgefallen waren. Darunter auch zwei Kompanien der Oberleutnante Kiebitz und Voßhage. Insgesamt sammelte Oberst Ramcke auf diese Art 550 Fallschirmjäger, von denen jeder einzelne dringend auf Kreta gebraucht wurde. Oberst Ramcke meldete dem Generalkommando die damit stehende Reserve.

Wenig später erhielt Oberst Ramcke Befehl, mit diesem Reservebataillon am Nachmittag des 21. Mai westlich Malemes zu springen, um den wichtigen Landeplatz freikämpfen zu helfen. Die schon eingestiegenen Gebirgsjäger mußten ihre Maschinen wieder verlassen. Ihre schweren Waffen wurden ebenfalls entladen. Oberst Ramcke kam nicht mehr dazu, an sich selbst zu denken.

Als er in die Führermaschine stieg, mußte ihm ein fremder Fallschirm gereicht werden. Aber auch dieser Fallschirm trug am Verpackungssack ein rotes Bändchen, das Zeichen dafür, daß er vorschriftsmäßig gepackt war. In Reitstiefeln, ohne Knieschützer, stieg Oberst Ramcke in die Maschine. Es war schon Nachmittag geworden. Genau zwei Stunden nach dem Start der Kampfgruppe Hauptmann Schmitz startete nun auch die Kampfgruppe Ramcke zum Flug nach Kreta, zur Verstärkung der bei Malemes kämpfenden Fallschirmjäger.

In einem Olivenhain wurde der Kampfgruppen-Gefechtsstand sofort nach der Landung eingerichtet. Und sofort übernahm Oberst Ramcke die Führung des Fallschirmjäger-Sturmregiments und der gesamten Kampfgruppe West. Die Lage sah um 18.15 Uhr des 21. 5. 1941 beim Fallschirmjäger-Sturmregiment folgendermaßen aus:

Das II. Bataillon lag mit vorderen Teilen auf der Kuppe und den Südhängen der Höhe 107. Das IV. Bataillon, mit zusammengerafften Teilen des I. und III. Bataillons, lag anschließend am Nordosthang der Höhe 107 und noch immer im Kampf um das Dorf Malemes. Die erste gelandete Gebirgsjäger-Kompanie war der Kampfgruppe Gericke zur Verstärkung zugeführt und lag mit vordersten Teilen zwischen Dorf Malemes und der Küste.

Die 16. Kompanie, verstärkt durch Teile des Gebirgsjäger-Regimentes 100 (Oberst Utz), war im Vorgehen auf der Paßstraße nach Süden in Gegend Mulete.

Die 6. Kompanie, ebenfalls durch Gebirgsjäger verstärkt, war im Vorgehen nach Westen gegen Kastelli im Engpaß westlich Spilia, um die Verbindung mit dem bei Kastelli abgesprungenen verstärkten Zug Mürbe herzustellen. Die gegen 15.00 Uhr westlich von Malemes abgesprungene Panzerjägerabteilung sammelte noch in der Nähe des Regimentsgefechtsstands und war mit ihren kampfbereiten Teilen zur Unterstützung des IV. Bataillons nach Malemes und gegen die Höhe 107 vorgestoßen.

Oberst Ramcke erließ die ersten Befehle:

»Kompanie Kiebitz mit Pak nach vorn zu Hauptmann Gericke. Den Angriff rücksichtslos auch im Dunkeln beiderseits der Uferstraße so weit vorgetragen, daß die feindlichen schweren Infanteriewaffen den Flugplatz nicht mehr bestreichen können. – Kompanie Klein zur Kampfgruppe Stentzler. Hauptmann Schmitz bleibt ohne die bereits eingesetzten Geschütze zu meiner Verfügung.«

Als die Dunkelheit einbrach, waren alle Abschnittskommandeure im Gefechtsstand von Oberst Ramcke versammelt. Oberst Ramcke gab Oberst Utz, Major Stentzler, Hauptmann Gericke und Hauptmann Schmitz den Befehl für den mit dem Morgengrauen des 22. Mai zu startenden Angriff mit dem Ziel: Schneller Vorstoß nach Osten mit allen zur Verfügung stehenden Kräften, bis die Verbindung mit der Kampfgruppe Heidrich bei Chania hergestellt ist.

Oberst Ramcke ließ auch Strandposten aufstellen, um das Eintreffen der für Malemes bestimmten Leichten Schiffsstaffel abzuwarten und sie einzuweisen. Bei diesem Posten befand sich Kapitänleutnant Bartels, der als einer der ersten mit einer Ju 52 gelandet war, um die Staffel zu erwarten.

Gebirgsjäger greifen ein
Durch das Fegefeuer von Malemes

Auf dem südgriechischen Flugplatz Tanagra herrschte am 21. Mai um 15 Uhr Hochspannung. Die Männer des Gebirgsjägerregiments 100 saßen seit dem Morgengrauen in dumpfer Ungewißheit herum. Bleierne Müdigkeit hatte sie gepackt, denn auch die vergangene Nacht hatten sie sich um die Ohren schlagen müssen, denn sie mußten ihr Gepäck, Waffen und Munition in den Maschinen verstauen. Dann aber kam der Befehl:

»Bataillon fertigmachen!«

Die Gebirgsjäger stiegen in die hitzeflirrenden Maschinen. Je sechs in zwei Reihen einander gegenüber. Die Hitze in den Maschinen betrug bis zu 60 Grad.

Jemand schlug die Schiebetür der vordersten Ju 52 zu. Die zwölf Männer in der Ju waren allein. Motoren brüllten auf. Die Maschinen starteten, hoben ab und schwebten der See entgegen. Sie erreichten Milos, sahen wenig später – winzig klein im Wasser schwimmend – die Leichte Schiffsstaffel. Auf diesen Nußschalen schwamm das III. Bataillon ihres Regiments nach Kreta.

Als die Maschinen aus dem Tiefflug emporzogen, weil südlich ein dunkler langgezogener Wall aus Felsen auftauchte, da wußten die Gebirgsjäger: das ist Kreta.

Unter den Gebirgsjägern war wieder Land. Eine Halbinsel, die sich weit nach Norden erstreckte: Kap Spatha. Dann tauchte linkerhand unter ihnen eine rötliche Fläche auf, wie ein Tennisplatz anzusehen: Malemes. Dort sollten sie landen. – »Fertigmachen!«

Mit einer Steilkurve stieß die Maschine hinunter.

»Festhalten!« brüllte einer, und dann setzten die Motoren aus. Der Boden kam näher, ein paar hüpfende Sprünge und dann ein harter Ruck.

»Raus, Mannder!« brüllte die Stimme des Bataillonskommandeurs.

Die Schiebetür rollte zurück, eine dichte Staubwolke empfing die herausspringenden Gebirgsjäger. Und auf einmal prasselte es in den Flugzeugrumpf hinein. MG-Salven krachten, Seitenleitwerk und Rumpf der Maschine wurden von Löchern durchsteppt. Granaten krachten in den Platz hinein. Jaulend zogen andere über die Köpfe der Männer hinweg, die im Laufschritt über das Feld stürmten. Sie liefen beinahe in eine andere landende Ju 52 hinein, die eben rechts von ihnen aufsetzte, und eine dunkelrote Schleppe aus Flammen hinter sich herzog. Und während das rotlodernde Phantom vorbeirollte, sprangen schon Männer aus den offenen Türen heraus, überschlugen sich, kamen wieder hoch und dann knallte die Ju 52 am Platzrande auseinander.

Die Überlebenden aber rannten, rannten, rannten. Einige erreichten den Straßendamm mit seinen Agaven- und Kakteendickichten und waren gerettet.

Weiter landeten Maschinen. Pak wurde ausgeladen und Gebirgsgeschütze und immer mehr Flugzeugwracks säumten das Rollfeld, wurden mit letzter Kraft aus der ohnehin engen Landebahn herausgerollt. Das Höllentor nach Kreta mußte von jeder der heute landenden Maschinen durchflogen werden. Einige schafften es, andere nicht. In der zweiten Kette der Ju 52, die den Flug mit Gebirgsjägern über das Meer nach Kreta wagte, saß Oberleutnant Raither mit dem Kompanietrupp und einigen Gebirgsjägern. Wie er den Anflug und die Landung sah, sei hier wiedergegeben.

»Wir fliegen die Bucht von Malemes an. Links voraus sieht man an der Küste bereits Chania, die Hauptstadt von Kreta, nur wenige Kilometer von unserem Landeplatz entfernt. Jetzt haben wir die vorgelagerte Insel Theodori erreicht, die Küste liegt unmittelbar vor uns.

Da! Mündungsfeuer der britischen Zweizentimeterflak begrüßt uns. Vereinzelt stehen kleine Wölkchen um unsere Maschinen. Wir gehen tiefer, ziehen eine Schleife, um dann zur Landung anzusetzen. Der Bordschütze jagt einen Gurt nach dem anderen aus seinem MG.

Der Flugplatz liegt unmittelbar am Strand, er scheint von Hindernissen frei zu sein, denn soeben haben die drei Maschinen der ersten Kette hintereinander aufgesetzt. Eine riesige rötliche Staubwolke kennzeichnet die Landebahn. Sie ist viel zu kurz, außerdem ist vor lauter Staub kaum noch etwas zu sehen. Unsere Nerven sind bis auf das äußerste angespannt.

›Festhalten!‹ ruft unser Flugzeugführer. ›Wir haben aufgesetzt!‹ Wenige Sekunden darauf reißt er die schwere Maschine mit einer Rechtsdrehung herum. Ein ungeheurer Schwung . . . wir stehen!

›Raus!‹

In das Brüllen der Motoren dröhnen nun dumpf die Einschläge der feindlichen Artillerie. Sie liegen gut, ganz dicht um unsere Maschinen. Auch eine Schnellfeuerkanone schießt her. MG-Garben peitschen über die rote Staubfläche; es spritzt; klatschend schlagen die Geschosse durch den Rumpf unserer Maschine. Aus dem Tank rinnt Benzin. Wenn es nur nicht zu brennen anfängt.

Längst sind sämtliche Rucksäcke draußen. Soeben wird ein Beiwagenkrad herausgeschoben. Alles geht in fieberhafter Eile. Aber doch zu spät! Die Maschine hat bereits viele Treffer bekommen und kann nicht mehr starten. Soeben wird neben der Ju 52 der Bataillonskommandeur mit dem Beiwagenkrad aus dem Feuerbereich gefahren. Er ist bei der Landung schwer verwundet worden.

Einzelne Maschinen landen in unmittelbarer Nähe des am Strand eingebauten Feindes. Die Besatzungen greifen an und schlagen sich nach kurzem Nahkampf zum Flugplatz durch . . .

Immer neue Maschinen landen. Noch im Rollen werden sie schon entladen. Und schon heben sie wieder ab, um ans Festland zurückzufliegen. Wir aber rennen zu den Fallschirmjäger-Stellungen, werden mit stummem Händedruck begrüßt und dann geht es ins Gefecht.«

Mitten in die Landungen hinein griffen plötzlich *Hurricanes**) die Ju 52 an. Einem Jäger gelang es, sich hinter eine Ju 52 zu setzen und sie in Brand zu schießen. Wie ein Blitz stieß eine der Geleitschutz gebenden Me 109 herunter, setzte sich hinter die Hurricane, und während noch die Ju 52 mit langem Rauchschweif dem Meer entgegenstürzte, platzte schon die Hurricane in einer Flammenrosette auseinander.

Die nachlandenden Maschinen mußten sich einen Weg durch Flugzeugwracks und Bombentrichter suchen. Mitten im Feuer des Gegners, das auf den Platz niederhagelte, war schon das Platzpersonal dabei, die Trümmer zur Seite zu schaffen. Mit einem erbeuteten englischen Schlepper wurden die Überreste der brennenden Ju 52 zur Seite gezogen. Mehr und mehr Flugzeugwracks sammelten sich am Flugplatzrand. Ein einziger Flugzeugfriedhof. Als die Nacht einfiel, lagen zwanzig zerschmetterte, ausgebrannte und beschädigte Ju 52 am Flugfeldrand von Malemes.

Aus versteckten Batterien feuerte der Gegner. Doch diese Landungen waren einfach nicht aufzuhalten.

Die 300 Meter bis zur Straße, wo sich die HKL befand, rasten die Gebirgsjäger durch das Feuer der Granaten. Und von MG-Nest zu MG-Nest, von Fallschirmjäger zu Fallschirmjäger pflanzte sich dieser Ruf fort:

»Die Gebirgsjäger sind da!«

Mit neuem Mut nahmen die Männer den Kampf wieder auf. Sie hatten schon zwei Tage in einer Hölle gekämpft. Nun aber zeichnete sich der erste Silberstreifen am Horizont ab.

Oberst Utz sammelte seine Gebirgsjäger. Als der Abend einfiel, hatte er vier Kompanien zur Verfügung. Eine dieser Kompanien half den stark angeschlagenen Fallschirmjägern der Kampfgruppe

*) In: Hurra die Gams.

Gericke, den Süd- und Ostrand des Flugplatzes Malemes zwischen der Höhe 107 und dem Dorf Malemes zu halten; die zweite Kompanie wurde von Oberst Utz sofort nach Nordwesten, zur Säuberung der Halbinsel Spatha in Marsch gesetzt, weil dort ja, in der Bucht von Kolimwari, in der heraufziehenden Nacht die Leichten Schiffsstaffeln landen sollten. Oberst Utz selbst standen nur noch zwei Kompanien zur Verfügung, um mit ihnen die auf der Straße von Paläochora anrückenden Gegner aufzuhalten.

Diese Gruppe war bereits am Nachmittag erkannt worden. Es war gelungen, die deutschen Stukas auf sie anzusetzen, und so wurde diese Gruppe in Stärke von zwei Bataillonen stark zerrupft und ging in Deckung. Sie würde erst nach Einbruch der Dunkelheit wieder antreten.

Oberst Utz teilte seine beiden Kompanien und schickte sie der Kampfgruppe des Gegners auf den Straßen nach Anoskeli und Episkopi entgegen.

Damit war im Westteil von Kreta alles eingesetzt, was Waffen tragen konnte.

Am späten Nachmittag des zweiten Kampftages bestand eine durchlaufende Frontlinie der Fallschirmtruppe bei der Gruppe West. Diese HKL begann im Norden an der Küste und verlief am Ostrand des Dorfes Malemes vorbei nach Süden und von den Osthängen der Höhe 107 bis weiter südlich bei Mariana. Diese HKL war wie folgt besetzt:

Im Norden: IV. Bataillon, jetzt Kampfgruppe Gericke genannt. Daran anschließend: Reste des I. und III. Bataillons unter der Führung von Oberstabsarzt Dr. Neumann. Daran nach Süden anschließend: II. Bataillon unter Major Stentzler.

Hinter dieser Sperrlinie landeten die Gebirgsjäger des II./GebJäg Rgt. 100, dessen Kommandeur, Major Friedmann, beim Verlassen der Transport-Ju 52 schwer verwundet worden war.

In den zurückfliegenden Maschinen wurden sofort die dringendsten Fälle verwundeter Soldaten zurückgeschafft.

Während die Fallschirmjäger auf Kreta einen erbitterten, verzweifelten Kampf durchstanden, sagte Winston Churchill am 21. Mai 1941 vor dem britischen Unterhaus:

»Die Insel wird bis zum letzten Mann verteidigt. Britische Truppen befinden sich seit November 1940 auf Kreta, wenigstens zwei vollständige griechische Divisionen entkamen vom Festland nach der Insel. Die wirkliche Gefahr liegt darin, daß ein Platz genommen und damit ein Weg für die Landung weiterer Luftlandetruppen freigemacht wird.«

Und während Sir Winston Churchill dies noch vortrug, *war* schon der Platz für die Truppenlandungen gewonnen, landeten schon die Gebirgsjäger, um das Blatt zu wenden.

Im »Daily Telegraph« des gleichen 21. 5. 1941 aber wurde in kräftigen Farben die endgültige deutsche Niederlage gezeichnet:

»Hitler spielt hier ein gewaltiges Spiel. Er spielt um viel mehr als Kreta an sich. Der Plan ist grandios, er könnte aber nur verwirklicht werden, wenn die deutsche Luftwaffe das Geheimnis gelöst hätte, einen Feldzug über See ohne Beherrschung der See zu gewinnen.

Einige von Hitlers Ratgebern glauben, daß Seemacht durch Luftmacht gefesselt werden kann und nehmen die Überrennung Norwegens als Beweis dafür. Hitler mag in Kreta um einen ähnlichen Erfolg spielen. Aber hier wird er nicht den Vorteil eines lang vorbereiteten Verrats, eines unbewaffneten Landes und einer nur schmalen, bald zu überbrückenden Meeresstraße finden. Hier wird er bekämpft werden durch die enge Zusammenarbeit überragender Flottenstärke und einer Luftwaffe, die technisch und personell der seinen überlegen ist; sowie durch alte Kämpfer, die sich bereits an der Nazielite erprobt haben.«

Die »Times« ging in ihren Voraussagen noch einen Schritt weiter. Sie sah schon den Sieg der britischen Waffen voraus, als sie veröffentlichte:

»Hier steht mehr zur Entscheidung an als strategische Erwägungen. Eine deutsche Niederlage auf Kreta würde für das deutsche Prestige ein zeitlich schwerer und furchtbarer Schlag sein.«

Aber in den Löchern und Kampfstellungen der deutschen Fallschirmjäger und Gebirgsjäger auf der Insel dachte man nicht an Aufgeben. Jetzt nicht mehr. Jetzt war alles anders geworden. Unter dem sternklaren kretischen Himmel, im Rattern der MG-Salven und dem Knallen des Gewehrfeuers wachten diejenigen, die die beiden ersten Tage überstanden hatten.

In seinen weiteren Ausführungen vor dem britischen Unterhaus gab dann Winston Churchill den Abgeordneten eine zusammenfassende Darstellung von den Geschehnissen:

»Die Schlacht um Kreta hat sich zur schwersten Kampfhandlung des Krieges entwickelt. Die Meldungen vom Hauptquartier des Generals Freyberg geben folgendes Bild:

Die meisten der dreitausend mit Flugzeugen und Fallschirmen in der Suda-Bucht am Dienstag gelandeten deutschen Truppen wurden in einer zweistündigen Schlacht unschädlich gemacht. Eine Stunde nachdem der deutsche Hauptangriff gegen das Gebiet der Suda-Bucht begonnen hatte, wurden deutsche Fallschirmspringer und Truppen mittels Transportflugzeugen zum Angriff gegen das Gebiet von Rethymnon, etwa fünfzig Kilometer ostwärts der Suda-Bucht, und gegen Heraklion eingesetzt. Eine beträchtliche Zahl der Truppentransport-Flugzeuge hatte schweren Landebruch.

Am Dienstagabend, 21.00 Uhr, beherrschten unsere Truppen die Gesamtlage, aber inzwischen sind die Kämpfe durch den Einsatz weiterer Fallschirmtruppen wieder stark aufgelebt, und wir müssen damit rechnen, daß die Schlacht um Kreta immer heftigeren Umfang annimmt. Die vom Gegner angewandte Kampfmethode besteht darin, zunächst Stukas unter dem Schutz von Messerschmitts* einzusetzen, um unmittelbar darauf Luftlandetruppen, und zwar auch aus Segelflugzeugen, in den Kampf zu werfen.«

Abschließend auch an dieser Stelle der Tagesbericht des britischen Hauptquartiers in Kairo. General Wavell ließ am 21. Mai 1941 bekanntgeben:

»Am Dienstag früh, im Morgengrauen, haben starke deutsche Streitkräfte einen schweren Angriff gegen Kreta begonnen. Eine sehr große Zahl von Fallschirmtruppen ist über Kreta abgesprungen, und im Innern der Insel sind nach bisher vorliegenden Meldungen Truppentransportflugzeuge gelandet. Britische und griechische Truppen stehen im Kampf. Mehrere deutsche Fallschirmjägerabteilungen wurden niedergerungen und als Gefangene eingebracht. Die Kämpfe halten an.

Die deutsche Luftwaffe, britische und griechische Jagdmaschinen stehen in zahlreichen Kampfhandlungen um und über Kreta. Leichte Flotteneinheiten der Mittelmeerflotte*) sind ausgelaufen, da mit dem Angriff italienischer und deutscher Schnellboote zu rechnen ist.«

In der Tat durchbrachen in der Nacht zum 21. 5. englische Seestreitkräfte die Straße von Kaso und die Enge von Kithera. Sie erhielten von Admiral Cunningham Weisung, nördlich Kreta – westlich und östlich des 25. Längengrades – Streife zu fahren.

Der Verband C sollte die Umgebung von Heraklion abschirmen, während der Verband D das Gebiet Malemes–Chania–Kissamo-Bucht bewachen sollte. Die Zone um Rethymnon sollte mit örtlichen Fahrzeugen aus der Suda-Bucht beaufsichtigt werden.

Englischerseits war am Abend des 20. 5. die Lage bei Malemes und Chania unter Kontrolle. Es war der englischen Führung bekannt, daß auch im Raum Heraklion und Rethymnon Fallschirmjäger niedergegangen waren; aber es fehlte an Einzelheiten.

In der Nacht zum 21. 5. stieß nun der Verband C in der Meerenge von Kaso auf 6 italienische Schnellboote. Die *Juno, Kandahar* und *Naiad* griffen diese Schnellboote an. Es kam zu einem ungleichen Duell. Durch Granattreffer wurden allein vier Schnellboote beschädigt. Daraufhin zog sich dieser Schnellbootverband zurück.

Der britische Verband E beschoß anschließend den Flugplatz von

---

*) Siehe Anlage: Die britische Mittelmeerflotte.

Skarpanto. Die Ergebnisse dieser Beschießung konnten nicht beobachtet werden. Durch den Nachrichtendienst wurde jedoch mitgeteilt, daß zwei Do-17-Flugzeuge beschädigt wurden.

Bei Tagesanbruch des 21. 5. befand sich der Verband A-1 60 sm westlich der Meerenge von Anti-Kithera mit Steuerkurs Südost, um mit dem Verband D zusammenzutreffen, der von seiner Erkundungsfahrt durch die Ägäis zurückkehrte. Dieser Verband D hatte während seiner Streifenfahrt nichts gesichtet, und Admiral Glennie wollte nun zum Verband A-1 stoßen.

Alle eingesetzten britischen Seeverbände sollten übertags südlich Kreta in Bereitstellung verbleiben und nach dem Dunkelwerden wieder nach Norden vorstoßen.

Die im Morgengrauen zur Aufklärung gestarteten Maschinen des VIII. Fliegerkorps trafen jedoch die englischen Einheiten noch während ihres Ablaufens aus diesem Seengebiet nördlich von Kreta. Sie griffen sofort an. Der Verband A-1 wurde vormittags einmal und nachmittags zweieinhalb Stunden lang ununterbrochen angegriffen. Immer wieder stürzten sich Ju 87 und Ju 88 auf die Schiffe hinunter. Sie durchstießen den dichten Feuervorhang und warfen ihre Bomben.

Der Verband C wurde ununterbrochen zwischen 9.50 Uhr und 13.15 Uhr angegriffen. Um 12.49 wurde die *Juno* durch Bomben getroffen und sank innerhalb von zwei Minuten. Die *Carlisle* stieß um 14.00 Uhr zum Verband C. Als dann auch der Verband D angegriffen wurde, erhielt die *Ajax* einen Nahtreffer, der sie schwer beschädigte. Als am Abend dieses 21. 5. alle drei britischen Verbände angegriffen wurden, konnten sie mit ihrer geballten Feuerkraft drei deutsche Maschinen abschießen und zwei beschädigen. Aber zwei weitere britische Kreuzer erhielten Treffer.

Bereits um 9.00 Uhr konnte das VIII. Fliegerkorps das Seegebiet nördlich Kreta feindfrei melden. Hierauf erhielt die 1. Motorseglerstaffel erneut Befehl, in Richtung Malemes weiterzulaufen.

Ebenso wie am ersten Kampftag arbeiteten die Sanitätseinheiten am zweiten Tag im Westteil der Insel auf dem Truppenverbandsplatz am Ostausgang des Dorfes Tavronitis. Oberstabsarzt Dr. Neumann hatte einen Pkw und einen Krankenwagen erbeutet. Mit diesen Fahrzeugen wurden die Verwundeten zurückgeschafft. Auf dem Truppenverbandsplatz wurden Amputationen vorgenommen, wenn sie notwendig wurden. Gelenkresektionen, Bluttranfusionen und operative Blutstillungen wurden durchgeführt. Dann wurden die Ärzte an den Hauptverbandsplatz abgegeben, der von der 3. Fsch. Sanitätskompanie im Westteil von Tavronitis aufgeschlagen worden war. Dieser Platz war, am Nachmittag des 20. Mai beginnend, bis zum Mittag des 21. 5. um 3 km weiter westlich verlegt worden, weil er vom Gegner mit Artilleriefeuer belegt wurde.

Alle Ärzte und Sanitätsdienstgrade leisteten Unglaubliches an Zähigkeit und Einsatztreue. Mitten im schwersten Feuer bargen sie ihre verwundeten Kameraden, und mehr als einmal erschallte der Ruf der Fallschirmjäger:

»Die Sanitäter nach vorn!«

Nach dem Tod von Oberleutnant von Plessen hatte Oberarzt Dr. Weizel die 3./FschJäg-Sturm-Regiment am 20. Mai um 10.00 Uhr abends als Kompanieführer übernommen. Mit beispielloser Einsatzbereitschaft führte er diese Kompanie, brachte am zweiten Tag den Westrand des Flugplatzes Malemes in deutsche Hand und sicherte und hielt ihn. Die Verwundeten wurden durch ihn mitten im Feindbeschuß aus dem Kampffeld herausgebracht und versorgt.

Oberarzt Hartmann – 2. Tag bei Galatas – In Heraklion

Am Abend des 20. Mai war vom Regimentsarzt des Fallschirmjäger-Sturmregiments, Oberarzt Dr. Neumann, über Funk beim Korpsgefechtsstand in Athen Nachschub an Sanitätsgerät und Sanitätspersonal angefordert worden.

General Student ließ sofort Teile einer Sanitätskompanie, die noch auf dem Festland stand, alarmieren und zum Sprung am folgenden Tage bereithalten. Diese Gruppe stand unter dem Befehl von Oberarzt Hartmann.

Am 21. Mai 1941, um 13.00 Uhr, startete diese Gruppe zum Flug nach Kreta. Sie sollte zwischen Malemes und Platanias landen und zum Fallschirmjäger-Sturmregiment vorstoßen.

Die Gruppe erreichte um 14.35 Uhr den Absprungplatz der 5. und 6. Kompanie des Fallschirmjäger-Sturmregiments. Doch sie wurde weit auseinandergezogen abgesetzt; zum größten Teil schwebten die Männer mitten in die Feldbefestigungen des Gegners nieder und gingen so durch die Hölle des Abwehrfeuers. Der Zug wurde fast vollständig aufgerieben, verlor sein gesamtes Gerät und war nicht mehr einsatzfähig.

Mit den beiden Gruppen der Sanitäts-Unteroffiziere Sieber und Geisberger sprang auch Oberarzt Dr. Hartmann. Beide Gruppen wurden mitten in die englischen Feldbefestigungen bei Platanias abgesetzt, ca. 1400 m vom Sprungplatz der 5. und 6. Kompanie entfernt.

Starkes MG-Feuer traf die Männer schon in den Schirmen hängend. Ein großer Teil beider Gruppen wurde in der Luft getötet oder verwundet. Dicht bei Dr. Hartmann und Unteroffizier Schrumpf landete Unteroffizier Sieber. Er war bereits in der Luft am Oberarm verwundet worden. Sieber sollte der einzige sein, der diesem vernichtenden Feuer und dem Angriff des Gegners entkommen würde. Lassen wir ihn hier über die Stunden des Kampfes berichten:

»Mit Oberarzt Dr. Hartmann und Unteroffizier Schrumpf versuchte ich, in dem starken Feuer an die Waffenbehälter heranzukommen, die etwa 400 Meter von uns entfernt niedergegangen waren.

Als wir diesen Waffenbehältern zustrebten, wurden wir schon von den Engländern in Zugstärke von drei Seiten angegriffen. Unteroffizier Geisberger, der ungefähr 40 Meter von uns entfernt niedergegangen war, versuchte, dem Gegner zu entkommen. Er wurde durch Brust- und Kopfschuß getötet.

Mit sieben Männern erreichten wir schließlich einen Wassergraben, in dem wir uns verteidigten. Wir hatten nur Pistolen und Handgranaten. Zweieinhalb Stunden kämpften wir um unser Leben. Immer wieder wurde der angreifende Gegner abgewiesen. Doch wir wurden zusehends weniger. Immer mehr Kameraden fielen verwundet oder tot aus. Dann wurde unsere Munition knapp. Oberarzt Dr. Hartmann und ich waren schließlich noch allein übriggeblieben. Dann hatte der Oberarzt nur noch zwei Schuß in seiner 08. Er sagte zu mir:

›Sieber, das sind die letzten zwei Schuß. Dann ist es aus mit uns.‹

Dr. Hartmann wandte sich wieder dem angreifenden Gegner zu und feuerte die letzten beiden Schüsse hinaus, bevor er selbst einen Kopfschuß erhielt und neben mir tot zusammenbrach.

Ich hatte noch zwei Handgranaten und warf sie. Die Engländer erwiderten die Würfe mit Handgranatenwürfen und dann stürmten sie von drei Seiten auf mich ein. Ich geriet in Gefangenschaft und wurde nach Chania geschafft. Meine Verwundungen wurden verbunden.«

In aller Frühe des 21. Mai erwartete Major Heilmann mit seinem III./FschJägRgt. 3 den Gegenangriff des Gegners von der Kastellhöhe von Galatas herunter. Dieser Gegenangriff hätte die geringen deutschen Kräfte entscheidend schwächen oder gar vernichten können. Doch er erfolgte nicht. Als dann gegen 10.00 Uhr deutsche Schlachtflugzeuge die Kastellhöhe angriffen, atmete Ludwig Heilmann erleichtert auf. Wenig später nahten auch Transportmaschinen.

»Fliegertücher auslegen! Erkennungssignale schießen!« befahl Major Heilmann.

Die Ju 52 erkannten nun die Stellungen des Fallschirmjäger-Regiments 3. Sie warfen Nachschub an Munition und auch Verbandsmaterial ab.

Das Regiment bereitet sich zum Sturm auf Galatas vor. Ein erbeutetes Feldgeschütz wurde umgedreht, und nun verließ Schuß auf Schuß das Geschütz. Granaten flogen Galatas entgegen.

Noch immer war das Bataillon Heilmann zersplittert. Einzelne Nachrichten sickerten durch. Major Heilmann atmete erleichtert auf, als er hörte, daß seine vermißte 11. Kompanie sich zum I. Bataillon durchgeschlagen hatte und dort im Einsatz stand. Aber die Schrekkensnachricht vom Schicksal der 12. Kompanie fiel schwer auf alle Fallschirmjäger nieder. Diese Kompanie war falsch abgesetzt worden. Mit Teilen fiel sie direkt in einen Stausee hinein. Eine Anzahl Fallschirmjäger ertranken. Die bei Daratsos mitten in die Stellungen der Engländer abgesetzte 10. Kompanie war nach anfänglichen Erfolgen der Übermacht erlegen.

Das III. Bataillon bestand nicht mehr. Falsches Absetzen war ihm zum Verhängnis geworden. Oberst Heidrich erteilte dem Bataillon den Auftrag, mit 100 Mann in Richtung Malemes vorzugehen und Verbindung mit den eben dort gelandeten Gebirgsjägern aufzunehmen. Mit Einbruch der Dämmerung marschierte Major Heilmann mit diesen 100 Fallschirmjägern nach Westen. Zur gleichen Zeit griff das Regiment die Kastellhöhe an.

Der Marsch über das wildzerklüftete Felsengebirge war beschwerlich. Einige Maultiere stürzten ab. Und von der See her dröhnte es kurz vor Mitternacht in mächtigen Schlägen zu den hundert Männern herüber. Dort tobte eine blutige, einseitige Schlacht. Aber keiner der Männer wußte, wer sich dort mit der englischen Mittelmeerflotte ein tödliches Duell lieferte.

Das Fallschirmjäger-Regiment 3 blieb auch am 21. Mai vor den Kastellhöhen liegen. Der Gegner war zu stark, die eigenen Kräfte zu schwach. Oberst Heirich mußte sich auf die Verteidigung und die Bindung starker Feindkräfte beschränken.

Maschinengewehrfeuer weckte Hauptmann von der Heydte, den Kommandanten des I./FschJägRgt. 3, am zweiten Morgen auf Kreta. Er brauchte einen Moment, um zu wissen, wo er sich befand. Der Morgen war kühl, und das frühe Licht zeichnete die Landschaft in scharfen Umrissen. Das Feuer verstummte schon wieder. Der Gegner hatte nicht versucht, in der Nacht anzugreifen.

Der Bataillonskommandeur ging zum Cladiso hinunter und wusch sich. Dann aß er den von der Hitze des vergangenen Tages zusammengeklumpten Mischmasch aus Schokolade, Speck, Wurst und steinhartem Zwieback.

Die Stellungen des Bataillons waren gut gewählt. Unmittelbar davor lagen die beiden Dörfer Peribolia und Pyrgos. Im Hintergrund wurde die Suda-Bucht sichtbar. Linkerhand erhoben sich die dunklen, wuchtigen Berge von Akrotiri, an denen Häuser und Villen hell aus dem Grün leuchteten.

Am Fuß des Vorgebirges erstreckte sich Chania, ein Gewirr von Dächern und Türmen, umgeben von einem wuchtigen mittelalterlichen Wall. In der Mitte der Stadt erhob sich ein schlankes Minarett. Doch wer dieses wunderbare Panorama genießen wollte, der wurde empfindlich durch englische Scharfschützen gestört.

Mit Leutnant Riese eilte der Bataillonskommandeur von Stellung zu Stellung. Die Moral der Männer war sehr gut. Auch die angespannte Munitions- und Versorgungslage wurde gemildert, als es einigen Ju 52 gelang, beim Regiment Versorgungsbomben zu werfen.

Der Tag verlief ruhig. Die Engländer beschränkten sich auf Stoßtrupptätigkeit. Aus Richtung Malemes jedoch war den ganzen Tag über Kampflärm zu hören. Die Fallschirmjäger des I./FschJägRgt. 3 sahen den ungeheuren Strom der Flugzeuge, die dort Fallschirmjäger ans Ziel brachten oder Gebirgsjäger landeten. Erst als die Dunkelheit einfiel, verstummte dort das Feuer. Die Nacht zog auf: klar und warm und voller Sterne.

In den frühen Morgenstunden des 21. Mai stellte sich die Kampfgruppe Kroh des FschJägRgt. 2 zum Angriff und zum Sturm auf den Flugplatz Rethymnon bereit. Doch noch bevor dieser Angriff begonnen werden konnte, griff der Gegner gegen 4.00 Uhr die deutschen Stellungen am Flugplatzrand aus Westen an. Dieser erste Angriff konnte abgeschlagen werden, vereitelte aber die Durchführung des eigenen Angriffs. Um 9.00 stürmte der Gegner zum zweitenmal gegen die deutschen Stellungen an. Er umging den Südflügel der Kampfgruppe Kroh und war nicht mehr zu halten. Die am Vorabend nach hartem Kampf gewonnene Weinberghöhe mußte geräumt werden. Die dezimierte Kampfgruppe zog sich unter starkem gegnerischem Druck auf die Ölfabrik zurück, die ungefähr 1800 m östlich des Flugplatzes, hart östlich des Dorfes Stavromanos, direkt am Meer lag.

Die Kampfgruppe richtete sich in der Fabrik und den umliegenden Häusern zur Verteidigung ein. Ein Flakgeschütz wurde mit Schußrichtung nach Westen, eine Pak mit Schußrichtung nach Südosten in Stellung gebracht. Die Angriffe der nächsten Stunden, die von der australischen 19. Brigade vorgetragen wurden, konnten abgewiesen werden.

Als ein Fallschirmjäger mit der Meldung eintraf, daß 56 weitere Fallschirmjäger am Strand liegengeblieben und vom Gegner gefangengenommen worden seien, ließ Major Kroh einen starken Stoßtrupp vorgehen. Der Stoßtrupp drang im Handstreich in die feindlichen Stellungen ein, befreite die 56 Fallschirmjäger und kam mit ihnen zurück.

Major Kroh erteilte nun Oberleutnant von Roon den Auftrag,

sieben Kilometer östlich der Ölfabrik einen Nachschubplatz einzurichten, wo die Transport-Ju 52 ihre Nachschubbomben werfen konnten, ohne daß diese dem Gegner in die Hände fielen. Vor allem aber galt es, diesen Abwurfplatz vor den griechischen Truppen und vor Freischärlern zu sichern.

Major Kroh versuchte nun, hier – nachdem die Besetzung des Flugplatzes mit den Resten seiner Kampfgruppe nicht mehr möglich war – den Gegner zu binden und die Benutzung des Flugplatzes durch den Gegner zu vereiteln.

Gegen 5.00 Uhr des 21. Mai 1941 stieß Major Schulz, der die Führung des Fallschirmjäger-Regiments 2 nach der Vermißtenmeldung über Oberst Sturm übernommen hatte, zur Gruppe Wiedemann, die östlich Peribolia liegengeblieben war und in diesem Abwehrriegel starke Nachtangriffe des Gegners abgeschlagen hatte. Hier übernahm Major Schulz die Führung der Kampfgruppe Wiedemann, weil eine einheitliche Regimentsführung nicht möglich war. Die beiden Kampfgruppen hatten nur über Funk zueinander Verbindung.

In den Feldstellungen um Peribolia richtete sich die Kampfgruppe Schulz ein. Die nach Westen gerichtete Abwehrfront vom Meer bis zur Straße Rethymnon–Flugplatz wurde von der 9. Kompanie besetzt. Teile der 9. Kompanie besetzten außerdem die Kapellenhöhe, ca. 500 m vom Südrand von Peribolia entfernt. Dazwischen lag – von der Straße bis zur Kapellenhöhe – die 11. Kompanie. Die 14. Kompanie verteidigte nach Süden. Teile der FschArtAbt. hielten den Ostteil des Igels vom Meer bis zur Straße. Teile der 1./MG-Btl.. 7 und der 2./FschFlaBatl. 7 hielten den anderen Teil des Ostigels.

Während des ganzen zweiten Tages lag dieser Verteidigungsigel unter Artilleriebeschuß. Australische Scharfschützen und Partisanen feuerten, wo immer sich auch nur ein Fallschirmjäger zeigte.

Um 7.30 Uhr erschienen über diesem Frontabschnitt in rollenden Angriffen Kampfflugzeuge des Typs Do 17. Bis 14.00 Uhr warfen sie Bomben auf die Feindstellungen. Ungefähr die Hälfte der geworfenen Bomben fielen jedoch in die eigenen Linien und forderten Verluste.

Am Nachmittag des 21. Mai erschienen 6 Ju 52 und warfen Nachschubbehälter ab. Die Behälter gingen zum größten Teil im Bereich der eigenen Stellungen nieder. Ein Teil landete im Niemandsland. Freiwillige gingen vor und bargen sie.

Gegen 16.00 griffen die Australier im Süden und Südosten den deutschen Igel an. Vierhundert Meter vor den deutschen Linien blieben sie im Abwehrfeuer der 9. und 11. Kompanie liegen. Kurz vor Mitternacht versuchten sie, die Kapellenhöhe in Besitz zu nehmen. Aber auch hier wurden sie abgewiesen.

Der zweite Tag des Einsatzes war für das Fallschirmjäger-Regiment 2 zu Ende gegangen.

Vor dem Westtor von Heraklion bereitete sich das III./FschJägRgt. 1, geführt von Major Karl-Lothar Schulz, in den frühen Morgenstunden des 21. Mai zum Sturm auf die Stadt vor. Um 2.30 Uhr, als eben die Strandgruppe unter Oberleutnant von Schulenburg und Oberleutnant Becker verschwunden war, eröffneten die beiden Werfer des Bataillons das Feuer. Die Werfergranaten schmetterten in das Westtor von Heraklion hinein. Major Schulz hatte das Tor unter Feuer nehmen lassen, weil er sichergehen wollte, daß es nicht vermint war.

»Es sieht nicht vermint aus, Herr Major«, durchbrach die Stimme von Oberleutnant Kerfin die Stille:

»Zielwechsel! – Alle Werfer zum Niederkämpfen der Wachttürme einsetzen!«

Wenig später krachten die Treffer in die Wachttürme hinein, aus denen das MG-Feuer der Verteidiger herauspeitschte. Das erste MG verstummte. Dann fiel bei einem Volltreffer auch das zweite aus.

Ein Blick auf die Uhr zeigte Major Schulz, daß es Zeit wurde.

»Nebelgranaten schießen!«

Die Nebelgranaten, gegen das Westtor und auch jenseits der Mauer geschossen, legten einen dichten, undurchdringlichen Schleier über alles.

»Westtorgruppe greift an!«

An der Spitze seiner Männer stürmte Major Karl-Lothar Schulz vor. Meter um Meter kämpften sich die Fallschirmjäger an das Tor heran. Die Barrikaden des Gegners wurden im Handgranatenkampf genommen. Während einer kleinen Kampfpause hallte vom Hafen her das Gehämmer von Maschinengewehren. Auch dort stand also die Kampfgruppe im Gefecht.

Als es hell wurde, hatte sich Major Schulz mit seiner Gruppe bis zum Marktplatz durchgebissen. Sie hatten die in der Stadt liegenden Briten zurückgetrieben und stießen tiefer und tiefer durch die Stadt, um der vom Hafen kommenden Gruppe die Hand zu reichen. Sie säuberten die Häuser im Nahkampf, feuerten und schleuderten Handgranaten und waren nur von dem einen Ziel besessen:

»Durch, durch, durch!«

Neun Stunden dauerte der Kampf Mann gegen Mann. Längst schon brannte die Sonne mit sengender Glut auf die Männer herunter, die noch in ihren dicken wollenen Springerkombinationen steckten. Dann reichten sich die beiden Kampfgruppen in der Stadt die Hand. Sie hatten es geschafft! Sie saßen mitten in Heraklion. Mitten im Herzen des Gegners richtete Major Schulz seinen Gefechtsstand ein. Es dauerte nicht lange, bis die ersten Munitionsanforderungen eintrafen, denen nicht entsprochen werden konnte. Die Munition ging zur Neige.

Wenig später wurden der griechische Stadtkommandant und der Bürgermeister der Stadt zu Major Schulz geführt. Sie übergaben Heraklion an die deutschen Truppen. Das Übergabedokument wurde von beiden Seiten unterzeichnet. In vier Kampfgruppen schwärmten die Fallschirmjäger durch die Stadt, um die letzten Widerstandsnester zu säubern.

Mit dem inzwischen aufgefundenen Funkgerät ließ Major Schulz sofort Munitionsnachschub anfordern. Gleichzeitig meldete er die vollzogene Übergabe der Stadt.

Plötzlich flackerte erneut die Kampftätigkeit auf. Mit einem Zug stürmte Major Schulz in die Richtung, aus der das Feindfeuer herüberschallte. Er erreichte die Kampfgruppe Becker, die sich vor dem nachdrückenden Gegner Schritt für Schritt zurückzog.

»Was ist los, Becker?« fragte der Major den Kompaniechef.

»Wir sind von starken Kräften angegriffen worden, Herr Major. Die Engländer erkennen die Verbindlichkeit der vollzogenen Übergabe der Stadt durch den griechischen Stadtkommandanten für sich nicht an.«

»Zur Zitadelle!«

Sie liefen in die Richtung zur Zitadelle, von woher nun das Feuer mehr und mehr anschwoll. Noch eben rechtzeitig stießen sie in die Flanke des Gegners hinein, der die Kampfgruppe von der Schulenburg angegriffen und eingeschlossen hatte.

Der Nahkampf begann. Haus um Haus mußte dem Gegner entrissen werden. Dann lösten sich die zäh kämpfenden Engländer vom Bataillon Schulz, durchstießen die Kampfgruppe von der Schulenburg und stürmten zur Zitadelle zurück.

»Wir setzen uns zum Gefechtsstand ab. Melder sofort zum Ost- und Südtor. Beide Gruppen sollen sich ebenfalls auf den Gefechtsstand zurückziehen.«

Auf dem Bataillongefechtsstand wurde bald genug klar, daß die Stunden des Bataillons Schulz in Heraklion gezählt waren. Die Munitionslage war verzweifelt. Es gab nur einen Ausweg aus dieser Lage: Rückzug, Preisgabe der Stadt, die unter Opfern erobert worden war.

Major Schulz gab diesen schwersten Befehl seiner bisherigen Laufbahn. Unter Zurücklassung von Nachhuten hinter den Barrikaden am Westtor, räumte das Bataillon Heraklion. Bevor er ging, warnte Major Schulz noch einmal den Bürgermeister:

»Es werden Stukas kommen und die Zitadelle und alle Stellen

angreifen, an denen sich der Gegner verschanzt hat. Fordern Sie die Zivilisten auf, diese Plätze zu verlassen, damit Opfer erspart bleiben.«

Am späten Nachmittag des 21.5.1941 flogen Stukaverbände Heraklion an. Zehn Minuten lang war die Luft vom Geheul der »Jerichosirenen« erfüllt. Zehn Minuten lang krachten Einschläge, fetzten die Stukabomben die Stellungen des Gegners auseinander. Zwei Maschinen wurden abgeschossen. Die Zitadelle wankte unter einem Bombenhagel.

So endete der zweite Tag auf Kreta für das Bataillon Schulz.

Gegen 23.40 Uhr des 20.5. erhielt Major Walther von Oberst Bräuer den Befehl, sein Bataillon (I./FschJägRgt. 1) zusammenzuziehen und in Richtung Flugplatz Heraklion vorzumarschieren. Die Befehlsübermittlung an die zur Sicherung nach Osten und Süden auseinandergezogenen Kompanien während der Nacht nahm längere Zeit in Anspruch. Ein Zug der 1. Kompanie unter Leutnant Lindenberg war nicht mehr aufzufinden. Leutnant Lindenberg war unter Überschreitung seines Sicherungsauftrages in das Gebirge südlich Gournes vorgestoßen und ist, wie später bekannt wurde, dort von griechischen Abteilungen überfallen und mit seinem Zug vollständig niedergemacht worden.

Das I. Bataillon kam infolge dieser Verzögerungen nicht geschlossen, sondern zug- und kompanieweise auf dem Gefechtsfeld an. In der Erwägung, daß das Heranschieben an die Flugplatzhöhe über die vom Feuer beherrschte Niederung östlich der Flugplatzhöhe nur bei Dunkelheit möglich sei, ließ Oberst Bräuer die einzelnen Kompanien und Züge sofort zum Angriff antreten. Nur so erschien es möglich, die Verbindung mit dem auf dem Ostrand des Flugplatzes sich haltenden Zug des Oberleutnants Graf Blücher herzustellen.

Bei Tagesanbruch setzte schwerstes Abwehrfeuer ein. Der Gegner verfügte über 9 Geschütze, schwere Granatwerfer und zahlreiche schwere und leichte Maschinengewehre, deren gutgetarnte Feuerstellungen nicht zu erkennen waren. Demgegenüber besaß das I./FschJägRgt. 1 zunächst nur 5 MGs. Auch die Reste der Abteilung Hauptmann Burckhardt, des II./FschJägRgt. 1, die sich dem Angriff anschlossen, verfügten über keine schweren Waffen mehr.

Dieser Angriff blieb im schweren Abwehrfeuer liegen. Der Zug von Oberleutnant Blücher hielt sich bis zum Mittag und wurde dann vom Feind mit Hilfe von Panzerwagen überwältigt. Oberleutnant Graf Blücher fiel.

Nach Einbruch der Dunkelheit wurde das I./FschJägRgt. 1 auf den Westhang der Höhen, 2 km südostwärts des Flugplatzes, zurückgenommen und richtete sich hier zur Verteidigung ein.

Ein schwerer Tag ging für das Fallschirmjäger-Regiment 1 zu Ende. Es band hier bei Heraklion den Gegner in voller Stärke, wenn auch der Flugplatz nicht genommen werden konnte. Der Gegner durfte keinen einzigen Mann aus diesem Kampfraum abziehen, um ihn zu den anderen Schauplätzen des Kampfes um Kreta zu bringen. Oberst Bruno Bräuer stand an der Spitze seiner Männer im Kampf um den Flugplatz Heraklion und in der Abwehr der britischen Gegenstöße.

Am Abend des 21. 5. sah das Generalkommando des XI. Fliegerkorps die Krise des Angriffes auf Kreta als überwunden an. Den Befürchtungen der Luftflotte 4 hinsichtlich der noch ungewissen Lage bei Kastelli und hinsichtlich einer Bedrohung des Flugplatzes Malemes auf Grund der alarmierenden Nachrichten vermochte sich das Generalkommando nicht anzuschließen. Das Generalkommando hielt die Anwesenheit stärkerer englischer Truppen bei Kastelli und Palaeochora für unwahrscheinlich.

Daher befahl General Student für den 22. 5. unter Sicherung des Flugplatzes Malemes die Einleitung des Angriffs gegen Chania. Auch das Generalkommando beabsichtigte, in Kürze seinen Gefechtsstand nach Malemes zu verlegen. Als Vorausstab wurde am 22. 5. früh Generalmajor Schlemm nach Malemes entsandt.

Was aber war bei der Ersten und Zweiten Leichten Schiffsstaffel in der Zwischenzeit geschehen?

Die Tragödie der Leichten Schiffsstaffeln

Die Erste Leichte Schiffsstaffel war in den frühen Morgenstunden des 20. Mai 1941 aus dem Hafen Piräus ausgelaufen. Sie bestand aus dreißig Fahrzeugen, in der Mehrzahl Fischkutter und Motorsegler.

Das III./Gebirgsjägerregiment 100 war auf diesen Nußschalen an Bord gegangen. Hinzu kamen einige Fallschirmjäger. Diese Schiffsstaffel fuhr durch die See dem Ziel entgegen.

Die Zweite Leichte Schiffsstaffel, mit dem II./Gebirgsjägerregiment 85 an Bord, lief zur gleichen Zeit von Euböa aus. Ihr Weg würde – so hatte man ausgerechnet – sechs Stunden länger sein. Ein dritter Schiffsverband, die Schwee Schiffsstaffel, lag im Piräus als Reserve auslaufbereit. In ihr waren größere Schiffe, meistenteils Küstenmotorschiffe, vereinigt.

Die Reichenhaller Jäger aus der Ersten Leichten Schiffsstaffel sahen die Stukas, die Ju 52 und die Jagdbomber über sich hinwegfliegen. Weiter und weiter zogen sich die Einheiten auseinander.

Auf dem ersten Schiff – der griechischen *Papapopopiou I* – hatte sich Oberstleutnant Ehal an Bord begeben. Als Kap Sunion passiert war, näherte sich der Geleitschutz dem Verband. Es war das italienische Torpedoboot *Lupo*. Sie umkreiste von nun an Stunde um Stunde den Pulk der Schiffe, bis kurz nach Mitternacht die Insel Milos passiert wurde. Als der Morgen des 21. Mai heraufzog, war die Erste Leichte Schiffsstaffel schon weit nach Süden vorgestoßen. Auf einmal aber setzte die *Lupo* ein Flaggensignal:

»Zurück nach Milos!«

Um 7.00 Uhr des 21.5. hatte die Leichte Schiffsstaffel vollzählig im Hafen von Milos festgemacht. Oberstleunant Ehal versammelte die Offiziere auf seinem »Flaggschiff«.

Was war passiert? War auf Kreta etwas schiefgegangen?

Gegen Mittag tauchte aus Norden die Zweite Leichte Schiffsstaffel auf. Als sie im Hafen anlegte, löste sich die Erste Leichte Schiffsstaffel aus dem Hafen und ging mit Kurs auf Kreta wieder in See.

Es war genau 15.00 Uhr. Zur gleichen Zeit starteten vom Festland die ersten Gebirgsjäger zum Flug nach Kreta.

Unangefochten erreichten die Schiffe den Einbruch der Dunkelheit. Die Gefahr, von der britischen Mittelmeerflotte erwischt zu werden, schien gebannt. Kreta war beträchtlich nähergerückt. Kap Spatha, das wußten die Führer der Kampfgruppen, war das Ziel. Dort sollte die Erste und auch die Zweite Leichte Schiffsstaffel landen.

Gegen 22.50 Uhr wurde plötzlich Alarm gegeben. Die Gebirgsjäger des Regiments 100 eilten an Deck und starrten in die Finsternis. Ein Scheinwerfer flammte voraus auf. Dann noch einer. Beide Lichtbündel strichen über die Se hinweg und fanden schließlich das erste deutsche Schiff.

Nur Sekunden später wurde die Finsternis von dem Mündungsfeuer eines englischen Zerstörers durchbrannt. Die zweite Salve brüllte auf, als die Scheinwerfer jäh erloschen. Das getroffene Schiff flog mit einer einzigen wuchtigen Explosionsflamme in die Luft. Nun wußte der letzte Mann, wer dort in der Nacht lauerte: Die Engländer.

Immer mehr Scheinwerfer leuchteten durch die Nacht, fingen die auseinanderlaufenden deutschen Kleinschiffe ein, von denen nun die Leuchtspurstreifen der MG der Gebirgsjäger herunterflitzten, um an den Schiffsrümpfen der Gegner zu zerplatzen. Und dann griffen auch noch britische Kreuzer und ein Schlachtschiff in das Gefecht ein. Einer der Kreuzer lief auf das Führerschiff zu. Sein gewaltiger Steven schnitt es wie Papier in der Mitte durch.

Feuer durchpeitschte die Nacht. Flammen loderten empor, und dazwischen flitzte die *Lupo* umher, schoß aus allen Rohren, wurde angegriffen, flitzte hakenschlagend durch das rasende Feuer der Briten und kämpfte.

Immer mehr britische Schiffe tauchten aus der Dunkelheit auf. Eine nach der anderen wurden die Nußschalen zerschossen, gerammt, entzweigeschnitten. Treffer auf Treffer hämmerten in die *Lupo* hinein.

Das Torpedoboot erhielt nicht weniger als 18 schwere Treffer, ehe es den Kampf aufgeben mußte, weil nichts mehr schwamm, was man schützen konnte.

Zur gleichen Zeit stand Kapitänleutnant Bartels mit seinem Stab auf Kap Spatha, der Halbinsel, die sich westlich von Malemes 20 km weit in die See erstreckt.

Mit der ersten Maschine, die das II./GebJägRgt. 100 nach Kreta brachte, war er gelandet, um hier die Leichte Schiffsstaffel zu erwarten. Als Kapitänleutnant Bartels mitgeteilt wurde, daß deutsche Aufklärer einen englischen Kreuzer- und Zerstörerverband gesichtet hatten, der südlich Kreta stand, hoffte er immer noch, daß die Leichte Schiffsstaffel im Norden ungestört landen konnte. Dann aber, kurz vor 23.00 Uhr, sah er, sahen alle Männer auf dem Kap, wie weit im Norden auf See die Nacht von Scheinwerfern und Leuchtgranaten erhellt wurde. Sie sahen die brennenden Schiffe. Sie erlebten – gleichsam als Zuschauer von ihrem Logenplatz auf dem Kap – die Tragödie, die sich dort in der Nacht abspielte.

Und auf einmal war Stille. Wenige Minuten später feuerten die englischen Schiffe auf die deutschen Stellungen bei Malemes.

Auch die Zweite Schiffsstaffel wurde in den frühen Morgenstunden des 22. Mai von den Engländern aufgespürt. Das italienische Torpedoboot *Sagittario* nebelte den Verband ein. Nur wenige Schiffe gingen verloren, denn nun gelang es den deutschen Sturzkampfbombern im ersten Frühlicht, den Gegner zu entdecken. Die Männer auf ihren Nußschalen sahen die Ju 87 abkippen, hörten sie der See entgegenröhren. Sie sahen die haushohen Sprengdetonationen, die die See aufrissen. Sie sahen auch das geballte Feuer der Schiffsflak, durch die diese »Schwere Artillerie der Luft« hindurch mußte. Riesige Wasserkaskaden wurden emporgeschleudert.

Der erste britische Zerstörer wurde vom Volltreffer einer 500-Kilo-Bombe und den anschließenden Munitions-Detonationen auseinandergerissen. Dann traf es einen der Kreuzer. Drei Bomben schlugen ihn zusammen. Detonationswolken hüllten den Kreuzer in dicken schwarzen Qualm, aus dem dann noch eine Serie von Explosionen heraushämmerte.

Dann löste sich die Qualmwolke auf, und der darunterliegende Kreuzer war unter der Wasseroberfläche verschwunden. Noch einen Kreuzer forderte das Bombardement der Stukas. Immer wieder griffen sie an. Immer wieder kippten sie über die Flügel ab. Immer wieder sahen die Gebirgsjäger, wie diese Riesenvögel das Abwehrfeuer durchstießen, ihre Bomben warfen und aufheulend in den Himmel zurückjagten. Zwei weitere Kreuzer wurden beschädigt. Ebenso zwei Schlachtschiffe.

Das VIII. Fliegerkorps leistete ganze Arbeit. Es war den Engländern gelungen, die Erste Leichte Schiffsstaffel zu vernichten. Aber sie bezahlten diesen Sieg mit dem Verlust von drei schweren Einheiten ihrer Mittelmeerflotte.

Eine Gruppe Gebirgsjäger, die 5 km vor Kap Spatha ihre brennenden Schiffe verlassen konnte, versuchte, das Kap schwimmend zu erreichen. Ein Schlauchboot mit 15 Geretteten pullte ihnen voraus; die Schwimmer folgten. Einige waren verwundet. Sie wurden von den anderen geschleppt. Die im Schlauchboot waren alle schwer verwundet, und dazu Nichtschwimmer.

Schließlich erreichten sie die Küste. Als es Tag wurde, standen 100 Reichhaller Jäger auf Kreta.

300 Offiziere, Unteroffiziere und Mannschaften aber, darunter auch Oberstleutnant Ehal, behielt die See. Das III./GebJägRgt. 100 hatte seine gesamte Gefechtsstärke eingebüßt. Die entkommenen Teile der Zweiten Leichten Schiffsstaffel, die das griechische Festland wieder erreichten, wurde am 23. Mai mit Ju 52 nach Kreta geflogen. Sie erlebten den Marsch zur »Hölle Kreta« mit der Landung auf dem Flugplatz Malemes zum zweitenmal.

Noch am 23. Mai landeten drei Schlauchboote bei Kap Spatha. Auf ihnen befanden sich ein Leutnant und 51 Männer, die die See besiegt hatten. Damit war dieses unseligste Kapitel des Kreta-Kampfes, das die 5. Gebirgs-Division getroffen hatte, abgeschlossen.

Wie der Kampf der deutschen Luftwaffe gegen die englische Flotte am 21. und 22.5. im einzelnen vor sich ging, sei hier anhand der Gefechtsberichte von beiden Seiten dargestellt. Lassen wir hier zuerst den Bericht »Kreta« der Luftflotte 4 zu Wort kommen:

»Die noch vor Beginn der Morgendämmerung des 22.5. gestartete Luftaufklärung erbrachte, daß große Teile der englischen Flotte in dem Seegebiet nördlich Kreta waren und eine besondere Gefährdung der Ersten und Zweiten Schiffsstaffel darstellten. Im ganzen wurden drei feindliche Kräftegruppen mit insgesamt 33 schweren und mittleren Einheiten festgestellt.

Die in rollendem Angriff angesetzten Kampf- und Stukaverbände hatten vollen Erfolg.

3 Kreuzer oder Zerstörer wurden versenkt,
3 weitere schwere Einheiten wurden beschädigt und auf

6 weiteren Einheiten Treffer erzielt, so daß mit deren Beschädigung zu rechnen war.

Im Lauf des Nachmittags war das Seegebiet nördlich Kreta frei von Gegnern. Die englische Flotte war schwer angeschlagen den Angriffen der deutschen Luftwaffe ausgewichen.

Ob die englische Flotte sich schon geschlagen gab, war nicht zu entscheiden. Mit dem erneuten Auftreten englischer Seestreitkräfte in den Gewässern nördlich Kreta in der kommenden Nacht mußte gerechnet werden. Während dieser Kämpfe hat es sich gezeigt, daß die Kräfte des VIII. Fliegerkorps für die Erfüllung aller Kampfaufgaben nicht ausreichten. Da außerdem im Rahmen der Eroberung Kretas anscheinend ein grundsätzlicher Kampf ›Luftwaffe gegen Flotte‹ im begrenzten Seeraum ausgebrochen war, wurde vom Chef des Generalstabs der Luftwaffe die sofortige Verlegung der III./KG 30 und I/St. G. 1 vom X. Fliegerkorps in den griechischen Raum zur Verstärkung des VIII. Fliegerkorps befohlen. Ab Mittag des 22. 5. standen diese Kräfte zum Einsatz bereits zur Verfügung. Sie griffen sofort mit in den Kampf ein.«

Soweit der Bericht der Luftflotte 4. Ausführlicher und ins Detail gehend, befaßt sich der Bericht von Admiral Cunningham mit diesem »schwarzen Tag der Mittelmeerflotte«. Der Admiral schreibt darüber:

»Von See her war bis zum Abend des 21. 5. von deutscher Seite noch keine Landung erfolgt; aber die Luftaufklärung meldete, daß Gruppen kleiner Wasserfahrzeuge, von Zerstörern eskortiert*), von Milos her auf Kreta zusteuerten. Die Verbände B, C und D näherten sich daher durch die Meerengen von Kithera und Kaso, um eine Landung von See her zum 22. 5. zu verhindern. Wenn sich nachts nichts Neues ereignete, sollten die Verbände C und D am 22. 5. um 5.30 Uhr damit anfangen, sich in breitem Zickzack nach Norden vorzuarbeiten, um Geleitzüge festzustellen.

Verband D, mit Konteradmiral Glennie auf der *Dido*, mit der *Orion*, *Ajax*, *Janus*, *Kimberley*, *Hasty* und *Hereward*, stieß am 21. 5. um 23.30 Uhr auf ein Truppengeleit von Booten, die von ein bis zwei Torpedobooten 18 Meilen nördlich Chania eskortiert wurden. Die mit deutschen Soldaten dicht besetzten Boote wurden 2 1/2 Stunden lang beschossen. Funkpeilung und Flugzeugradar leisteten unschätzbare Dienste bei der Lenkung unserer Verbände gegen neue Ziele. Insgesamt wurden ein bis zwei Dampfer, mindestens 12 Boote, ein kleinerer Vergnügungsdampfer und eine Dampfjacht versenkt oder brennend zurückgelassen. Eins der eskortierenden

*) Die gemeldeten »Zerstörer« waren die beiden italienischen Torpedoboote Lupo und Sagittario.

Torpedoboote wurde, nachdem es gegen unsere Kreuzer Torpedos abgeschossen hatte, durch Geschützfeuer der *Dido* beschädigt und schließlich durch eine Breitseite der Ajax in die Luft gesprengt. (Dies ist ein Irrtum, denn die *Lupo* wurde nicht versenkt, sondern nur durch 18 Treffer schwer angeschlagen.) Die versenkten Schiffe transportierten schätzungsweise 4000 Mann deutscher Truppen. (Auch diese Zahl stimmt nicht im entferntesten.)

Nachdem Konteradmiral D (Glennie) eine weitere Abkämmung nach Osten und Norden durchgeführt hatte, drehte er am 22. 5. um 3.30 Uhr nach Westen und gab seinem Verband Befehl, sich am 22. 5. um 6.00 Uhr etwa 30 sm westlich Kreta zu sammeln.

Der Oberbefehlshaber Mittelmeer hatte geplant, daß die Verbände C und D ab 22. 5 um 5.30 Uhr, sofern sich nachts nichts Neues ergab – sich nach Norden vorarbeiten sollten. Später erweiterte er diesen Befehl durch einen zweiten Befehl an die Verbände C und D, sich miteinander zu vereinigen und bis auf 25 Meilen an Milos heranzufahren, um Geleitzüge ausfindig zu machen. Dieser letzte Funkspruch – um 4.02 durchgegeben – erreichte Konteradmiral D erst, nachdem er sich schon aus der Ägäis abgesetzt hatte. Den Entschluß zur Absetzung faßte Konteradmiral D nach sorgfältiger Überlegung. Folgende Gründe waren maßgebend:

Dido hatte 70% ihrer Fla-Munition verschossen.
Orion 62%,
Ajax 58%.

Konteradmiral Glennie befürchtete, sein Verband könnte außerstande sein, mit weiteren Luftangriffen fertigzuwerden. Das Ergebnis seines Angriffs auf den Geleitzug meldete er dem Oberbefehlshaber Mittelmeer mit dem Bemerken, wegen ernsten Mangels an Fla-Munition stoße er zum Verband A-1 (Funkspruch des Konteradmirals vom 22. 5. um 4.05 Uhr).

Nach Erhalt dieses Funkspruches ließ der Oberbefehlshaber Mittelmeer den Verband D eiligst nach Alexandrien zurücklaufen. (Mit Funkspruch vom 22. 5. um 7.16 Uhr).

Unsere Lage am 22. 5. bei Tagesanbruch war folgende:

a) Verband A-1 (Vizeadmiral Pridham-Whippell) befand sich 45 Meilen südwestlich der Meerenge von Kithera und steuerte in nordwestlicher Richtung.
b) Verband B stieß zum Verband A-1.
c) Verband C (Konteradmiral King), der um 4.00 Uhr eine Position auf der Höhe von Heraklion erreicht hatte, kämmte jetzt in NW-Richtung die See ab, auf der Suche nach Bootsgeleitzügen.
d) Verband D stand etwa 30 Meilen westlich der Kithera-Enge und steuerte auf die Vereinigung mit Verband A-1 zu; sollte

aber kurz darauf vom Oberbefehlshaber Anweisung erhalten, schleunigst nach Alexandrien zurückzukehren.

e) D-5 auf der *Kelly* mit der *Kashmir, Kipling, Kelvin* und *Jackal* hatte am 21.5. um 21.30 Uhr Malta verlassen und hatte Befehl, sich mit Verband A-1 westlich Kreta, am 22.5. um 10.00 Uhr, zu vereinigen.

f) D-14 auf der *Jervis* mit der *Nizam* und *Ilex* war zur Betankung nach Alexandrien zurückgelaufen und steuerte jetzt mit Kurs auf die Meerenge von Kaso.

g) D-10 auf der *Stuart*, mit *Voyager* und *Vendetta*, hatten am 21.5. Alexandrien verlassen und Befehl erhalten, zum Verband A-1 zu stoßen.

Der Verband C steuerte um 8.30 Uhr in Richtung Milos, als ein einzelnes Boot gesichtet wurde. Dieses transportierte deutsche Truppen und wurde durch die *Perth* versenkt, während *Naiad* starke Flugzeugverbände, die Bomben abwarfen, in ein Gefecht verwickelte. Um 9.09 Uhr meldete die *Kalkutta* ein kleines Frachtschiff voraus, und Zerstörer erhielten Befehl, es zu versenken. Um 10.00 Uhr befand sich der Verband C 25 sm südlich der Ostecke von Milos. Die *Perth* hatte nach der Versenkung des Feindbootes wieder aufgeschlossen, doch die *Naiad* war immer noch etwas zurück.

Zehn Minuten später wurde ein feindlicher Zerstörer*) mit vier bis fünf kleineren Segelschiffen in nördlicher Richtung gesichtet. Unsere Zerstörer machten sich sofort auf die Jagd, während die *Perth* und die *Naiad* den feindlichen Zerstörer beschossen und bewirkten, daß sich dieser unter Rauch zurückzog. Die *Kingston* beschoß einen feindlichen Zerstörer auf 7000 Yards und behauptet, zwei Treffer erzielt zu haben. Auch sichtete sie eine große Zahl Boote hinter der Rauchwand, die von dem gegnerischen Zerstörer jetzt gelegt wurde. Obwohl sich Geschwaderchef 15 (Konteradmiral King) in Fühlung mit dem feindlichen Geleitzug befand, war er der Meinung, er würde seinen gesamten Verband gefährden, wenn er weiter nach Norden vorrückte. Schwere Artilleriemunition begann knapp zu werden. Die Fahrtgeschwindigkeit seines Verbands, der seiner Ansicht nach wegen der pausenlosen Luftangriffe zusammenbleiben mußte, wurde auf 20 Knoten begrenzt, weil die Höchstgeschwindigkeit der *Carlisle* 21 Knoten betrug. Geschwaderchef 15 entschloß sich daher zum Rückzug und befahl den Zerstörern, die Jagd aufzugeben.

Der Funkspruch des Oberbefehlshabers Mittelmeer vom 22.5. um 9.41 Uhr, aus dem hervorging, daß dieser deutsche Geleitzug

*) Es muß sich um eines der beiden eingesetzten italienischen Torpedoboote gehandelt haben. Zerstörer waren nicht eingesetzt.

von erheblichem Umfang war, kam dem Geschwaderchef 15 erst *nach* 11.00 Uhr zu Gesicht.

Seit 9.45 Uhr wurde der Verband C ununterbrochen dreieinhalb Stunden bombardiert. Die *Naiad* wurde durch Nahtreffer beschädigt, wodurch zwei Geschütztürme außer Gefecht gesetzt, mehrere Schotts unter Wasser gesetzt und die Fahrtgeschwindigkeit auf 16 Knoten beschränkt wurde. Die *Carlisle* wurde getroffen, aber nicht ernstlich beschädigt. Um 13.21 Uhr sichtete man den Verband A-1, der – auf Anforderung des Geschwaderchefs 15 – sich aus westlicher Richtung der Kitheria-Meerenge näherte.

In der Nacht zum 22.5. hatte der Verband B mit *Gloucester, Fiji, Greyhound* und *Griffin* eine Streife auf der Höhe von Kap Matapan durchgeführt. Der Befehl des Oberkommandierenden Mittelmeer, eiligst nach Heraklion weiterzulaufen, erreichte sie zu spät, um befolgt werden zu können; doch fuhren sie in die Ägäis und befanden sich bei Tagesanbruch etwa 25 sm nördlich von Chania. Während sich dieser Verband B in Richtung auf Verband A-1 zurückzog, wurde auch er ab 6.30 Uhr eineinhalb Stunden bombardiert. Und zwar waren es hier Stukas, die den Verband angriffen. Hierbei erhielt die *Fiji* leichte Schäden und die *Gloucester* Streifschüsse. Verband B vereinigte sich mit Verband A-1 um 8.30 Uhr.

Als gegen 9.30 Uhr die Verbände D und B zum Verband A-1 gestoßen waren, war die Munitionslage beunruhigend.

Geschwaderchef 7 (Konteradmiral Rawlings), der sich mit Verband C um 15.20 Uhr in der Meerenge von Kithera treffen wollte, patrouillierte einstweilen 20 bis 30 Meilen westlich dieser Meerenge, wobei er offenbar – nach seinen eigenen Worten – ›einem nützlichen Zweck diente, indem er feindliche Flugzeuge auf sich lenkte‹.

Um 12.25 Uhr erfuhr Rawlings durch Konteradmiral King, daß die *Naiad* schwer getroffen sei und Hilfe brauche. Er beschloß sofort ins Ägäische Meer zu fahren und steigerte seine Geschwindigkeit auf 23 Knoten. Um 13.12 Uhr sichtete er Flakgranaten-Sprengwolken vom Verband B. Zwanzig Minuten später wurde sein Flaggschiff *Warspite* von einer Bombe getroffen, wodurch die 4- und 6zölligen Steuerbord-Batterien außer Gefecht gesetzt wurden.

Als sich dann die *Greyhound* nach Versenkung eines deutschen Bootes zwischen Pori und Anti-Kithera auf dem Rückmarsch befand, wurde sie um 13.51 von zwei Bomben getroffen. Sie sank 15 Minuten später – mit dem Heck voran – auf 270 Grad, 5 Meilen von der Insel Pori entfernt. Geschwaderchef 15 befahl daraufhin der *Kandahar* und der *Kingston*, die Überlebenden der *Greyhound* zu bergen. Um 14.02 Uhr befahl er darüber hinaus der *Fiji* und der *Gloucester*, für die beiden anderen Schiffe Flakschutz zu geben und der *Greyhound* bis zum Dunkelwerden beizustehen. (Noch wußte niemand, daß die *Greyhound* bereits gesunken war.) Um 14.57 Uhr gab der Geschwaderchef 15 der *Fiji* und *Gloucester* den Rückzugsbefehl.

Gerade, als beide Einheiten im Rücken des Verbandes A-1 auftauchten, wurde die *Gloucester* um 15.50 Uhr von mehreren Bomben getroffen und blieb auf 294 Grad, 9 Meilen von Pori, bewegungslos liegen. Sie brannte heftig. Wegen der pausenlosen Luftangriffe faßte *Fiji* widerstrebend den Entschluß, die *Gloucester* zu verlassen.

Auch die Luftangriffe auf den Verband A-1 waren in der Zwischenzeit ununterbrochen weitergegangen. Bei einem Angriff um 16.45 aus großer Höhe wurde die *Valiant* achtern von zwei mittelstarken Bomben getroffen, ohne daß schwere Schäden entstanden.

Die *Fiji* aber, die innerhalb von vier Stunden 20 Bombenangriffe überlebt hatte, fiel um 18.45 Uhr einer einzelnen Me 109*) zum Opfer. Diese Maschine flog in flachem Sturzflug aus den Wolken und warf ihre Bombe mittschiffs, ganz dicht an der Backbordseite. Das Schiff erhielt 25 Grad Schlagseite und kam bald darauf mit lahmgelegten Motoren zum Stehen. Eine halbe Stunde darauf warf eine weitere Einzelmaschine drei Bomben ab, die über dem Kesselraum A detonierten. Die Schlagseite stieg auf 30 Grad, und um 20.15 Uhr kippte die *Fiji* um. Durch die *Kandahar* und die *Kingston* wurden nach Einbruch der Dunkelheit 523 Mann gerettet.

Laut Anweisung vom Oberbefehlshaber Mittelmeer kommandierte Konteradmiral Rawlings um 20.30 Uhr die Zerstörer *Decoy* und *Hero* nach der Südküste von Kreta ab, wo der König von Griechenland an Bord genommen werden sollte.

An diesem Tag hatte die britische Mittelmeerflotte 2 Kreuzer und einen Zerstörer verloren; 2 Schlachtschiffe und 2 Kreuzer waren beschädigt worden. Die einzigen Verluste an Feindflugzeugen, auf die man mit Sicherheit Anspruch erheben konnte, beliefen sich auf 2 Maschinen als abgeschossen, 6 als wahrscheinlich abgeschossen und 5 als beschädigt. Die feindlichen Flugzeugverluste waren aber vermutlich höher.«

Soweit Admiral Cunninghams Bericht von den Ereignissen des 22.5.1941.

Am gleichen Tag wurden in Alexandrien auf der *Glenroy* 900 Mann des Queens Royal Regiment verladen. Hinzu kam der Stab der 16. Inf.Brig. und 18 Fahrzeuge. Die *Glenroy* lief am Mittag nach Timbaki aus. Sie wurde von drei Einheiten geleitet.

Die *Jaguar* und die *Defender* liefen ebenfalls aus. Sie hatten für die Insel dringend benötigte Heeresmunition geladen. In der Nacht

---

*) Es ist höchst unwahrscheinlich, daß es sich um eine Me 109 gehandelt hat.

zum 24. 5. erreichten diese beiden Einheiten Suda und wurden entladen.

Die *Abdiel* und die *Rorqual* legten zwischen Kaphalonia und Levkas und im Golf von Saloniki Minen.

Am 23. 5. wurde die *Kashmir* um 7.55 Uhr von 24 Stukas angegriffen. Sie erhielt schwere Treffer und sank binnen 2 Minuten. Unmittelbar darauf wurde die *Kelly* getroffen. Sie kenterte sofort, trieb noch eine halbe Stunde und sank dann ebenfalls. Durch die *Kipling* wurden 279 Überlebende gerettet. Die *Kipling* entging dann wie durch ein Wunder einem deutschen Bombenangriff und erreichte mit den Überlebenden Alexandrien. Die *Glenroy* wurde am 23. 5. durch einen Funkspruch zum Rückmarsch nach Alexandrien aufgefordert. Sie konnte ihre 900 Mann Truppen nicht mehr landen. Es wurde befürchtet, daß auch sie bei Tagesanbruch von der deutschen Luftwaffe erkannt und gebombt werden würde. Damit trugen die Bombenangriffe des VIII. Fliegerkorps mit dazu bei, daß der Gegner auf der Insel nicht mehr verstärkt werden konnte.

Die Maschinen des VIII. Fliegerkorps beherrschten den Luftraum über Kreta und die See nördlich von Kreta.

Der dritte Tag – Beim Fallschirmjäger-Sturmregiment – Im Raum um Chania

Unmittelbar nachdem die Abschüsse, die Brände und Explosionen vor der Küste von Kap Spatha erloschen waren und es feststand, daß die Erste Leichte Schiffsstaffel vernichtet worden war, griff der Gegner im Raum Malemes die Stellungen des IV. Bataillons (Hauptmann Gericke) an.

GEFECHTSRAUMSKIZZE des IV STURMRGT'S ABT. GERICKE

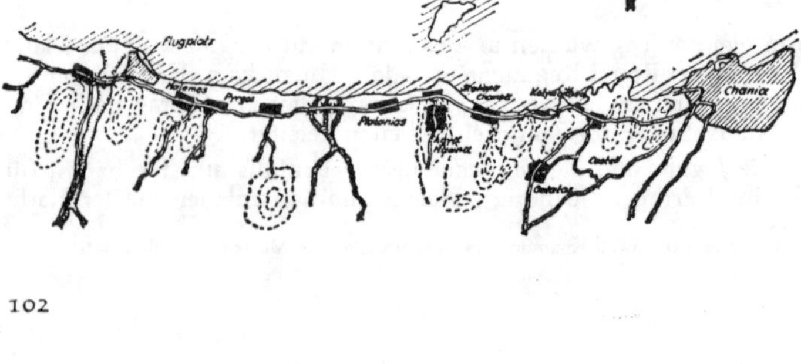

Besonders zwischen Straße und Küste versuchte er, mit Lastwagen und Panzern durchzubrechen. Im Abschnitt der Kompanie Kiebitz rollten diese Panzer vor. Oberleutnant Kiebitz war am Abend von Oberst Ramcke mit unterstellter Pak als Verstärkung zum Bataillon Gericke geschickt worden. Diese Maßnahme erwies sich nun als richtig. Zwei Panzer wurden vernichtet. Mit blutigen Verlusten für den Gegner wurde dieser britische Angriff abgewiesen.

In den ersten Morgenstunden des 22. Mai erschien Oberst Ramkke auf dem Gefechtsstand von Hauptmann Gericke. Das Bataillon hatte Verstärkung, dazu Waffen und Munition erhalten. Major Stentzler und Hauptmann Schmitz wurden eingewiesen. Alle Kommandeure beurteilten die Lage zuversichtlich.

Major Stentzler hatte noch fast sein ganzes Bataillon, das in günstigen Abwehrstellungen lag. Es hatte in den ersten Morgenstunden bereits gegen schwächeren Widerstand Gelände nach Osten freigekämpft und sich bis an die Höhen südlich Pyrgos und an den Westrand von Pyrgos vorgeschoben. Das weitere Vorwärtskommen war jedoch wegen der überhöhten Stellungen des Gegners nicht mehr möglich.

Oberst Ramcke befahl dem Bataillon Stentzler anzuhalten und die erreichten Stellungen zu sichern. Erst wenn die weitausholende Umfassung der Gebirgsjäger (unter Oberst Utz) wirksam geworden sei, sollte der Angriff wieder aufgenommen werden.

Zur Verstärkung der Stoßkraft ließ Oberst Ramcke die Kampfgruppe Hauptmann Schmitz zwischen dem Bataillon Stentzler und Gericke einschieben. Die bis dahin dem IV. Bataillon unterstellten Teile des II. Bataillons wurden Major Stentzler wieder zugeführt.

Die noch im West- und Südabschnitt befindlichen Gebirgsjäger und die 6. und 16./FschJäg-Sturmregiment wurden dem Gebirgs-Pionierbataillon 95 unterstellt, dem die Sicherung nach Westen und Süden übertragen worden war. Dieses Bataillon hatte den Auftrag erhalten, weiter auf Kastelli und Kandanos vorzustoßen.

Die zur südlichen Umfassung angesetzten Teile der Gebirgsjäger bestanden aus Teilen des GebJägRgt. 100 und des I./GebJägRgt. 85. Am Mittag des 22. Mai traf der Chef des Stabes des XI. Fliegerkorps, General Schlemm, bei Malemes ein. Der General leitete von diesem Zeitpunkt an die Zuführung und Einweisung der Verstärkungen und nahm die Verbindung mit Athen auf.

Die am 21. Mai bei Pyrgos eingesetzte Kompanie Hagele des FschJgRgt. 2, die auf Befehl des Korps dort trotz der völlig ungeklärten Lage in starke gegnerische Stellungen absprang, traf nach erbitterten Durchbruchkämpfen, die mitten durch die Stellungen führten, nach schweren Verlusten, mit geringen Überresten am Nachmittag des 22. 5. beim Bataillon Gericke ein.

Den ganzen übrigen Tag blieb das Fallschirmjäger-Sturmregiment in der Verteidigung.

Der für den 21. 5. angesetzte Abflug des LL-Lazaretts mußte wegen der vordringlichen Munitionstransporte um 24 Stunden verschoben werden.

Am 22. 5. um 7.30 Uhr erfolgte die Abfahrt des Lazaretts von Korinth. Der Chefarzt, Stabsarzt Dr. Böhm, mußte wegen schwerer Enteritis dem Luftwaffenlazarett Athen überwiesen werden.

Kompanieführer der 4. Kompanie und Leiter des Feldlazaretts war Oberarzt Dr. Gogolka. Stabsarzt Dr. Müller führte die Reste der 3. Kompanie und war dem Lazarett zugeteilt. Das Lazarett war von der 3. und 4. Kompanie zusammengestellt worden. Von der Luftflotte wurden zugeteilt: der beratende Hygieniker Flottenarzt Professor Dr. Ruge mit seinem Assistenten, Unterarzt Dr. Sachs, zur Überprüfung der Hygiene. Um 8.30 Uhr traf das Lazarett am Flugplatz Korinth ein.

Ab 13.30 Uhr starteten bei gutem Wetter 17 Maschinen; von der Südspitze des Peloponnes ab wurden die Ju 52 durch Jagdbomber gesichert. Die Landung der Maschinen erfolgte ab 15.30 Uhr. Sie stellte außerordentliche Anforderungen an die Geschicklichkeit der Flugzeugführer, da Malemes noch immer unter ständigem Artilleriebeschuß lag. Mehrfach mußten Maschinen, die bereits aufgesetzt hatten, den Platz wieder verlassen und erneut anfliegen. Ein Teil der Maschinen landete auf dem Strand. Bei der Landung wurden 5 Maschinen schwer beschädigt. Das Ausladen der Geräte erfolgte in kürzester Zeit.

Als erster Sanitätsoffizier traf gegen 17.00 Uhr Flottenarzt Dr. Ruge auf dem Truppenverbandsplatz des Sturmregimentes ein und übernahm mit einigen gleichzeitig erschienenen Sanitätern die Versorgung der ersten Verwundeten. Bis gegen 18.00 Uhr waren die 3. und 4. Kompanie gesammelt und in das Dorf Tavronitis gelangt.

Auf dem HVP des Fallschirmjäger-Sturmregimentes begann der 22. 5. mit dem Abtransport der Verwundeten vom Flugplatz in den entladenen Maschinen, die die Gebirgsjäger ab 10.00 Uhr landeten. Um 13.00 Uhr befahl der Regimentsarzt die Neueinrichtung eines HVP mit einem Sanitätsoffizier und einer O. P.-Gruppe in Tavronitis. Bereits eine Stunde später war dieser neue HVP am östlichen Ortseingang eingerichtet. Gegen 15.00 Uhr meldete sich Unterarzt Schuster mit 6 Versprengten des 1. und 2. Zuges der 2./FschSan-Abt., die unter Führung von Oberarzt Dr. Hartmann am 21. Mai ostwärts des Flugplatzes Malemes abgesetzt und aufgerieben worden waren. Gegen 17.00 Uhr traf dann das Feldlazarett der Fsch-

SanAbt. ein, dessen Ärzte sofort mit der Arbeit begannen. Die Stärke dieses neuen HVP betrug am Abend des 22.5.1941: 3 Offiziere, 1 Unterarzt und 45 Mann.

Am 22. Mai 1941 gab Sir Winston Churchill im britischen Unterhaus wieder einen Bericht ab über die Lage auf Kreta:

»Im Abschnitt von Chania und in der Suda-Bucht erfolgten am Mittwochmorgen (21.5.1941) starke gegnerische Luftangriffe. Sie wurden den ganzen Tag über fortgesetzt und waren vom Niedergehen neuer Fallschirmtruppen im Südwesten von Chania begleitet.

Es scheint, daß der Gegner den Flugplatz von Malemes, zehn Meilen von Chania, und die Gegend westlich von Ceres besetzt hat; doch befindet sich dieser Flugplatz unter dem Feuer britischer Truppen.

In der vergangenen Nacht begannen auch die Landungsversuche zur See. Ein Geleitzug, der Richtung auf Kreta nahm, wurde von unseren Seestreitkräften aufgehalten. Zwei Transportschiffe und eine Anzahl Schleppkähne wurden versenkt. Heute früh wurde ein Geleitzug von 30 Schiffen gesichtet und von unseren Truppen angegriffen. Die deutsche Luftwaffe greift unsere Einheiten an, während wir den Geleitzug angreifen. Es ist eine äußerst heftige Schlacht. Ich werde den Männern, die sie auskämpfen, ermutigende Botschaften zukommen lassen, und sie müssen wissen, daß es sich um eine der wichtigsten Schlachten handelt, die entscheidend für die Kämpfe im Mittelmeer sein kann.«

Während das deutsche Oberkommando der Wehrmacht noch immer mit keiner Zeile den Angriff auf Kreta und die dort stattfindenden erbitterten Kämpfe erwähnte, meldete das britische Hauptquartier im Mittelmeerraum aus Kairo folgende Einzelheiten über die Schlacht um Kreta:

»Den letzten Berichten General Freybergs zufolge halten auf Kreta heftige Kämpfe gegen die in einem Nordbezirk der Insel eingeschlossenen deutschen Fallschirmjäger an. Am Abend (des 20.5.1941) begann die deutsche Luftwaffe schwere Bombardements. Es wird angenommen, daß im Morgengrauen des Mittwoch weitere Fallschirmtruppen eingesetzt werden. Die deutsche Luftwaffe verfügt über zahlreiche Stützpunkte in Südgriechenland und den Kreta umgebenden Inseln, und ist zahlenmäßig um ein Vielfaches überlegen. Die Verteidigungsmöglichkeiten durch die britische Luftwaffe sind durch die verhältnismäßig wenigen vorhandenen Landungsfelder begrenzt. Die Royal Air Force hat inzwischen Unterstützung durch Flugzeuge der Flotte erhalten. Der Masseneinsatz deutscher Fallschirmjäger, der Luftwaffe und zum erstenmal von Segelflugzeugen läßt darauf schließen, daß Kreta unter allen Umständen eingenommen werden soll.«

Daß auf Kreta zum erstenmal Segelflugzeuge eingesetzt worden seien, ist unrichtig. Schon am 10. Mai 1940 landete die Sturmabteilung Koch an den Brücken Veldwezelt, Vroenhoven und Canne und auf der belgischen Werkgruppe Eben Emael mit Lastenseglern.

Am Himmelfahrtstag, 22. Mai 1941, war der Himmel leicht bedeckt. Auf dem kleinen Rollfeld von Malemes arbeiteten die Männer unter Oberstleutnant Snowadzki mit Feuereifer daran, das Rollfeld für die Nachlandungen der Gebirgsjäger bereitzumachen. Mit Hilfe erbeuteter Zugmaschinen wurden die Trümmer der hier abgeschossenen oder bei der Landung zu Bruch gegangenen Ju 52 zum Platzrand geschleift, dessen Südseite nur 300 m von den Stellungen der Neuseeländer entfernt liegt.

Es galt vor allem, die 20 zu Bruch gegangenen Ju 52 zur Seite zu schaffen, die am Vortag beim Transport des II./GebJägRgt. 100 hier zusammen mit den Trümmern abgeschossener gegnerischer Maschinen herumlagen. Am 22. Mai sollten mindestens 200 Ju 52 auf dem Flugfeld von Malemes landen, um weitere Gebirgsjäger zum Einsatz zu bringen.

Der von Oberst Utz in der Nacht zum 22. Mai aus Richtung Paläochora erwartete Angriff der Engländer war nicht erfolgt. Für Oberst Utz stellte sich am Morgen des 22. Mai die Aufgabe, die englische Batterie vor Modion auszuschalten, bevor um 10.00 Uhr die Landungen des I./GebJägRgt. 100 erfolgten. Ferner galt es, den Gegner ganz aus Malemes-Dorf zu werfen und den Hügel hinter der Höhe 107 völlig vom Gegner zu räumen, auf dem sich noch immer Neuseeländer und Fallschirmjäger, nur wenige Meter voneinander entfernt, gegenüberlagen.

Der Gegner würde inzwischen begriffen haben, daß er das Unternehmen »Merkur« nur zu Fall bringen konnte, wenn er den Flugplatz Malemes zurückgewann oder Landungen von Gebirgsjägern auf dem Platz vereitelte.

Seit dem frühen Morgen erkundete Oberst Utz mit einem kleinen Gefechtsstab die Lage bei beiden Objekten. Es gelang ihm festzustellen, daß die Engländer hier eine Riegelstellung errichtet hatten, die nur 2,5 km nach Süden reichte und bei der englischen Funkstation auf der Höhe 295 aufhörte. Er setzte Teile seines Regiments zum umfassenden Vorstoß nach Süden an. Der 7./GebJägRgt. 100 (Leutnant Bachmaier), die im Abschnitt des IV./FschJäg-Sturmregiments (Hauptmann Gericke) eingesetzt war, wurden alle schweren Waffen des II./GebJägRgt. 100 zur Verfügung gestellt, um damit den Kampf um das Dorf Malemes zu unterstützen, von dessen Westrand und der Hangstellung südlich davon noch immer die tackenden Abschüsse der britischen Doppellauf-MG erklangen, die den Flugplatz bestrichen.

Die Infanteriegeschütze der Gebirgsjäger, die auf die Höhe 107 hinaufgeschafft worden waren, eröffneten das Feuer auf die in der

Küstenniederung bei Modion stehende schwere englische Batterie, die ausgeschaltet werden mußte, wenn die Landungen reibungslos vonstatten gehen sollten. Den Gebirgsjägern und Fallschirmjägern lag hier die 4. neuseeländische Brigade gegenüber: zähe Farmerssöhne aus Neuseeland und ihre Schicksalsgefährten, die Maori, die mit vorbildlichem Einsatz kämpften.

Zu Beginn des Angriffs feuerten alle MG der Kampfgruppe Bachmaier, um die MG-Stellungen der Engländer niederzuhalten. Die Gebirgsjäger und Fallschirmjäger stürmten vor. Aus Trümmern, aus Fensteröffnungen, Dachböden und Bäumen peitschte den Angreifern Feuer entgegen. Und während hier die Gebirgsjäger der Gams-Division angriffen, kämpften ihre Infanterie-Geschütze gegen die schwere Batterie bei Modion-Pyrgos, die infolge dieses Zweikampfes nicht zur Unterstützung der eigenen Einheiten bei Malemes eingreifen konnte.

In dem Augenblick aber, als Leutnant Bachmaier ins Dorf eindrang, gingen zwei frische Kompanien Neuseeländer zum Gegenstoß vor. Sie rannten mit lautem Geschrei mitten in das Feuer der Gebirgsjäger. Hinter Agavenstauden und Eukalyptus-Gebüsch tauchten die khakigelben Uniformen, tauchten die flachen Stahlhelme immer wieder auf; rannten weiter, um im MG-Feuer liegenzubleiben. Es gelang den Neuseeländern nicht, zum Westrand des Dorfes durchzubrechen und dort ihre MG-Stellungen gegen den Flugplatz zu beziehen.

Zur gleichen Zeit traf die 8./GebJäg.Rgt. 100, die bereits am Abend des 21.5. bis zum Dorf Mulete, 5 km südlich vom Flugplatz Malemes, vorgegangen war und beiderseits der Straße eine Riegelstellung bezogen hatte, auf die von Paläochora vorstoßenden gegnerischen Vorhuten. Nach kurzem Feuerkampf zog sich hier der Gegner zurück, verfolgt von den Gebirgsjägern.

Die Gebirgsjäger gruben sich bei Anoskali ein, denn nun näherte sich das Gros der von Süden anrückenden zwei britischen Bataillone. Als dieses Gros auf die deutschen Stellungen traf, zog es sich nach einem kurzen Feuergefecht zum Südhafen von Paläochora zurück.

Am Morgen des 24. Mai fanden die an der Küste ankommenden Gebirgsjäger nichts mehr von dieser Kampfgruppe vor. Sie war offensichtlich von einem dort liegenden britischen Geleitzug aufgenommen und abtransportiert worden.

Es war genau 10.00 Uhr, am 22.5., als die ersten Ketten Ju 52 über dem Flugplatz Malemes einschwebten, um das I./GebJägRgt. 85 zu landen. Auch heute feuerten die englischen Batterien im Salventakt auf den Flugplatz. Dicke rote Staubwolken behinderten die Sicht. Abermals wurden Maschinen getroffen. Wieder gab es Tote und Verwundete.

Oft mußten die Transportmaschinen 15 Minuten lang über der Insel kreisen, bevor sie landen konnten. Mit ihren überlasteten Maschinen stürzten sie sich mitten in die Staubwolke, mitten in den Höllenschlund berstender Granateinschläge. Immer mehr Ju 52 fielen aus. Waren es am ersten Tag der Nachlandungen 20 Ju 52, so waren es am Abend des 22.5.1941 143 eigene Flugzeuge und eine Reihe von englischen Maschinen, die zertrümmert auf dem Flugfeld von Malemes und am Strand lagen. Die Leistungen der Transportgruppen waren einmalig. Lassen wir General der Gebirgstruppen, Julius Ringel, darüber berichten:*)

»In den 12 Tagen ihres Gesamteinsatzes vom Festland nach Kreta wurden 200 Ju 52 vernichtet, beschädigt oder blieben verschollen. Die Maschinen legten 2 400 000 Kilometer zurück. Sie beförderten 23 464 Mann, 539 Geschütze und Granatwerfer, 5358 Waffenbehälter, 711 Krafträder und 1 090 130 kg Nachschubgüter. Außerdem brachten sie 3173 Verwundete von Kreta auf das griechische Festland zurück. Noch nie hat eine ähnliche Bewegung durch die Luft stattgefunden. Noch nie war ein ganzer Feldzug in dieser Form geführt worden.«

Zwei Stunden nach Beginn der Landungen, gegen 12.00 Uhr, war das I./GebJägRgt. 85 gelandet und wurde Oberst Utz unterstellt. Er erhielt Weisung, im Vorgehen nach Süden die beherrschende Höhe 259, 2,5 km südlich Agya Marina, zu nehmen und – in weiter Umfassung nach Osten ausholend – dem Feind von Malemes-Dorf und östlich davon in den Rücken zu fallen. Gelang dieser Einsatz, dann wurde damit auch die noch immer auf den Flugplatz feuernde englische Batterie bei Modion erledigt. Von 12.00 Uhr bis 14.00 Uhr dauerte das Landen des I./GebJägRgt. 100, das sofort nach der Landung ebenfalls nach Süden eingesetzt wurde. Mit diesem Bataillon stürmte eine motorisierte Batterie der FschArtAbt. vor.

Gegen Abend landete das Gebirgs-Pionierbataillon 95 (Major Schätte). Ferner landete noch die Fallschirm-Artillerieabteilung unter Major Bode und Teile der Gebirgsartillerie.

Während die Pioniere der 5. Gebirgsdivision die Fallschirmjäger und die 7./GebJägRgt. 100 im Dorf Malemes ablösten, wurden die abgelösten Fallschirmjäger und Gebirgsjäger mit den anderen Kompanien des II./GebJägRgt. 100 (jetzt von Major Schury geführt) für den Angriff des kommenden Tages bereitgestellt.

Noch einmal versuchten in dieser Situation die Neuseeländer Malemes zurückzugewinnen – vergebens.

Um dieselbe Zeit landete eine weitere Kette Ju 52 auf dem Flugplatz. In einer der Maschinen befand sich Generalmajor Julius Ringel, nachdem das Gros seiner Division auf Kreta gelandet war.

*) In: Hurra die Gams.

Er übernahm unmittelbar nach der Landung die Gesamtführung über die Kreta-Westgruppe. Er wurde von General Schlemm, dem Chef des Stabes des XI. Fliegerkorps, in die große Lage, und von Oberst Ramcke in die Lage an der Front im Raum Malemes eingewiesen. Auch Oberst Utz erstattete seinem Divisionskommandeur Bericht.

Die englische Batterie bei Modion war bereits am Nachmittag von Stukas angegriffen und zum Schweigen gebracht worden. Generalmajor Ringel befahl nun, den Höhenrücken, der sich bei der Ortschaft Platanias-Agya Marina bis dicht an das Meer heranschob und die Straße einengte, im Angriff von Süden her zu nehmen. In der Lagebesprechung mit Oberst Ramcke wurde festgelegt, daß der Angriff im Küstenstreifen bis zu dieser Höhe vorgetragen werden sollte. Dann mußte man das Ergebnis des Angriffs der Gebirgsjäger auf die Höhe und die Einnahme der Höhe durch diese Kampfgruppe abwarten.

Als die Dunkelheit einfiel, war das Erforderliche getan, um die am 23.5. erfolgende Landung auf dem Flugplatz Malemes ohne Feindbeschuß durchführen zu können.

Am späten Abend dieses 22. Mai erreichte das I./85 die Höhe 263, 5,5 km südsüdostwärts Malemes. Das Bataillon hatte in sieben Stunden ganze 11 km zurückgelegt. Ihm folgte das I./100. Mühsam quälten sich die Gebirgsjäger über die Durststrecke hinweg. Mit schweren Traglasten kletterten sie über Ziegenpfade vorwärts zum Ziel.

Am Abend dieses Tages meldete der britische Armeebericht:

»In der Schlacht um Kreta hatten die Deutschen keine weiteren Erfolge, außer im Abschnitt Malemes, das als einziger Ort in ihrem Besitz ist. Die Verteidiger haben den Deutschen voraus, daß sie Tanks besitzen. Die Lage in Malemes muß als unentschieden angesehen werden. Der Flugplatz liegt unter unserem Feuer und wird dauernd angegriffen. Es besteht noch immer die Möglichkeit, daß die Deutschen von diesem einzigen Flugplatz vertrieben werden.«

In der fruchtbaren Niederung von Galatas und Chania saßen noch immer – wie ein Pfahl im Fleisch der britischen Verteidigung – die Fallschirmjäger des Regimentes 3. Oberst Heidrich versuchte unermüdlich, den englischen Umklammerungsring zu durchbrechen und mit der Westgruppe eine gemeinsame Front herzustellen. Gelang ihm dies, dann war die Einnahme von Chania und Suda nur noch eine Frage der Zeit.

Aber an dieser Stelle hatten Teile seines Regimentes hohe Verluste erlitten. Und noch immer waren die beherrschenden Höhen von Galatas in feindlicher Hand.

Als der dritte Tag in diesem Kampfabschnitt heraufdämmerte,

ging Hauptmann von der Heydte im Abschnitt seines I. Bataillons die Frontlinie ab. Nichts hatte sich in den vergangenen Nachtstunden geändert. Die einzelnen Kompanien, deren Verpflegung sehr knapp war, schickten Spähtrupps durch die verlassenen englischen Stellungen, um nach Lebensmitteln zu suchen. Dabei fand ein Suchtrupp der 3. Kompanie ein Grammophon mit einigen Schallplatten. So wurde nun im Dröhnen der Artillerie, die laufend ihre Feuerüberfälle durchführte, Tanzmusik gespielt.

Gegen Mittag tauchten wieder Stukaverbände auf, die die Suda-Bucht bombardierten. Explosionen zerrissen die Luft, graue Rauchwolken erhoben sich über der Bucht. Dort wurden die britischen Kriegsschiffe bombardiert.

Die Neuseeländer aber hielten ihre Höhenstellungen bei Galatas. Sie konnten von den Höhen auf das Zuchthaus Agya heruntersehen, wo der Regimentsgefechtsstand eingerichtet war. Solange sie dort auf der Höhe hielten, war eine Verbindungsaufnahme mit der Westgruppe unmöglich.

Oberst Heidrich befahl dem II. Bataillon, Galatas anzugreifen und die Höhen und Dörfer in Besitz zu nehmen. Die Werfer- und Panzerjäger-Kompanien des Regimentes wurden zur Unterstützung des II. Bataillons abgestellt. Der Angriff wurde für den 23. Mai befohlen.

Spähtrupps der Neuseeländer, die immer wieder gegen die Stellung des I. Bataillons vorfühlten, wurden abgewiesen. In einzelnen Geplänkeln verlief der Tag in diesem Abschnitt.

Im Kampfraum Rethymnon
Schwierige Lage bei Heraklion

Beim verstärkten I./FschJägRgt. 2 (Major Kroh) setzte am Morgen des 22. Mai das Infanteriefeuer des Gegners wieder ein. Dieses Vorbereitungsfeuer des 1. australischen Bataillons deutete auf einen bevorstehenden Angriff hin. Major Kroh ließ alle Kräfte zur Verteidigung der Ölfabrik in Stellung gehen. Der um 7.00 Uhr vorgetragene Angriff zweier australischer Kompanien auf die Ölfabrik wurde von einem Bataillon der 4. griechischen Brigade mit 2 Panzern des 7. Tank-Regimentes unterstützt. Bis auf wenige Meter kamen die vordersten Angreifer an die deutschen Verteidigungsstellungen heran. Die beiden Panzer, die zuerst eine gute Wirkung erzielten, wurden von dem erbeuteten Flakgeschütz außer Gefecht gesetzt. Der Angriff kam zum Erliegen. Um die noch im Niemandsland zwischen beiden Linien liegenden Schwerverwundeten bergen zu können, überbrachte der Gegner um 10.11 Uhr ein Waffenstill-

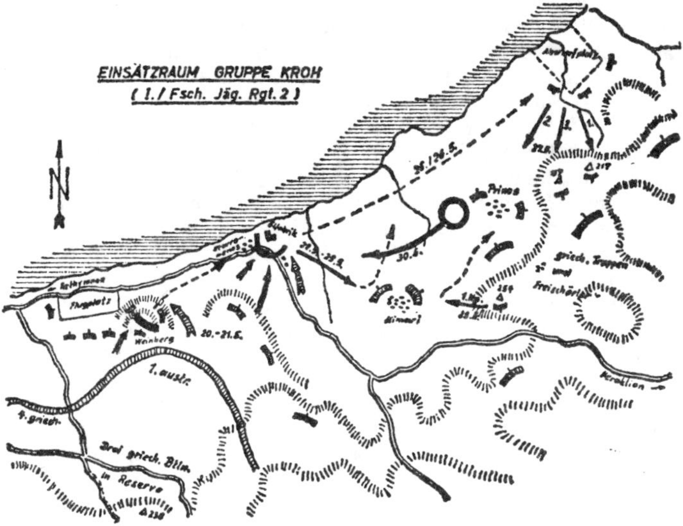

standsangebot. Major Kroh nahm das Angebot an. Die Waffen schwiegen, und auch deutscherseits wurden 50 Verwundete, von denen 35 schwere Verletzungen erlitten hatten, zum Verbandsplatz zurückgeschafft. 70 verwundete deutsche Fallschirmjäger wurden durch englische Sanitätsmannschaften in dem aufgegebenen Gelände geborgen und versorgt.

Um 14.00 Uhr erteilte Major Kroh Oberleutnant Rosenberg den Auftrag, als Parlamentär zu dem britischen Befehlshaber dieses Abschnitts zu gehen und ihn zur Kapitulation aufzufordern.

Der Gegner lehnte – was vorauszusehen war – Verhandlungen über eine Kapitulation ab. Um 14.23 setzte das Artilleriefeuer wieder ein. Eigene Pak und Flak erwiderten das Feuer. Ein am Strand mit Munition gefundener Granatwerfer wurde bemannt und bekämpfte die feindliche Artilleriestellung erfolgreich.

Während des ganzen Tages aber hielt das Gewehrfeuer der Baum- und Heckenschützen an, die sich aus dem Raum der Höhe 254 – südwestlich der Ölfabrik – und aus dem Raum Kimari anschlichen. Die Kampfgruppe Kroh hielt sich in ihren Stellungen.

Im Abschnitt der Kampfgruppe Wiedemann, wo sich das verstärkte III. Bataillon in den Stellungen um Peribolia zur Verteidigung festgesetzt und am Nachmittag des 21. 5. noch durch 6 Ju 52 Nachschub an Munition erhalten hatte, begann der Morgen des 22. Mai ebenfalls mit schwerem Artilleriefeuer. In die Angriffsvorbereitungen des Gegners hinein fiel ein deutscher Stuka-Angriff, der von der Gruppe Wiedemann durch Sichtzeichen und Richtungspfeile dirigiert wurde und durchschlagende Wirkung erzielte. Ein Angriff gegen die Kapellenhöhe, südlich Peribolia, wurde von der 11. Kompanie blutig abgewiesen. Eine Stunde später griff der Gegner in Bataillonsstärke von Südosten her an. Der Kampf tobte bis 18.42 Uhr, ehe er mit einer blutigen Niederlage für die Angreifer endete. Zwanzig Minuten später griffen die Australier ein drittes Mal an. Während dieses Angriffs schossen sie erbeutete deutsche Leuchtkugeln und riefen damit in der beginnenden Dämmerung große Verwirrung hervor. Schließlich wußte niemand mehr, wo Freund oder Feind stand.

Die Australier brachen in die deutschen Stellungen ein. Die Fallschirmjäger mußten sich bis Peribolia, dann sogar bis zur Straße zurückziehen, die durch den Nordteil von Peribolia, entlang der Küstenlinie von Westen nach Osten verlief. Hier setzten sich die Fallschirmjäger fest. Von hier aus stießen immer wieder neue, zum letzten entschlossene Gruppen nach Süden vor. Im Häuserkampf wurden die Australier zurückgeworfen. Meter um Meter wurde dem zäh ringenden Gegner der eroberte Streifen wieder entrissen. Um 21.40 Uhr war Peribolia frei; in der Nacht wurde die alte HKL wieder hergestellt.

Während dieser Kämpfe entwickelte sich die Lage bei der 9. Kompanie auf der Kapellenhöhe äußerst ungünstig. Unter schwerem Beschuß liegend, erlitt sie durch das Feuer von Westen und Osten Verluste. Im Schutz dieser Feuerglocke griffen die Engländer die Höhe an. Sie arbeiteten sich geschickt bis in Einbruchshöhe vor und brachen in dem Augenblick, als die Front um Peribolia zurückgenommen wurde, in die Stellungen der nunmehr isoliert liegenden 9. Kompanie ein.

Die Kompanie mußte sich aus ihren Außenbastionen auf den zentral gelegenen Friedhof zurückziehen. Hier richtete sie sich zur Rundumverteidigung ein.

Etwa um die gleiche Zeit erreichte Oberleutnant Begemann, aus Peribolia kommend, die Kapellenhöhe und berichtete, daß das gesamte Bataillon zerschlagen sei und daß er beabsichtige, nach Westen durchzubrechen, um die Kampfgruppe Kroh zu erreichen. Während Leutnant Kühl mit einem Teil der 9. Kompanie weiterhin den Friedhof verteidigte, brach Oberleutnant Begemann mit den übrigen Männern nach Westen aus. Er geriet in das Feuer der 11. Kompanie, die einen Feindangriff vermutete.

Beide Seiten erlitten Verluste, ehe sich herausstellte, daß hier Deutsche auf Deutsche schossen.

Dann griffen die Briten mit allen Kräften den Friedhof an. Sie gelangten bis auf Handgranaten-Wurfweite an die Mauern heran. In dem folgenden Handgranatenduell erlitten auch die Verteidiger hohe Verluste. Schließlich raffte Leutnant Kühl eine Handvoll Fallschirmjäger zusammen und ging zum Gegenstoß vor.

Diese wenigen Männer schafften es. So unerbittlich hart war ihr Gegenstoß, daß der Gegner wie vor einem Naturereignis davonlief. Die Kirchhofshöhe war noch einmal gerettet.

Als der Abend des 22. Mai niedersank, hatte diese Stelle kretischen Bodens blutige und verlustreiche Kämpfe gesehen, bei denen es weder Sieger noch Besiegte gegeben hatte.

Hier bei Rethymnon standen deutsche Fallschirmjäger in einem schier aussichtslosen Kampf. Alles, was sie tun konnten, war: der Vernichtung zu entgehen, Widerstand zu leisten und damit starke Feindkräfte an dieser Stelle zu binden.

Auch für das Fallschirmjäger-Regiment 1 im Raum Heraklion war der 22. Mai 1941 ein Tag bitterer Entschlüsse und ebenso bitteren Einsatzes. Am Vormittag dieses Tages kam ein britischer Parlamentär zur Kampfgruppe Schulz. Er überbrachte eine Botschaft des britischen Kommandanten von Heraklion. Major Schulz las seinen Männern die Botschaft vor. Sie lautete:

»Deutsche Fallschirmjäger!

Sie haben tapfer gekämpft. Aber jetzt ist jeder weitere Kampf

KAMPFGRUPPE WIEDEMANN
(III Fsch. Jäg. Rgt. 2)

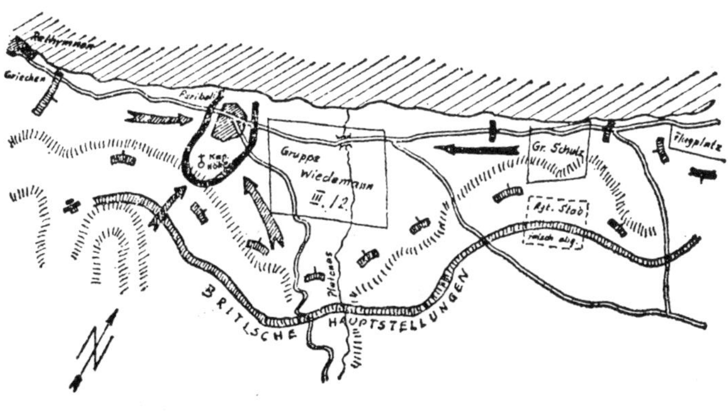

sinnlos geworden. Sie sind die einzige kleine Gruppe auf der ganzen Insel, die noch nicht vernichtet wurde. Ihr weiterer Widerstand ist sinnlos. So sehr ich Ihren Mut anerkenne, fordere ich Sie jetzt auf, sich ehrenvoll zu ergeben. Sie werden gut behandelt werden.«

Mit ein paar Worten als Antwort schickte Major Schulz den Parlamentär wieder fort. Diese Antwort lautete:

»Die deutsche Wehrmacht hat den Auftrag, Kreta in Besitz zu nehmen. Sie wird diesen Auftrag ausführen!«

Wenig später gelang es dem Nachrichtenoffizier des III./FschJägRgt. 1 Verbindung mit dem Regiment zu erhalten. Oberst Bräuer erteilte dem Bataillon Weisung, mit einem Teil des Bataillons an der Stelle, wo es sich befand, die Straße nach Westen zu sperren. Die Eroberung von Heraklion wurde zurückgestellt. Wichtig war, daß das gesamte Regiment sich vereinigte. Und zu diesem Zweck sollte das III. Bataillon mit seiner Hauptgruppe, die Stadt nach Südosten umgehend, zur Höhe 491 vorstoßen und die englische Batterie wegnehmen, die von dort aus in das Gros der Kampfgruppe Oberst Bräuer hinunterfeuerten.

In der Gruppe, die an der Straße zurückblieb, standen auch die Leichtverwundeten, die nicht ins Lazarett gingen, sondern hier – wo jedes Gewehr wichtig war – verteidigen wollten.

Mit dem Gros marschierte Major Schulz nach Einbruch der Dunkelheit los. Es galt, die Hauptstraße zweimal zu überqueren und dann die Gebirgskämme und Schluchten zu passieren, um endlich die Höhe 491 angehen zu können. Alle diese Hindernisse wurden vom Bataillon Schulz überwunden. Erst im Morgengrauen des 23. Mai wurde in einer schroffen, nicht einzusehenden Schlucht eine erste Rast eingelegt. Am Abend des 23. Mai wollte Major Schulz die Höhe angehen.

In dem Bergdorf Tselikakä richtete Oberarzt Dr. Langemeyer den Verbandsplatz für das Bataillon Schulz und das Bataillon Schirmer ein, das sich den ganzen 22. 5. hindurch mit griechischen Freischärlern herumschoß. Hierher wurde auch Oberarzt Dr. Kirsch gebracht, der am 20. Mai westlich Heraklion gesprungen und durch Brustschuß verwundet worden war.

Als die ersten Ruhr-Erkrankungen auftraten und weitere Kranke am Papadatschifieber litten, das auch mit durchfallähnlichen Krankheitserscheinungen aufwartete, wurde ein Artikel knapp, an den niemand in der vorbereitenden Phase gedacht hatte.

Sofort ließ Oberarzt Dr. Langemeyer einen offenen Funkspruch an den Korpsgefechtsstand in Athen tasten, in dem er um »Klosettpapier« bat. Stundenlang wurde auf der Funkstelle des XI. Fliegerkorps nachgesucht, was für eine Bewandtnis es mit dem »Schlüsselwort« Klosettpapier habe. Das Problem beschäftigte – angefangen bei Oberstleutnant Dr. Weyland, dem Nachrichtenführer, bis zum Funker zwo, der den Spruch aufgefangen hatte – jeden Mann. Bis man schließlich darauf kam, daß *das* gemeint sein könnte, was da ausgesprochen worden war.

Mit den nächsten Verpflegungsbomben kam dann eine mit dem ersehnten Inhalt. Mehrfach wurde auch der Verbandsplatz von deutschen Aufklärern angeflogen. Diese warfen Zettel ab mit der Aufschrift:

»Achtung!

Zu welchem Bataillon gehört ihr?

Legt zur Erkennung, ob eigene Truppen, sofort die beiden letzten Buchstaben eures Bataillonskommandeurs aus.«*)

Die Sanitätsdienstgrade legten sofort aus:

»SK 2!« (Das heißt: Sanitätskompanie 2.)

Die nachfolgenden Ju 52 warfen dann den Nachschub an genau der richtigen Stelle.

Auf dem Hauptverbandsplatz arbeitete Dr. Langemeyer Tag und Nacht. In den Nächten mußte unter Taschenlampenlicht operiert werden. Es war eine Zeit der Improvisation.

Als zum Beispiel wenige Tage später, am 26.5.1941, zwei schwere Kieferverletzungen eingeliefert wurden, ging Dr. Langemeyer zu Oberarzt Kirsch, um sich Rat für die Operationen zu holen. Als er wieder zurückging und die Operation durchführte, folgte ihm der schwerverwundete Oberarzt, der Zahnarzt und Chirurg war, und sah sich nach den inzwischen Operierten um. Als dann in den nächsten zwei Tagen Oberarzt Dr. Langemeyer vorn bei der um Heraklion kämpfenden Truppe war, führte Oberarzt Dr. Kirsch selbst einige unbedingt notwendig gewordene Operationen durch. Bei diesen Operationen wurde er mehrere Male fast ohnmächtig. Mit eiserner Energie, ohne Rücksichtnahme auf seinen eigenen Zustand, sprang er aber immer wieder helfend ein, bevor er am 30. Mai auf das Festland überführt werden konnte.

Der vierte Tag
Alliierte Stimmen zur Schlacht
Einsatzraum Malemes

Am Morgen des 23. Mai 1941, dem vierten Tag des Kampfes um Kreta, gab die offizielle englische Nachrichtenstelle folgendes bekannt:

»Der Ruf der deutschen Wehrmacht steht in Kreta auf dem

*) Siehe Anlage 5.

Spiel. Die Luftangriffe wachsen an Heftigkeit an. Neue Wellen deutscher Fallschirmjäger und Luftlandetruppen (gemeint sind damit die Gebirgsjäger) sind gelandet, schwere Kämpfe im Gange.«

Am gleichen Tag sprach abermals Sir Winston Churchill. Er führte über den Kampf um Kreta aus:

»Die heftigen Kämpfe dauern weiter an. Die Deutschen haben einige örtliche Erfolge errungen. Anscheinend sind sie nun im Besitz des Flugplatzes Malemes, jedoch liegt der Flugplatz ständig unter unserem Feuer. Die gesamte Küste dieses Abschnitts ist nach wie vor fest in unserer Hand. In Anbetracht des ausgesprochenen Nachteiles, unter dem die Jagdflugzeuge der britischen Luftwaffe seit Beginn des Angriffs auf Kreta operieren mußten, faßten die Kommandeure auf der Stelle den Entschluß, die noch auf Kreta befindlichen Flugzeuge zurückzuziehen. Die andauernden Sturzkampfflieger-Angriffe ohne Abwehr durch die Jagdflugzeuge bedeuten eine schwere Belastungsprobe für die Verteidiger.«

Aus Kairo, General Wavells Hauptquartier, lautete der Heeresbericht des 23.5.1941:

»Britische und neuseeländische Truppen, unterstützt von griechischen, haben am Mittwoch in hervorragendem Angriffsgeist die Kämpfe fortgesetzt. Drei Gegenangriffe unserer Verbände brachten vollen Erfolg. In allen Kampfabschnitten übertreffen die äußerst schweren Verluste des Gegners selbst die des Dienstags. Bei Anbruch der Nacht war die Lage in allen Kampfgebieten mit Ausnahme bei Malemes für uns zufriedenstellend. Operationen gegen Malemes, wo der Gegner den Flugplatz in Besitz genommen hat, sind bereits eingeleitet.«

Der Flugplatz Malemes war seit dem Nachmittag des 21. Mai in Betrieb. Und die englischen Befürchtungen, daß der Weg für weitere deutsche Truppennachlandungen freigemacht war, hatte sich bewahrheitet.

Im Verlauf des 23. Mai sollte die große Wende eintreten, der Zeitpunkt, da Fallschirmjäger und Gebirgsjäger Schulter an Schulter aus der Verteidigung zum Angriff übergehen würden, dem Ziele entgegenstürmend: die Besetzung der Insel.

In den frühen Morgenstunden des 23.5. bemerkte Hauptmann Gericke von seinem Gefechtsstand aus Rückzugsbewegungen des Gegners. Er stieß deshalb aus eigenem Entschluß beiderseits der Straße nach starker Feuervorbereitung zum Angriff vor.

Die Kampfgruppen Schmitz und Stentzler schlossen sich – nach rechts an das IV. Bataillon angelehnt – diesem Angriff sofort an. Von Schlucht zu Schlucht, von Höhe zu Höhe stießen die Fallschirmjäger vor. Das gesamte Höhengelände bis westlich Platanias

EINSATZRÄUME der 2. neuseel. DIVISION

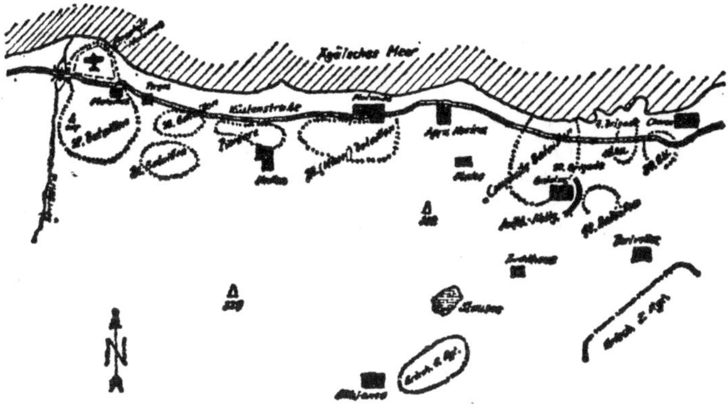

fiel in diesem Sturmlauf den Angreifern zu. Damit waren hier die letzten Batterien der Engländer ausgeschaltet. Zur Unterstützung dieses Angriffs wurden vom II. Bataillon ebenso wie vom IV. Bataillon erbeutete englische Flakgeschütze mit großem Erfolg gegen Widerstandsnester eingesetzt.

Auch am 23. Mai unterstützte die Fallschirm-Artillerieabteilung das Vorgehen der Kampfgruppe Gericke. Mitten im Vorwärtsstürmen erhielt die Kampfgruppe Weisung, nicht über die Höhe, ca. 1 km westlich Platanias, hinaus vorzustoßen.

Doch die Spitzengruppe, in der Pak und Fla-MG unter der Führung von Oberleutnant Trebes vereinigt waren, stürmte noch über dieses Ziel hinaus. Sie erreichte den Bachgrund westlich Platanias und blieb hier an der Straße liegen. Es erwies sich dann, daß diese Stellungen sehr ungünstig waren. Den ganzen Tag über feuerte der Gegner aus Platanias und aus den Feuerstellungen östlich Platanias in diese am weitesten vorgeprellten Teile der Kampfgruppe Gericke hinein.

Die Reste des I. Bataillons wurden, mit Versprengten anderer Einheiten zusammen, zu zwei Kompanien von jeweils 80 Mann neu zusammengefaßt. Oberleutnant Stoltz übernahm diese zwei Kompanien und führte sie als Kampfgruppen-Reserve hinter das II. Bataillon (Stentzler). Die Kampfgruppe Schmitz wurde ebenfalls herausgezogen und hinter den rechten Flügel der Kampfgruppe Gericke geführt. Sie erhielt den Auftrag, den Küstenschutz bis hinunter zum Flugplatz Malemes zu übernehmen.

Die FschArtAbt., die am Vortag dem Artilleriekommandeur der Gebirgsjäger unterstellt war, schloß mit einer Batterie im Abschnitt der Gruppe Ramcke auf. Sie errichtete beim derzeitigen Regimentsgefechtsstand, 500 m nördlich der Kirche von Modion, eine neue B-Stelle.

Offiziell übernahm am Morgen des 23.5.1941 Generalmajor Ringel die Führung der Gruppe West. Alle östlich Malemes stehenden Fallschirmtruppen wurden mit Tagesbeginn zur Gruppe Ramkke zusammengeschlossen. Am Abend dieses Tages kämpfte die Gebirgsartillerie der Gebirgsjäger gemeinsam mit der Fallschirmartillerie die bei Platanias stehenden Geschütze des Gegners im zusammengefaßten Feuer nieder. Als die Dunkelheit einfiel, waren diese Geschütze zum Schweigen gebracht. Nur die B-Stelle des Gegners konnte nicht getroffen werden. Sie lag, wie festgestellt wurde, auf der Südspitze der Insel Theodori. Am Abend erließ Oberst Ramcke folgenden Befehl für den nächsten Tag:

»Einrichten in der erreichten Linie in der Nacht. Halten dieser Linie bis zum frühen Morgen. Angriff am 24. Mai beginnt erst, wenn die angesetzte Umfassung der 5. Gebirgs-Division in Richtung Agya Marina zur Auswirkung kommt. Kampfkräftige Spähtrupps klären am frühen Morgen vor dem Abschnitt des IV. Bataillons auf. Einweisung der Bataillonskommandeure erfolgt durch Oberst Ramcke persönlich im Gelände.«

Wenig später erschien Oberst Ramcke in der vordersten Linie. Er gewann hier folgenden Eindruck von dem Gelände:

»Von dem auf einem Felsvorsprung nahe der Küste gelegenen Dorf Platanias zieht sich nach Süden ein gezackter Gebirgskamm bis zur Höhe 259 hin. Westlich dieser Gebirgsrippe verläuft in einem breiten Tal ein Flußbett. Die Westhänge dieses Gebirgszuges sind terrassenförmig mit kaum zu erkennenden ausgezeichneten Stellungen, besonders südlich der Straße, ausgebaut. Diese Stellungen sind ohne Frage die Hauptverteidigungsstellung westlich von Chania. Ein frontaler Angriff gegen diese Stellungen kann erst dann erfolgen, wenn die Umfassung der Gebirgsjäger über die Höhe 259 gegen Agya Marina sich auswirkt.«

Diesen Ergebnissen zufolge erhielt das II. Bataillon Weisung, erst anzutreten, wenn die Gebirgsjäger den Höhenkamm 259 in nördlicher Richtung überschritten haben und eine Lockerung des Gegners sich bemerkbar mache. Das Angriffsziel wurde dem Bataillonskommandeur im Gelände gezeigt.

Das Bataillon Gericke, das die Ebene beiderseits der Straße zu überwinden hatte, sollte erst auf den Befehl des Kampfgruppenführers antreten.

Noch am späten Nachmittag und Abend wurde unter Ausnutzung des im Rücken stehenden Sonnenlichtes durch direktes Feuer mit erbeuteten 4,7-cm-Flakgeschützen, der eigenen 3,7-cm-Pak und der 2-cm-Fla-MW, mit Panzerbüchsen und einer Batterie der FschArtAbt. die einzelnen, nun gut erkennbaren MG-Nester und Schützennester der Engländer wirksam herausgeschossen.

Die Nacht verlief nach abflauendem gegnerischem MG- und Gewehrfeuer, das sich bis in die Dunkelheit hineinzog, ruhig.

Als am Morgen die Gruppe Ramcke vorging, fand das II. Bataillon unter Major Stentzler keinen größeren feindlichen Widerstand. Die Olivenhaine und kleinen Dörfer wurden im Vorgehen nach Osten durchgekämmt, und das Bataillon gewann die vorgesehene Höhe südsüdwestlich von Platanias. Der für den Spätnachmittag vorgesehene Angriff auf die östlichen, gegenüberliegenden Höhen wurde auf den nächsten Morgen verschoben. Das Bataillon hatte 1 Toten, 9 Verwundete, 4 Vermißte.

Die am Nachmittag des 22. Mai neu aufgefüllte 3./FschJägRgt., die sich in Tavronitis auf Befehl von Oberst Ramcke in Stärke von 1/9/43*) bereithielt, wurde am Abend des 22.5. dem II. Bataillon unterstellt. Oberarzt Weizel, der neue Kompanieführer, führte sie am 22.5. um 18.00 Uhr zum neuen Regimentsgefechtsstand auf der Höhe 107, wo sie um 22.35 Uhr eintraf. Sie erhielt Weisung, am folgenden Tag die Höhen von Pyrgos südlich Malemes anzugreifen. Angriffsbeginn war 10.00 Uhr.

Bei Angriffsbeginn um 10.10 Uhr gelang es der Kompanie nicht, mit dem linken Flügel Verbindung aufzunehmen, der von der Kompanie Scheifele besetzt war, weil das IV. Bataillon selbständig vorgestoßen war. Nach Überschreiten mehrerer Höhenrücken erreichte die 3. Kompanie gegen 13.00 Uhr das Dorf Isichtos. In diesem Dorf befanden sich acht deutsche Verwundete und zahlreiche verwundete Engländer. Da eine Verbindungsaufnahme mit dem II. Bataillon nicht möglich war, schickte Oberarzt Weizel den 1. Zug zur Sicherung vor. Der 2. Zug durchsuchte das Dorf nach Engländern, während der 3. Zug die gefundenen Fahrzeuge zum Abtransport der Verwundeten klarmachte. Eine Stunde darauf traf Major Stentzler in dem Dorf ein. Er erteilte der Kompanie Befehl, mit dem vorgeschobenen 1. Zug Verbindung zum II. Bataillon aufrechtzuerhalten. Die übrigen zwei Züge sollten den Abtransport der Verwundeten sicherstellen. Im weiteren Verlauf des Tages marschierte die 3. Kompanie nach Modea zum Regimentsgefechtsstand. Oberarzt Weizel meldete si chbei Oberst Ramk-

---

*) 1 Offizier, neun Unteroffiziere, 43 Mannschaften.

ke. Der Oberst gab ihm bekannt, daß die Kompanie Regimentsreserve bilden sollte.

Das zerschlagene I./Fallschirmjäger-Sturmregiment, das von Oberstabsarzt Dr. Neumann geführt wurde, erreichte im Verband des II. Bataillons am 23. 5. gegen 17.00 das südöstlich von Malemes gelegene Dorf Modea. Das Bataillon hatte an beiden Tagen keine Verluste.

Das am 22. 5. 1941 gelandete und bei Tavronitis eingesetzte Luftlandelazarett hatte am 23. 5. ab 6.00 laufend Verwundete zu versorgen. Insgesamt wurden am 23. 5. 200 Verwundete versorgt. Gleichzeitig damit wurde der Abtransport mit den abfliegenden Ju 52 eingeleitet. Es war möglich, durch eigene Kräder mit Beiwagen und Anhänger und durch vorbeikommende Lkw, die Verwundeten auf aufgesetzten Tragen zu dem ca. 1 km entfernten Flugplatz zu fahren.

In Tavronitis befand sich, nur drei Häuser vom Luftlandelazarett entfernt, ein englischer Verbandsplatz mit 4 Ärzten und 24 Mann Personal, darunter Dolmetscher, Geistliche und ein Inspektor, die die dort liegenden Verwundeten versorgten. Auf die Bitte der englischen Ärzte hin wurden ihnen mehrfach Arzneimittel und Verbandsmaterial überlassen. Grundsätzlich wurden auch die verwundeten Griechen oder Engländer nach der ersten Versorgung zu den Engländern übergeführt.

Während das Luftlande-Feldlazarett den HVP in Tavronitis übernommen hatte, richtete die Sanitätskompanie Dietzel in Malemes einen neuen HVP ein. Um 14.00 Uhr war die Einrichtung durchgeführt, und der Rest der Kompanie räumte den alten HVP bei Camissiana.

Im Verlauf dieses Tages trafen noch einige Versprengte der Sanitätsgruppe Hartmann ein, so daß insgesamt 17 Mann der 2./FschSanAbt. zur Kompanie Dietzel gestoßen waren. Die Verluste der Gruppe Hartmann beliefen sich nunmehr auf 51 Mann. Die Kompanie Dietzel erhielt 5 Nachschubkörbe Verbandsmaterial, die mit Ju 52 auf dem Flugplatz ausgeladen worden waren.

Erst am 23. Mai konnten auch die Verwundeten des III. Bataillons geborgen werden, als mit Fortschreiten des Angriffs in Richtung Pyrgos gegen 11.00 Uhr der Absprungplatz des III. Bataillons freigekämpft wurde. Die Mehrzahl der befreiten Gefangenen – es waren 35 – war in britischer Gefangenschaft ärztlich versorgt worden. Nach ihren Berichten war die Behandlung durch die neuseeländischen Truppen einwandfrei.

Die sofort vorgenommenen Wundrevisionen ergaben jedoch, daß die Art der Versorgung keineswegs deutschen Ansprüchen genügte. Man hatte sich in der Hauptsache auf das Anlegen der an sich vorzüglichen Verbandspäckchen beschränkt. Jedoch wurde keine

Wundtoilette vorgenommen. In einigen Fällen gelangte entfettete und wohl auch sterile Watte direkt auf die Wunde. Wundstarrkrampfserum wurde überhaupt nicht gespritzt.

Nach Aussagen eines wenig später in Gefangenschaft geratenen neuseeländischen Sanitätsoffiziers ermangelte es diesen Teilen der britischen Armee an größeren Beständen dieses Serums und anderen Seren.

Nach ausgiebiger konservativer Behandlung und chirurgischer Versorgung wurden diese Verwundeten sofort zum Flugplatz abtransportiert.

Gebirgsjäger im Einsatz – Sturm auf Kastelli – Truppen-Nachlandungen

Von seinem Gefechtsstand aus setzte Generalmajor Ringel am Morgen des 23. Mai die Gebirgspioniere unter Major Schütte ein. Die Pioniere erhielten Auftrag, auf die kleine Hafenstadt Kastelli vorzugehen und sie zu nehmen. Damit sollte die Absicherung des Flugfeldes von Malemes nach Westen gewährleistet werden, denn noch immer landeten dicht hintereinander die Gebirgsjäger auf dem Flugplatz.

Kastelli wurde von griechischen Verbänden und einigen Zügen Australier verteidigt, die sich auf den Höhen um Kastelli in guten Stellungen verschanzt hatten. Hier war am 20. Mai der Zug Mürbe gesprungen und fast völlig vernichtet worden.

Die Übermacht, der sich Major Schätte gegenübersah, war erdrückend. Hinzu kam, daß die Feindstellungen vorzüglich ausgebaut und fast uneinnehmbar waren. Major Schätte forderte über Funk einen Stukaangriff an, der sofort zugesagt wurde. Während die Gebirgspioniere aus ihren provisorischen Stellungen auf die Verteidiger von Kastelli feuerten, warteten sie auf das Eintreffen der Stukas. Endlich kamen sie. Die Griechen, die Australier und Neuseeländer, die hier verteidigten, wollten ihre Stellungen verlassen, doch das MG-Feuer der Gebirgspioniere hielt sie am Boden fest.

Die ersten Stukas heulten den Befestigungen entgegen. Sie warfen ihre Bomben mitten in die Stellung des Gegners hinein. Gewaltige Rauchsäulen, wilde Munitionsexplosionen dröhnten durch den Nachmittag des 23. Mai. Dann kamen noch Kampfflugzeuge. Sie kreisten, suchten sich die Stellungen aus und stießen darauf nieder. Aus Bordwaffen feuernd, ihre kleinen Bomben werfend, zerschlugen auch sie die gegnerischen Stellungen. Dann warf die letzte

Maschine das rote Leuchtzeichen, welches das Ende des Bombardements anzeigte.

An der Spitze seines Bataillons trat Major Schätte nun zum Angriff an. Von der Höhe rechterhand von Kastelli leuchtete der Bau einer byzantinischen Kirche mit wuchtigen Umfassungsmauern herunter. Von dort aus peitschte MG-Feuer den anstürmenden Gebirgsjägern entgegen. Hauptfeldwebel F. führte die Angriffsgruppe gegen die Kirchenhöhe. Lassen wir ihn hier berichten:*)

»Wunderbar getarnt, haben die Griechen diese Kirche zu einer Festung ausgebaut und schießen auf uns, was das Zeug hält. Dieser tackernde Klang kommt uns bekannt vor. Haben die Griechen unsere MG? Nun, wir werden ja sehen. Der hohe Wein gibt uns vorerst gute Deckung. Unter Ausnutzung jeder Mulde arbeiten wir uns sprungweise vor; unsere MG geben uns Feuerschutz. Immer enger umschließen zwei Züge diese befestigte Stellung. Schon fliegen die ersten Handgranaten über die Mauer. Die vordersten unserer Soldaten springen heran, dann ist es eine ganze Gruppe. Sie jagt vor gegen die aus Mauerlöchern schießenden Griechen. Im letzten Sprung sind wir drinnen. Da wird auf der Mauer eine weiße Fahne geschwenkt.«

Die Gebirgsjäger fanden hier oben griechische Soldaten und kretische Zivilisten. Eine Durchsuchung förderte Waffen aller Art zutage, darunter auch deutsche MG und Maschinenpistolen.

Während diese Kampfgruppe ihr Ziel erreicht hatte, stürmte das Gros des Bataillons unter Major Schätte auf die große Fabrik von Kastelli vor. Auch hier wurden die Angreifer mit deutschen Waffen beschossen. Freischärler liefen mit Hakenkreuz-Fliegertüchern herum und stifteten Verwirrung. Die Fabrik wurde im konzentrischen Angriff genommen. Vor dem Ostrand von Kastelli und den südöstlichen Höhen jedoch kam der Angriff zum Erliegen. Der linke Flügel kam nur noch schrittweise vorwärts. Die Verluste mußten sehr hoch werden, wenn der Durchbruch erzwungen würde.

So faßte Major Schätte den Entschluß, mit einer Handvoll entschlossener Pioniere die Stadt zu umgehen und von Norden nach Kastelli einzudringen. Diese Umgehung gelang. Major Schätte und seine Stoßgruppe kam nach Kastelli durch. Im erbitterten Häuserkampf wurde die Stadt genommen.

Plötzlich meldete sich eine Frau bei Major Schätte, um ihm zu berichten, daß deutsche Gefangene in der Polizeikaserne säßen. Sofort stürmte das Bataillon zu der Kaserne.

Als sie in die Kellerräume einbrachen, stießen sie auf drei neuseeländische Offiziere, die mit gezogenen Pistolen verhindert hatten, daß die griechischen Freischärler die gefangenen Fallschirm-

---

*) Aus: Gebirgsjäger auf Kreta.

jäger ermordeten. Einer dieser Offiziere sagte: »Gut, daß ihr da seid! Lieber als Gefangene von der Insel gehen, als ein solches Massaker zu dulden.«

Ein Lichtblick in dem an unerbittlichen Kämpfen reichen Geschehen auf der Insel. Es waren die zwanzig überlebenden Fallschirmjäger des Zuges Mürbe, die hier befreit wurden.

Die Stadt wurde gesäubert. Major Schätte hatte seine Aufgabe erfüllt. Der Raum Malemes war nach Westen hin gesichert.

Da die aus dem Raum Malemes entkommenen Griechen, Freischärler und Soldaten sich nach Süden wandten, in dem Bestreben, sich in die Weißen Berge zurückzuziehen, die sich bis zu 2500 m erhoben, schickte General Ringel eine Pionier-Kampfgruppe, verstärkt durch Panzerjäger und Kradschützen, zur Verfolgung der Gegner über Kandanos bis zum Hafen Paläochora an der Südküste hinterher.

Den ganzen 23. Mai hindurch stand diese Kampfgruppe, vorwärtsstürmend, im Kampf mit Freischärlern. Am Abend waren nur noch wenige Kilometer bis zur Südküste zurückzulegen. Die Gebirgsjäger waren den ganzen Tag über nicht auf reguläre britische Truppen gestoßen. Es sah so aus, als hätte der Gegner den Westteil der Insel aufgegeben.

Während die Fallschirmjäger seit den ersten Tagesstunden des 23. 5. beiderseits der Straße Agya-Marina-Platanias vorstießen, marschierte das I./GebJägRgt. 85 bereits seit dem 22. 5. der wichtigen Höhe 259 von Agya-Marina entgegen, im Sechsstundenabstand gefolgt vom I./100. Beide Bataillone hatten Weisung, diesen Felsriegel bei Agya-Marina von der Flanke her anzugreifen und zu nehmen.

Schon um 6.00 Uhr des 23. 5. erhielt General Ringel die Meldung, daß Major Dr. Treck mit seinem I./85 das Ziel erreicht habe. Wenig später aber kamen dem Stab der 5. Gebirgsdivsion doch Bedenken, denn die Höhe 259 war einzusehen und keine Granateinschläge zeigten eine Reaktion des Gegners an, keine Leuchtkugel stieg dort empor. Gegen Mittag traf ein Ordonnanzoffizier des I./85 ein und wiederholte die Meldung:

»Das I. Bataillon steht auf der Höhe 259 und wartet auf weitere Befehle.« Nun machte sich Oberst Utz persönlich auf den Weg dorthin. Inzwischen war der Angriff der Fallschirmjäger über das Dorf Modion hinaus vorgetragen worden. Dort war eine Kompanie des I./85, von Süden vorstoßend, bis an die Straße herangekommen. Mit dem Krad rollte Oberst Utz durch die Talsenke zwischen den Höhen des Dorfes Wryses und der Riegelstellung von Agya-Marina nach Südosten zur Höhe 259. Während der Fahrt wurde er laufend aus den Höhen der linken Flanke beschossen. Das Beiwagenkrad fuhr durch eine ausgetrocknete Wasserrinne. Die Situation spitzte sich zu. Bis endlich die Gebirgsjäger von den rechts aufragenden Höhen herunter das Feuer des Gegners erwiderten. Und nun konnte Oberst Utz sehen, wie die Meldung entstanden war. Die Gebirgsjäger hielten nicht die Höhe 259 besetzt, sondern eine gegenüberliegende Höhe östlich Wryses, die von den Gebirgsjägern für den anzugehenden Punkt gehalten worden war. Es galt nun, schnell zu korrigieren, denn die dritte Gruppe der Umfassungswelle, das II./GebJägRgt. 100 unter Major Schury, war schon seit 7.00 Uhr unterwegs. Das Bataillon sollte bis zur Niederung südlich der Höhe 259 vorstoßen und dort Verbindung mit den Fallschirmjägern des Regiments 3 (Oberst Heidrich) aufnehmen. Da die Höhe 259 also noch nicht von eigenen Kräften besetzt war, bestand die Gefahr, daß das II./100 in einen Hinterhalt geriet.

Oberst Utz ließ sofort die 1. Kompanie seines Regimentes zusammenziehen und setzte sie unter dem Kommando von Oberleutnant Pröhl gegen die Höhe 259 an. Bei sengender Hitze arbeiteten sich diese Männer die 4 km über Geröllfelder, Höhen, Stachelgebüsch und durch Schluchten vorwärts. Sie wußten, worum es ging. Eisern standen sie diesen strapaziösen Marsch durch, und am späten Nachmittag erreichten sie die steilen Südhänge der Höhe 259 und begannen den Aufstieg.

Als diese Kompanie das Plateau erreichte, hatte sie über Bodenwellen und Felsklötzen hinweg direkten Einblick auf die Ortschaft Platanias. Vor ihr leuchtete das Meer in dunkler Bläue herauf.

Aus der Küstenniederung drang heftiger Gefechtslärm empor. Dort stand das Bataillon Gericke im Gefecht. Dort unten wehrten sich die Neuseeländer erbittert. Aber diesen wichtigen Punkt hatten sie nicht besetzt, obwohl von hier aus ein wirkliches Bollwerk gegen jeden deutschen Vorstoß hätte errichtet werden können.

Am späten Nachmittag erreichte auch das II./100 die Niederung, durch welche die Straße von Chania nach Alikianou führte. Mitten in der Niederung lag die Ortschaft Kuros. Einige Häuser, die völlig verlassen schienen. Als sich jedoch das II. Bataillon durch die Pflanzungen der Ortschaft näherte, erhielt es Feuer.

Das Bataillon ging in Schützenkette auf die Häuser zu. Die ersten Werfer feuerten. MG-Salven peitschten den Häusern entgegen, und auf einmal zogen sich die Verteidiger dieses Platzes zurück. Anstatt jedoch in Richtung Chania zurückzugehen, zogen sie sich auf der Fährte ihres drei Tage vorher geflüchteten Königs nach Süden zurück.

Das II. Bataillon ging weiter vor. Am südlichen Fuß der inzwischen besetzten Höhe 259 entlang zog es in nordöstlicher Richtung der Küste und der Ortschaft Stalos entgegen. Als es bereits dämmerte, wurde das Bataillon auf deutsch angerufen.

Vorsichtig näherten sich beide Gruppen einander, um schließlich zu erkennen, daß sich hier Gebirgsjäger und Fallschirmjäger gegenüberstanden. Das II./100 war hier auf die westliche Flanke des Verteidigungsriegels gestoßen, den das Fallschirmjäger-Regiment 3, unter Oberst Heidrich, hier vor drei Tagen gebildet hatte.

»Wunderbar, daß ihr gekommen seid!« rief einer der Fallschirmjäger erleichtert aus. »Wir hatten fast nicht mehr mit euch gerechnet!«

Es waren Männer des II. Bataillons, das schon bei der Landung schwere Verluste gehabt hatte.

Als die Sonne hinter den westlichen Höhen verschwand, stand das I./100 vor Stalos, nur noch 1000 m vom Meer entfernt. Die Umgehung des Gegners bei Planatias und Agya-Marina war gelungen. Der Umklammerungsring um die dort stehenden Gegner war geschlossen und die Verbindung mit dem Regiment Heidrich hergestellt.

Am 23. Mai – die Sicherheit des Flugplatzes Malemes war endgültig erkämpft – landeten dort weitere Einheiten der 5. Gebirgsdivision. Oberst Krakau, der Kommandeur des GebJägRgt. 85, traf ebenfalls an diesem Tag auf der Insel ein. Alles steuerte einem Höhepunkt entgegen. Die deutschen Stellungen festigten sich. Die Lage wurde besser. Aber noch war der entscheidende Schlag nicht geschlagen. Dieser Schlag sollte am 24. Mai beginnen.

Nachdem am 22. Mai 1941 das II./FschJägRgt. 3 noch einmal für kurze Zeit die Höhen von Galatas erstürmen konnte, um wenig später wieder geworfen zu werden, erhielt Oberfähnrich E. am Morgen des 23. 5. den Auftrag mit drei Jägern, einen Spähtrupp in Richtung Westen zu gehen, um – wenn dies möglich war – mit den aus dem Raum Malemes nach Osten vorstoßenden Gebirgsjägern Verbindung aufzunehmen. Bei Feindberührung sollte sich der Spähtrupp wieder zurückziehen.

Der 23. Mai brachte der Kampfgruppe Kroh im Raum der Ölfabrik bereits wieder um 6.00 Uhr feindliches Artilleriefeuer. Als die Australier angriffen, wurden sie abermals zurückgeschlagen. Im direkten Gegenstoß gingen kampfstarke Stoßtrupps unter Leutnant Fellner und Oberleutnant Rosenberg hinter dem zurückgehenden Gegner her. Sie erreichten den Ausgangspunkt seines Angriffs, eine Höhe, kämpften dort die Stellungen nieder und nisteten sich darin ein. Diese Höhe wurde von den beiden erfolgreichen Stoßtrupps auch gegen verschiedene Angriffe der Australier gehalten und verteidigt.

Als gegen 16.00 Uhr die Verbindung mit den im Gebirge abgesetzten versprengten Teilen der Kampfgruppe aufgenommen werden konnte, erhielt Oberleutnant von Roon Weisung, mit diesen Fallschirmjägern zum Bataillon vorzustoßen und die Häuser am Straßenknie, 400 m südöstlich der Ölfabrik, zu besetzen und sie als Außenwerk zu halten. Damit hatte Oberleutnant von Roon den Ausgangspunkt zum Vorstoß auf das einige hundert Meter südlich dieser Stelle gelegene Dorf Kimari gewonnen, das von britischen und griechischen Truppen gehalten wurde.

Bei der Kampfgruppe Wiedemann im Raum Peribolia wurde der 23. Mai ebenfalls durch starkes Artilleriefeuer eingeleitet, das sich am Mittag wiederholte. Gegen 16.00 Uhr griff der Gegner hier aus Süden mit Stoßrichtung auf Peribolia und die Kapellenhöhe an. Als der Angriff zu einer ernsten Bedrohung des südlichsten Bollwerks wurde, griffen deutsche Stuka- und Kampffliegerverbände um 17.00 Uhr in den Kampf ein.

Mit ausgezeichneter Wirkung flogen die einzelnen Kampfverbände ihre Angriffe. Die Verständigung durch Sicht- und Leuchtzeichen klappte vorzüglich. Die Stellungen des Gegners wurden systematisch gebombt und mit Bordwaffen angegriffen. Bis 18.30 dauerten diese Unterstützungsangriffe aus der Luft, die den Gegner in die Ausgangsstellungen zurückwarfen und ihm schwere Verluste zufügten. Die im Zuge dieser Angriffe abgeworfenen Nachschubbehälter konnten geborgen werden. Leider war keine Munition für die Fallschirmartillerie darunter. Dennoch waren die Männer dieser Kampfgruppe zuversichtlich, sich halten zu können, um dann endgültig den Sieg zu erringen. Aber noch war es nicht soweit. Noch standen Tage härtester Kämpfe auch mit den Panzern der Engländer bevor.

Im Kampfraum Heraklion sahen sich die Kampfgruppen des Fallschirmjägerregiments 1 in die Verteidigung gedrängt. An allen Punkten kämpften sie gegen weit überlegene Kräfte. Das III. Bataillon unter Major Karl-Lothar Schulz arbeitete sich durch die Felsenwüste der kretischen Berge auf die Höhe 491 vor. In einem überraschenden Ansprung nahm es nach einem kurzen heftigen Feuerschlag die britischen Geschützstellungen im Sturm.

Die Engländer waren hier oben völlig überrascht worden. Sie hatten nicht geglaubt, daß die deutschen Fallschirmjäger diese Höhe so schnell erreichen könnten. Vor allem hatten sie diesen Angriff nicht von der anderen Seite erwartet. Die gefangengenommenen Gegner wurden entwaffnet. Wachen wurden aufgestellt. Die übrigen Männer fielen in den Schlaf der Erschöpfung.

Als der deutsche Spähtrupp, den Oberst Bräuer auf die Höhe geschickt hatte, dieselbe erreichte, sah er die Männer des III. Bataillons schlafend. Nur Oberleutnant von der Schulenburg war mit wenigen

Männern wach. Er stieg mit dem Spähtrupp zur Ostgruppe ab und meldete dem Regimentskommandeur:

»Kampfgruppe Schulz hat die Höhe 491 befehlsgemäß genommen. Die Kampfgruppe schläft.«

Einsatz der Gebirgstruppe — Tag der Entscheidung — Das Fallschirmjäger-Sturmregiment greift an — Vereinigung der Gruppen West und Mitte

In den frühen Morgenstunden des 24. Mai stieß ein Spähtrupp unter Führung von Oberleutnant Göttsche (Nachrichtenoffizier des Fallschirmjäger-Sturmregiments) auf der Straße in Richtung Platanias vor. Das Feuer zeigte ihm, daß Platanias und die Hänge westlich der Stadt noch vom Gegner besetzt waren. Als dann vom Regimentsgefechtsstand das umfassende Vorgehen der Gebirgsjäger rittlings des Höhenzuges 259 südlich Platanias beobachtet wurde, schloß sich gegen 10.00 Uhr das II./FschJägSturmRgt. diesem Vorgehen an.

Die Kampfgruppe Gericke stieß nach und gewann noch in den Vormittagsstunden das Dorf und das Höhengelände beiderseits Platanias. In scharfem Nachdrängen stießen die Fallschirmjäger hier über Agya-Marina bis an die Höhen östlich und südöstlich Stahana-Chania vor. Auf diesen Höhen konnte der rechte Flügel der Gruppe Gericke die Verbindung mit der Fallschirm-Pionierkompanie (Oberleutnant Griesinger) aufnehmen, die mit dem Bataillon Heilmann und dem FschJägRgt. 3 der Gruppe Chania angehörte, welche sich am Stausee, 6 km südwestlich Chania, befand. Damit war im Verein mit den Gebirgsjägern der Gruppe Utz (GebJägRgt. 100) die Verbindung mit der Kampfgruppe Mitte bei Chania hergestellt.

Auf der erreichten Linie richtete sich die Kampfgruppe Gericke für die Nacht zur Verteidigung ein. Der Gefechtsstand befand sich nun 500 m östlich Agya-Marina.

Das II. Bataillon war nicht so schnell vorangekommen. Das schwierige Gelände südlich Platanias und die vielen Einzelkämpfe mit dem zäh ringenden Gegner, der sich auf jeder Höhe verbissen verteidigte, ließen ein schnelles Vorstoßen nicht zu. Am Nachmittag erreichte das Bataillon dennoch die Höhen hart östlich der Straße, die von Agya-Marina nach Süden führt. Major Stentzler wurde hier von der Lage unterrichtet: daß die Verbindung mit der Gruppe Mitte aufgenommen sei. Das Bataillon blieb in der Nacht Kampfgruppenreserve.

Am späten Nachmittag und in den Abendstunden begann der Gegner mit starkem Trommelfeuer.

Major Bode, der Kommandeur der Fallschirm-Artillerieabteilung, ließ das Feuer mit allen verfügbaren Waffen erwidern. Als er auf den Stand des vorgeschobenen Beobachters eilte, um selbst das Feuer zu leiten, wurde er durch einen Volltreffer getötet. Oberleutnant von Bültzingslöwen, Batterieführer der FschArtAbt., wurde schwer verwundet. Am späten Abend verstummte das Feuer.

Am gleichen Tag trafen die Reste der Sanitätskompanie Dietzel in Malemes ein. Die gesamte Sanitätskompanie Dietzel und Versprengte der 1. und 2. Kompanie der FschSanAbt. wurden unter Führung von Oberarzt Mallison zu einer »Sanitätskompanie West« zusammengefaßt. Sie erhielt den Befehl des Regimentsarztes, den HVP in Jeranion zu räumen und bis zum 25.5. in Agya-Marina einen neuen HVP einzurichten.

Der Truppenverbandsplatz war bereits seit Beginn des Vorstoßes über Platanias und Agya-Marina mit vorgezogen; man hatte ihn um 15.00 Uhr in einem Gebäude einer kleinen Ortschaft an der Ostweststraße wieder eingerichtet.

Die 15 Schwerverwundeten, die das britische Artilleriefeuer des Nachmittags forderte, konnten so schnellstens versorgt und – so weit sie transportfähig waren – zum HVP gebracht werden. Der Sanitätssoldat Zeller wurde ebenfalls durch Armdurchschuß verwundet und fiel aus.

Am gleichen Abend übernahm Oberstabsarzt Dr. Neumann wieder die Geschäfte des Regimentsarztes. Oberarzt Dr. Weizel, der bis dahin die 3. Kompanie des Fallschirmjäger-Sturmregiments geführt hatte, wurde zum Bataillonsarzt ernannt, während Oberleutnant Stoltz die Bataillonsführung über das verwaiste I./Fallschirmjäger-Sturm-Rgt. übernahm und eine der beiden Kompanien führte, auf die dieses Bataillon zusammengeschrumpft war. Die zweite Kompanie übernahm, auf Befehl von Oberst Ramcke, Oberleutnant Mathis, der als Lastensegler-Flugzeugführer den Einsatz mitgemacht hatte. Stabsarzt Dr. Jäger trat als zbV-Offizier zum Regimentsarzt.

Von nun an übernahm das Feldlazarett die gesamte Sanitäts-Nachschubversorgung der Gruppe West. Sämtliches Nachschubmaterial wurde vom Feldlazarett aufgefangen und auf Anforderung ausgegeben. Entsprechende Regelung erfolgte mit der Nachschubstelle, von Major Käthler geführt wurde.

Durch die Stabsärzte Dr. Böhmig und Bauer wurde auf Anweisung von General Ringel die Verbindung mit der Gruppe Heidrich aufgenommen. Auf dem Funkweg forderte der Regimentsarzt vom

Gefechtsstand in Athen Nachschub an. Dann erfolgte noch eine Besprechung mit dem Divisionsarzt der 5. Gebirgs-Division.

In einer langen, tief eingeschnittenen Schlucht hatte Hauptmann Gericke am Nachmittag des 24. Mai den Bataillonsgefechtsstand in einer natürlichen großen Höhle eingerichtet.

Nachdem die Engländer die Umgehungsbewegungen der Gebirgsjäger vom 23. Mai erkannt hatten, nachdem sie sie auf der Höhe 259 und bei der Ortschaft Stylos beobachteten, räumten sie in der Nacht zum 24. ihre Stellungen bei Platanias und auf dem Felsriegel von Agya-Marina und zogen sich auf Galatas zurück. Dort, so schien es, würden sie sich endgültig zum Kampf stellen. In guten, natürlichen Felsstellungen und in vorbereiteten Kampfständen und Bunkern.

Lediglich im Norden des Felsriegels von Agya-Marina hielten sich noch Nachhuten des Gegners, um den deutschen Verbänden das Nachstoßen beiderseits der Straße zu erschweren.

Bei Galatas war die erste starke britische Verteidigungsfront. Eine zweite Verteidigungfront bauten die britischen Truppen auf den Höhen östlich Alikianou auf. Diese Höhen umschlossen die Niederung südlich Galatas in einem rechten Winkel.

In dieser Niederung lag seit den Morgenstunden des 20.5. die Kampfgruppe Mitte unter Oberst Heidrich. Vergebens hatte das Fallschirmjägerregiment 3 versucht, die Höhen von Galatas zu erstürmen. Der Gegner war zu stark. Nun wartete Oberst Heidrich auf die Verstärkungen, die er schon am 20. Mai angefordert hatte.

Südlich des Zuchthauses Agya hatte er seinen Regimentsgefechtsstand eingerichtet. Generalmajor Ringel beschloß in diesen Morgenstunden des 24.5., unbedingt die Vereinigung seiner Gebirgsjäger mit der Kampfgruppe Heidrich herzustellen, den Aufmarsch vor und um Galatas durchzuführen und einen allenfalls erfolgenden Vorstoß gegen diese seine Aufmarschstellungen aus der Richtung Alikianou-Episkopi zu schützen, wo der Gegner noch sehr stark war. Von dort war er durchaus in der Lage, einen Angriff vorzutragen.

Im vorgeschobenen Gefechtsstand von Generalmajor Ringel in Padalari fand am Morgen des 24.5. die Befehlsausgabe statt. Oberst Utz teilte hier seine Kommandeure ein und wies ihnen die Angriffsstreifen und die zu erreichenden Bereitstellungen für den Angriff des 25.5. zu. Dann ließ er seinen kleinen Regimentsstab auf drei Beiwagenkräder verteilen.

»Meine Herren, wir fahren voraus und nehmen mit der Gruppe Heidrich Verbindung auf!«

Die Männer des Stabes waren von dieser Aufgabe begeistert. Das Beiwagenkrad des Regimentskommandeurs setzte sich an die

Spitze. Über einen Feldweg ging es weiter nach Osten. Irgendwo vor ihnen mußten die am weitesten nach Westen vorgeschobenen Posten der Gruppe Heidrich stehen. Dazwischen aber konnte hinter jedem Baum der Gegner lauern.

Noch am 23.5. – also am Vortag – hatten die Gebirgsjäger ja bei Kuros ein Gefecht mit griechischen Freischärlern gehabt.

Durch die Vereinigung der Gruppe West mit der Gruppe Mitte näherte sich der Kampf um Kreta seinem entscheidenden und dramatischen Höhepunkt. Nach der Sicherung und Erweiterung des Absprungraums Malemes und der Eingliederung aller Kräfte beider Gruppen zum geschlossenen Angriff, konnten die im Raum Galatas-Chania-Suda stehenden Hauptkräfte des Gegners angegriffen und der Gesamtsieg auf Kreta sichergestellt werden. Niemand wußte besser um diese Situation als der Gegner. Darum richtete er sich auch hier auf einen Kampf auf Biegen und Brechen ein.

Am gleichen Samstagnachmittag noch erreichten das I. und II.-/GebJägRgt. 100 – die Kampfgruppe Utz – ihre Bereitstellungsräume für den Sturm auf Galatas, während das I./GebJägRgt. 85 die Sicherungslinie gegen Episkopi-Alikianou einnahm.

Dieses Heranschieben an den Gegner geschah fast ohne einen Schuß von seiten des Gegners, dem die deutschen Bewegungen jedoch nicht verborgen geblieben sein konnten.

Das I./100, im südlichen Abschnitt der Angriffsfront, schob sich bis auf 1000 m an die Kastellhöhe und die Kirchhofshöhe von Galatas heran und ging in Stellung.

Das II./100, das nach Norden anschloß, erlitt Verluste durch Werferfeuer und Baumschützen.

Nur nach Einbruch der Dunkelheit versuchte der Gegner noch zweimal die gesamte Angriffsfront vor Galatas von der linken etwas zurückhängenden Flanke her aufzurollen. Doch die 6. Kompanie des GebJägRgt. 100 hielt diesen Kampfabschnitt eisern gegen große Übermacht und gab keinen Meter Boden preis.

Der Großangriff stand unmittelbar bevor.

Während es im Bereich der Gruppe Mitte im Abschnitt des Fallschirmjäger-Regimentes 3 verhältnismäßig ruhig blieb, war es Oberst Bräuer bei Heraklion gelungen, sein I. und II. Bataillon und die Kampfgruppe Schulz seines Regiments im Südosten der Stadt zusammenzuziehen. Die zurückgebliebenen Teile des III. Bataillons hielten mit den zu ihnen gestoßenen Teilen des II./FschJägRgt. 2 in einer Igelstellung südwestlich von Heraklion und sperrten hier gemäß den Befehlen die Straße von Heraklion nach Pyrgos-Timbaktion.

Am Sonntag, dem 25.5., als gerade eine englische Kampfgruppe in Stärke von zwei Bataillonen über diese Straße von Süden her auf Heraklion vorstieß, um die Kampfgruppe Bräuer zu zerschlagen, erschien ein Geschwader Ju 52 über der Insel. Die englische Marschkolonne löste sich schnell auf und ging – in Erwartung eines Bombenangriffs – beiderseits der Straße in Orangen- und Olivenhainen in Deckung. Nur die Fahrzeuge und die Selbstfahrlafetten waren auf der Straße stehengeblieben.

Doch diesmal regnete es keine Bomben. Aus den Ju 52 sprangen abermals Fallschirmjäger. Es war das Bataillon Major Vogel, das als Verstärkung für Oberst Bräuer hier sprang.

Im Niederschweben wurden die Fallschirmjäger von den ersten Schüssen der Engländer empfangen. Doch dann erreichten die ersten Fallschirmjägergruppen die Erde. Sie stürmten in die Haine hinein und kämpften die verstreut liegenden und ohne Befehle auf sich allein gestellten Engländer nieder. Bevor sich der Gegner sammeln konnte, war er vom Bataillon Vogel umstellt und aufgerieben.

Die Überlebenden, die sich ergaben, wurden mit ihren Verwundeten in Richtung Knossos zurückgeschickt, wo die Engländer ein Lazarett unterhielten. Die Fallschirmjäger konnten keine überflüssigen Esser gebrauchen. Mit dieser Verstärkung hatte sich die Lage der Fallschirmjäger des Regimentes 1 endgültig gefestigt. Auch hier konnte der Gegner nicht mehr hoffen, das Blatt noch zu wenden.

Für die Kampfgruppen Kroh und Wiedemann im Raum Rethymnon war die Lage am 24. Mai äußerst kritisch. Diese beiden Kampfgruppen, die vom Gegner eingeschlossen lagen, mußten buchstäblich um ihr Leben kämpfen. Die Gruppe Kroh war nach den andauernden fünftägigen Kämpfen dezimiert und befand sich am Rand der totalen Erschöpfung. Weder mit dem Regimentsstab, noch mit anderen Teilen des Regimentes 2 konnte sie Verbindung aufnehmen. Aus der Luft war bisher nur geringer Nachschub eingetroffen. Dennoch dachte am 24.5. kein einziger Mann dieser Gruppe an ein Aufgeben. Sie verteidigten in dem Igel um Stavromenos und die Ölfabrik.

Der Gegner begann hier um 8.00 Uhr mit dem Artilleriefeuer. Der darauf folgende Angriff mit schwächeren Kräften wurde abgewehrt. Um 10.00 Uhr griffen die Australier mit stärkeren Kräften an. Ihnen voraus rollte ein Panzer. Dieser Panzer fuhr schnell vor, feuerte pausenlos auf die deutsche Pakstellung am Südostrand der Ölfabrik und setzte sie außer Gefecht. Dann aber kam der Angriff nicht weiter. Im MG- und Werferfeuer brach er zusammen. Der Panzer drehte und rollte wieder in die eigenen Stellungen zurück.

Am frühen Nachmittag wiederholten die Australier diesen Angriff mit Panzerunterstützung. Auch er blieb stecken, und Major Kroh befahl einen Gegenstoß.

Unter Oberleutnant von Roon stürmte die 3. Kompanie am Nachmittag aus der Ölfabrik nach Südosten vor; Stoßrichtung waren die australisch-griechischen Stellungen in der Ortschaft Kimari. Die Fallschirmjäger stürmten, jede Deckung ausnützend, vor. Sie erreichten die ersten Häuser der Ortschaft und warfen den Gegner aus seinen Stellungen. Nach einem erbitterten Nahkampf zog sich der Gegner in das Höhengelände südlich Kimari zurück und überließ den Fallschirmjägern den Ort.

An diesem Tag wurden – nach späteren Angaben des Gegners – in seinem Lazarett in Adhele 252 deutsche Fallschirmjäger eingeliefert.

Während am 25. 5. bei Galatas sich alles zum Sturm vorbereitete und Stukaverbände die Feindstellungen bombardierten, war im Kampfraum der Gruppe Kroh wieder das feindliche Artilleriefeuer entbrannt, das durch deutsche Werfer erwidert wurde.

Gegen 10.00 Uhr stieß der Gegner mit Artillerieunterstützung von den Höhen auf Kimari vor. Oberleutnant von Roon mußte mit seiner Kompanie auf das Hochplateau nordöstlich von Kimari zurückgehen, wo er sich in dem Felsengewirr zur Verteidigung einrichtete.

Der größte Teil des I. Bataillons, im Raum des Igels um die Ölfabrik eingesetzt, hatte am 25. 5. eine Kampfstärke von 6 Offizieren und 250 Mann. Im Keller der Ölfabrik lagen 30 Schwerverwundete. Der Truppenarzt befand sich auf dem östlich von Prinos an der Küste gelegenen Verbandsplatz. Die Verpflegungslage wurde am 25. 5. bedenklich. Nachdem die in der Ölfabrik gefundene Kuh und die Hühner geschlachtet und ein Verpflegungsbehälter gefunden worden war, erhielt am 25. 5. jeder Fallschirmjäger eine Schnitte Brot, zwei Kartoffeln und eine halbe Tasse Fleischbrühe.

Aus der gegnerischen Stellung auf dem Weinberg setzte am Abend des 25. Mai starkes Granatwerferfeuer ein. Unsere Werfer brachten das Feuer bald zum Schweigen.

Im Lauf des Nachmittags wurde auf dem Hochplateau im Bereich der 3. Kompanie (Oberleutnant von Roon) Verpflegung und Munition aus Ju 52 abgeworfen. Gleichzeitig wurde ein Korpsbefehl abgeworfen. Um 21.00 Uhr hielt Major Kroh diesen Befehl in den Händen. Er lautete:

»Durchschlagen nach Heraklion und Vereinigung mit der Gruppe Ost.«

Major Kroh ließ alles für dieses Durchschlagen vorbereiten.

Der 24. 5. 1941 brachte bei der Gruppe Wiedemann in der Igelstellung Peribolia wieder harte Kämpfe. Als der Gegner hier von Westen, aus Richtung Rethymnon, angriff, kam er bis auf 200 m an die Westverteidigungsstellung heran. Gutliegendes Feuer der hier verteidigenden 9. Kompanie hielt ihn auf. Gleichzeitig trat Leutnant Molsen mit einem starken Stoßtrupp zum Gegenstoß an – mitten in den Angriff der Australier hinein. Der Leutnant warf sich auf den Gegner. Die bereits in Stellung gegangenen Australier wurden geworfen, der Rest in die Flucht geschlagen. 25 Australier blieben tot zurück. Der Stoßtrupp hatte 3 Tote zu beklagen.

Von diesem Zeitpunkt an griff der Gegner nicht mehr aus Westen an.

Auch bei dieser Gruppe wurde der Munitionsmangel spürbar. Die Fallschirmartillerie feuerte nur noch sporadisch, um wenigstens ein paar Granaten zur Zerschlagung größerer Angriffe bereit zu haben. Die Verpflegungslage war verheerend. Auch hier war kein Verpflegungsnachschub abgeworfen worden.

Die Kampfgruppe Wiedemann verteidigte auch am 25. Mai mit gleicher Einsatzbereitschaft. Der am 26. Mai vorgetragene Angriff der Briten wurde aus Südosten, aus der Gegend der Straße und des Platanias geführt. Einige Panzer unterstützten diesen Angriff. Einer von diesen wurde durch die deutsche Pak getroffen. Brennend blieb er vor den Stellungen liegen. Der nachfolgende Schützenangriff wurde ebenfalls im zusammengefaßten Feuer abgewiesen.

Die Artillerie des Gegners verstärkte das Feuer gegen Abend weiter. Doch der nachfolgend erwartete Angriff blieb aus. Es kam nur zu kurzen Feuergefechten zwischen den Späh- und Stoßtrupps beider Seiten, die im Niemandsland operierten.

Der erste deutsche Wehrmachtsbericht
Schlacht um Galatas

Am 25. Mai 1941 horchte die Bevölkerung in Deutschland beim Wehrmachtsbericht auf. Aus den Radios schallte es heraus:

»Das Oberkommando der Wehrmacht gibt bekannt:

Deutsche Fallschirmjäger- und Luftlandetruppen stehen seit den frühen Morgenstunden des 20. Mai auf der Insel Kreta im Kampf gegen Teile des britischen Heeres.

In kühnem Angriff aus der Luft eroberten sie, unterstützt durch Jagd-, Kampf- und Sturzkampffliegerverbände, taktisch wichtige Punkte der Insel. Nach weiterer Verstärkung durch Verbände des Heeres sind die deutschen Truppen zum Angriff übergegangen. Der Westteil der Insel ist bereits fest in deutscher Hand.

Die deutsche Luftwaffe zerschlug den Versuch der britischen Flotte, in die Entscheidung um Kreta einzugreifen, vertrieb sie aus dem Seegebiet nördlich Kreta, versenkte und beschädigte eine große Anzahl feindlicher Kriegsschiffe und errang die Luftherrschaft über dem gesamten Kampfraum. Die Gesamtoperationen verlaufen weiter planmäßig.«

Diesem Wehrmachtsbericht war am späten Nachmittag des 24. Mai eine kurze Sondermeldung vorangegangen, in dem der Sprung auf Kreta bekanntgemacht worden war.

Am gleichen Tag teilte das Hauptquartier der britischen Mittelmeerstreitkräfte aus Kairo mit:

»Während des Freitags entwickelten die Deutschen große Anstrengungen zur Verstärkung ihrer Streitkräfte auf der Insel Kreta. In Heraklion und Rethymnon haben wir die Abteilungen, die auf dem Luftweg an Land gesetzt wurden, völlig in unserer Gewalt. Die anderen aus der Luft an Land gesetzten Abteilungen, in den anderen Gegenden der Insel, werden von den Empire-Truppen, die von den griechischen Truppen unterstützt werden, aufgestöbert und bekämpft. In Malemes und Umgebung sind heftige Kämpfe im Gange. Die Deutschen haben ihre Hauptanstrengung auf diese Gegend konzentriert, um das Terrain, in dem es ihnen gelungen ist, Fuß zu fassen, zu erweitern. Unsere Truppen, die während des ganzen Freitags unaufhörlichen Angriffen von deutschen Sturzkampfliegern ausgesetzt waren, fügten dem Feind beträchtliche Verluste zu. Der Feind hat z. B. eine große Zahl seiner Truppen-Transportflugzeuge verloren.«

Lassen wir hier gleich die beiden Wehrmachts- und Heeresberichte des 26. Mai folgen, die wiederum sehr aufschlußreich sind und aufzeigen, wie durch das Weglassen von Tatbeständen und das Hochspielen anderer Ereignisse die Lage geschildert wurde:

26. Mai 1941. Das Oberkommando der Wehrmacht gibt bekannt:

»Im Kampf um Kreta erzielte die Luftwaffe – wie durch Sondermeldung bekanntgegeben – außergewöhnliche Erfolge gegen die britische Mittelmeerflotte. Unter Zusammenfassung der bisherigen Meldungen versenkten allein die deutschen Luftstreitkräfte seit dem 20. Mai sieben feindliche Kreuzer oder Flakkreuzer und acht Zerstörer, sowie ein Unterseeboot und fünf Schnellboote. Durch Bombenvolltreffer wurden ferner ein Schlachtschiff sowie mehrere Kreuzer und Zerstörer schwer beschädigt.

Italienische See- und Luftstreitkräfte versenkten in der gleichen Zeit vier feindliche Kreuzer und beschädigten mehrere andere Schiffseinheiten.

Damit hat die englische Seeherrschaft im östlichen Mittelmeer durch die hervorragende Zusammenarbeit der See- und Luftstreitkräfte der verbündeten Achsenmächte eine schwere Einbuße erlitten.

Auf der Insel Kreta verlief der Kampf der dort eingesetzten Verbände der Luftwaffe und des Heeres unter ständiger Zuführung von Verstärkungen weiterhin erfolgreich. Verbände der deutschen

Luftwaffe griffen auch gestern wirksam in die Erdkämpfe auf der Insel ein, warfen britische Stützpunkte und Munitionslager in Brand und vernichteten zwei größere Handelsschiffe.«

26. Mai 1941. Das Oberkommando General Wavells teilt mit:

»Deutsche Luftlandetruppen vermochten am Samstag weitere Verstärkungen in Kreta an Land zu bringen. Diese Verbände waren jedoch von bedeutend geringerem Umfang als die in den Vortagen gelandeten Einheiten. Feindliche Konzentrationen im Gebiet von Kandia (Heraklion) und Rethymnon wurden von unseren Truppen sofort angegriffen. Die Kämpfe halten in bedeutendem Umfang an. Im Gebiet zwischen Malemes und Chania – im Nordwestbezirk der Insel – haben den ganzen Tag über die Kämpfe Mann gegen Mann angehalten. Die intensiven Bombardements deutscher Stukas wurden auch am Samstag fortgesetzt. Die dem Gegner zugefügten Verluste sind sehr hoch, und viele Flugzeuge des Gegners wurden auf dem Boden durch Maschinengewehr- und Artilleriefeuer zerstört. In der Nacht zum Samstag hat die RAF einen erfolgreichen Bombenangriff gegen den von den Deutschen besetzten Flugplatz von Malemes ausgeführt. Es entstanden beträchtliche Brände.«

In den frühen Morgenstunden des 25. Mai wurde der Regimentsgefechtsstand des Fallschirmjäger-Sturmregiments von Agya-Marina nach Stalos vorgezogen. Oberst Ramcke stellte das II. Bataillon rechts und das IV. Bataillon links an der befohlenen Linie zum Angriff auf das Höhengelände nördlich Galatas bereit. Das I. Bataillon (jetzt unter Führung von Oberleutnant Stoltz) blieb als Reserve der Kampfgruppe Ramcke hinter dem rechten Flügel stehen. Zwischen den beiden vorderen Bataillonen stellte der Oberst noch die Kampfgruppe Hauptmann Schmitz bereit. Nach rechts hatte Major Stentzler mit seinem II. Bataillon Anschluß an die Gebirgsjäger. Der Angriffsbeginn wurde auf 16.00 Uhr festgelegt. Angriffsziel war das Höhengelände nördlich Galatas bis zur Küste. Vorher sollten Stukas und Jagdbomber die erkannten Feindstellungen sturmreif machen. Mit dem vollen Tageslicht erschienen die ersten deutschen Sturzkampfflieger. Sie schwenkten über der weiten Suda-Bucht nach Westen ein und flogen Galatas an. Die ersten Staffeln warfen. Sie stürzten sich im Tiefflug auf die erkannten MG-Stellungen und Pak-Stände. Ihnen folgten abermals Bomber. Den ganzen Vormittag über dauerte das Bombardement der englischen Stellungen in und um Galatas an. Um 12.00 Uhr sollte der Infanterieangriff auf ein Leuchtzeichen der letzten Maschine hin beginnen. Doch kurz zuvor wurde der Angriffsbeginn auf 16.50 verlegt. Um 16.30 Uhr und 16.45 Uhr waren noch einmal Stuka-Angriffe vorgesehen. In der Zwischenzeit aber sollten die schweren Waffen der Fallschirmjäger und die der Gebirgsjäger feuern und sich auf die erkannten Ziele einschießen, um beim Angriff den vorgehenden Sturmtruppen Feuerschutz zu geben.

Es war genau 16.35, als die Stukas abermals niederheulten.

Nun sollte der letzte Stukaangriff erfolgen. Als er nicht einsetzte, erhielten Gebirgsjäger und Fallschirmjäger gleichzeitig den Befehl zum Angriff. Zuerst verließen die drei Kompanien des I./GebJäg Rgt. 100 ihre Bereitstellungen und stürmten vor. Dann folgten auch die Fallschirmjäger. Der Entscheidungskampf um den Besitz von Galatas hatte begonnen. Es war genau 17.00 Uhr.

Das II./Fallschirmjäger-Sturmregiment unter Major Stentzler trat im Anschluß an die Gebirgsjäger zum Angriff an. Kurz vorher war der Kommandierende General des XI. Fallschirmkorps bei den Fallschirmjägern des IV. Bataillons gewesen. Anschließend war er zum II. Bataillon gegangen und hatte befohlen, daß dieses Bataillon als erstes im Anschluß an die Gebirgsjäger angreifen sollte.

Unter persönlicher Führung von Major Stentzler trat das Bataillon dann an. Im ungestümen Vorwärtsdrängen nahm es die stark besetzten Höhen und die mit Baumschützen besetzten Olivenhaine nordwestlich und nördlich von Galatas. MG-Nest auf MG-Nest wurde dem Gegner entrissen. Stellung um Stellung wurde aufgerollt. Aus ihren Löchern tauchten Neuseeländer und Maoris auf, um sich zu ergeben.

Als Major Stentzler erkannte, daß die rechts von ihm direkt auf die Höhen von Galatas vorgehenden Gebirgsjäger nicht weiter vorwärtskamen, ließ er seine rechte Flügelkompanie unter Führung von Oberleutnant Barmetler, der ebenfalls diese Lage beim Nachbarn erkannt hatte und von sich aus schon mit Teilen darauf eingeschwenkt war, mit Unterstützung schwerer Waffen ganz nach Süden in den Rücken des Gegners eindrehen.

Diese Maßnahme brachte den Gegner, der sich auf den Höhen von Galatas hielt, zum Weichen und ermöglichte das weitere Vordringen der Gebirgsjäger.

Nachdem der Angriff des II. Bataillons so weit vorangeschritten war, trat auch die durch Teile der Panzerjägerabteilung verstärkte Kampfgruppe Gericke zum Angriff an und nahm – zum Teil in hartem Handgranatenkampf – die hintereinander liegenden Höhenzüge bei Koljenvithra. Bei diesem Angriff fielen unter anderem vier Männer, die auf kürzeste Entfernung von den sonst so fairen Neuseeländern erschossen wurden, die vorher die weiße Fahne gezeigt hatten.

Der umsichtigen und geschickten Führung von Major Stentzler war es zu verdanken, daß die stark befestigten und für den Feind so wichtigen Höhen bei Galatas genommen werden konnten. Mit dem Fall der beherrschenden Höhen war dem Gegner das letzte starke Bollwerk westlich Chania entrissen.

Für die Nacht richtete sich die Kampfgruppe Ramcke in der erreichten Linie zur Verteidigung ein. Die Panzerjägerabteilung übernahm wieder den Küstenschutz.

Die Nacht verlief ruhig.

Da gemäß Divisionsbefehl die Linie Höhe 90 – (Karatos) Mauroutrixas – auf der vorspringenden Halbinsel Apostoloi (2 km westlich Chania) nach Osten nicht überschritten werden durfte, wurde befohlen, daß die Kampfgruppe Ramcke sich am 26.5. in dieser Linie zum Angriff auf Chania am 27.5. bereitstellen sollte.

Am 26. Mai gliederte sich die Kampfgruppe Ramcke in folgender Aufstellung zum Angriff:

Das II. Bataillon schob sich rechts heraus in den Abschnitt des linken Flügels der Gebirgsjäger, da von dort eine bessere Angriffsmöglichkeit bestand.

Die Gruppe Gericke nahm an diesem Tag die Halbinsel Apostoloi mit dem großen Lazarettlager, wo viele englische Gefangene gemacht und deutsche Gefangene, zum Teil verwundet, befreit wurden.

Die schweren Waffen wurden noch am späten Nachmittag auf der Ostseite der vorspringenden Halbinsel in Stellung gebracht. Von hier erzielten sie ausgezeichnete Feuerwirkung in Rücken und Flanke des Gegners, der in gut ausgebauten und verdrahteten Stellungen saß.

Die Fallschirm-Artillerieabteilung (mit 2 Batterien) wurde vorgezogen. Sie hatte aus der Feuerstellung westlich Mauroutrixas und mit B-Stelle am vorgeschobenen Gefechtsstand des Oberst Ramcke gute Wirkung.

Regimentsgefechtsstand war am 26.5. im Olivenhain 500 m nördlich Galatas. Der Angriff auf die letzte Höhenstellung westlich Chania war von der Division für den 27.5. mit Angriffsbeginn gegen 10.00 Uhr wie folgt befohlen:

Gruppe Oberst Heidrich von Süden gegen Chania,
Gruppe Oberst Utz von Südwesten,
Gruppe Oberst Ramcke von Westen.

Zunächst sollte der Stadtrand von Chania nicht überschritten werden, um unnötige Verluste zu vermeiden.

Die Unterstützung des Angriffs durch Sturzkampfbomber war vorgesehen. Chania selbst war seit dem 25.5. aus der Luft ununterbrochen angegriffen worden.

Zum Angriff am 27.5. wurde die Kampfgruppe Ramcke wie folgt angesetzt:

Gruppe Stentzler: Rechts außerhalb des zugewiesenen Abschnitts aus dem Raum des rechts angehängten Gebirgsjägerbataillons, das im unmittelbaren Einvernehmen zwischen beiden Kommandeuren an das II./LL-Sturmregiment gekoppelt wurde. Angriffsrichtung gegen Charania-Chania-Parigoria (am Westrand von Chania).

Gruppe Gericke: Angriff beiderseits der Straße gegen die letzten Höhen westlich Chania.

Gruppe Schmitz: Mit den noch vorhandenen Pak übernimmt sie den Panzerschutz im Angriffsstreifen der Gruppe Gericke und wird mit der zusammengestellten Jägerkompanie zur Verstärkung des rechten Flügels der Gruppe Gericke angesetzt.

Fallschirm-Artillerieabteilung Schramm: Hat so in Stellung zu gehen, daß sie Feuerwirkung auf die erkannten Stützpunkte an den Kuppen westlich Chania hat.

I. Bataillon: (Oberleutnant Stoltz) Geht als Reserve der Kampfgruppe Ramcke hinter dem rechten Flügel beim II. Bataillon vor.

Je ein kampfkräftiger Spähtrupp sollte am frühen Morgen des 27.5. vor der Front des II. und IV. Bataillons vorfühlen.

Im Schutz der Olivenbäume von Pyrgos hatte Oberarzt Dr. Weizel am 25. Mai den HVP eingerichtet. Hier wurden die ersten zurückkommenden Verwundeten versorgt.

Während des Artillerieduells am Morgen des 25.5. war auch die Ortschaft, in der sich der Truppenverbandsplatz befand, durch einen Artillerievolltreffer getroffen worden. Es gab 7 Verwundete.

Als am Nachmittag die Angriffe der Fallschirmjäger gegen die Höhen beiderseits der Straße westlich Galatas liefen, gingen der Bataillons- und der Regimentsarzt in die vorderste Linie, um sofort Hilfe leisten zu können. Die Leitung des Verwundetenabtransportes lag von nun an in den Händen von Oberstabsarzt Dr. Neumann und Stabsarzt Dr. Diehm. Die Ärzte veranlaßten die Überführung der Verwundeten in den HVP und zum Feldlazarett, da der TrVP gerade nach Kolymbithros verlegt wurde. Um 18.00 Uhr war der Truppenverbandsplatz in der Ortschaft eingerichtet und übernahm im Verlauf der Nacht die Versorgung von 15 Verwundeten und ihren Abtransport zum Feldlazarett.

Am Morgen des 26. Mai wurde dem Bataillonsarzt des IV./FschJäg-Sturmregiments auf dem Weg zum Bataillonsgefechtsstand gemeldet, daß eigene Spähtrupps soeben ein britisches Lazarett in dem Zeltlager 4 km westlich von Chania besetzt hätten, in welchem sich auch in britische Gefangenschaft geratene verwundete Fallschirmjäger befänden. Sofort fuhr Stabsarzt Dr. Diehm dorthin und fand diese Meldung bestätigt. Die Verwundeten – etwa 120 britische und 21 deutsche – waren in bombensicheren Höhlen an der felsigen Küste untergebracht.

Der stellvertretende Regimentsarzt beauftragte Dr. Diehm, für die eigenen Verwundeten zu sorgen und das Lazarett sicherzustellen.

Trotz der exponierten Lage dieses Lazaretts in vorderster Linie entschloß sich Dr. Diehm, den Truppenverbandsplatz sofort nachzuziehen und erstattete dem Bataillonskommandeur über die hier angetroffenen Verhältnisse und die beabsichtigten Maßnahmen Meldung. Zunächst wurden nun alle deutschen und alle schwerverwundeten Gegner aus den Höhlen in das feste Lazarettgebäude, ein ehemaliges griechisches Krankenhaus, gebracht. Diese Verlegung wurde durch neuseeländisches Sanitätspersonal in Stärke von 3 Offizieren, 2 Priestern, 1 Zahnarzt und 76 Mann durchgeführt, die in Gefangenschaft geraten waren.

Der Truppenverbandsplatz wurde hier gegen 10.30 Uhr eingerichtet und übernahm sofort die Revision der Verbände, die sodann so angelegt wurden, daß ein Abtransport direkt in die Transportflugzeuge verantwortet werden konnte.

Das Beladen der Fahrzeuge erfolgte unter ständigem Artillerie- und Infanteriebeschuß aus den etwa 300 m entfernt liegenden britischen Stellungen. Ein britisches MG, das mit Schußrichtung auf den Eingang des Lazarettgebäudes in Stellung ging, wurde durch Parlamentär aufgefordert, diese Stellung unverzüglich zu räumen. Es wurde sofort aus der Stellung herausgezogen.

In den frühen Nachmittagsstunden des 26.5. erfolgte der Angriff des IV. Bataillons auf die letzten vorgelagerten Höhen westlich Chania. Es traten hierbei erhebliche Verluste ein. Durch britische Trägertrupps des gefangengenommenen Sanitätspersonals wurden bis zum Abend 30 Verwundete geborgen und versorgt.

Da am Abend die eigenen Linien bis zur Höhe des genommenen Zeltlagers zurückgenommen wurden, befand sich der Truppen-Verbandsplatz in einer äußerst exponierten Lage.

Der Tag der Gebirgsjäger bei Galatas – Mit letztem Einsatz vorwärts –
Kampf um die Kastellhöhe –
Feindlicher Panzerangriff wird abgewiesen – Nun auf Chania

Am 25. 5. um 17.00 gingen die Gebirgsjäger in ihrem Angriffsstreifen in kleinen Gruppen vor. In schnellen kurzen Sprüngen arbeiteten sie sich an die Bergstellungen des Gegners heran. Durch Buschwerk und Olivenhaine gedeckt, gewannen sie Meter um Meter.

Während sich das I./100 so vorarbeitete, feuerten die MG des II./100 und die Geschütze des Gebirgs-Artillerieregimentes 111 (Oberst August Wittmann), die Pak und die Artillerie der Fallschirmjäger und die Granatwerfer aus allen Rohren. Wo MG-Nester ausgemacht worden waren, dort hämmerten nun Granaten hinein. Dieser Feuerschutz für die vorstoßenden Gebirgsjäger und die nachfolgenden Fallschirmjäger war entscheidend. Es galt, die verheerende Wirkung der feindlichen Abwehrwaffen auszuschalten, bevor diese den Angriff zusammenschlugen. Die Gegner auf den Höhen von Galatas setzten sich aus allen auf der Insel stehenden Truppen zusammen. Bei Galatas verteidigten Engländer ebenso wie Neuseeländer und Australier, Griechen, Schotten und Maoris; und die berühmten »Layforces«, die Kommandotruppen, die eine Elite der britischen Armee darstellten.

Auch das II./100 bezog nun am linken Flügel der Angriffsfront die Ausgangsstellung und rückte vor, um von Westen und Norden her in Galatas einzubrechen. Vor der 7. Kompanie lagen zwei stark besetzte Bodenwellen. Zur Überwindung dieser Bodenwellen benötigte die Kompanie eineinhalb Stunden.

Frontal mußte sie gegen ein gut getarntes System von Schützengräben und MG-Nestern im Feuer britischer Nahkampfgeschütze durch Drahtverhaue vorstoßen.

Während dieser Kampf tobte, stiegen Männer der 1./100 zur Kirchhofshöhe von Galatas empor, die südöstlich der Stadt, nördlich der befestigten Höhe 103, lag.

Da die Fallschirmjäger schon im Kampf mit den weiter nordöstlich auf den Höhen liegenden Gegnern standen, erhielten die Gebirgsjäger von dort kein Feuer. Trotz der Nachmittagsstunde brannte die Sonne noch vom Himmel herunter. Scheußlicher Verwesungsgeruch erfüllte die Luft. Myriaden grünschillernder Fliegen schwirrten umher, wenn die Gebirgsjäger weitergingen.

Schließlich erreichten sie die Mauer des Kirchhofs und überstiegen sie. Mit schußbereiten Waffen schlichen sie weiter vor, zwischen Lorbeergebüsch und Gräberreihen in Richtung auf die am Nordende stehende Kapelle.

Fünf Tage vorher, am 20. Mai, hatten hier oben erbitterte Kämpfe zwischen der Gruppe Heidrich und den Verteidigern getobt, bis die Fallschirmjäger die Höhe hatten räumen müssen, weil sie sich ohne schwere Waffen nicht zu halten vermochten.

Heute wurde die Höhe nicht verteidigt. Drei, vier Posten, die plötzlich auftauchten, zogen sich fluchtartig vor den Gebirgsjägern zurück. Die Gebirgsjäger zogen ihre Pak nach, brachten sie in Stellung. Die schweren MG wurden flankierend eingesetzt. Von hier aus konnten sie den Hang der westlich der Kirchhofshöhe liegenden Kastellhöhe und die Hügel im Osten unter flankierendes Feuer nehmen.

Am Hang der Kastellhöhe kletterten eben die anderen Kompanien des I. Bataillons der Gebirgsjäger empor. Diese Höhe hatte Oberst Heidrich persönlich mit dem II. Bataillon am 20. 5. erstürmt, um sie ebenfalls in der kommenden Nacht wieder zu räumen und sich auf das Zuchthaus Agya zurückzuziehen.

In den Trümmern der auf der Kastellhöhe stehenden Häuser hatten sich die Engländer eingerichtet. Als die Gebirgsjäger bis auf 50 m herangekommen waren, eröffneten sie das Feuer auf die Angreifer.

In dieser Phase begann das Feuer der deutschen Artillerie von Westen auf die Kastellhöhe. Von der Friedhofshöhe feuerte die Pak ebenfalls auf die Ruinen, in denen die Engländer steckten. Doch hier verteidigten die Australier. Sie waren hervorragende Soldaten und standen den Neuseeländern in nichts nach. Plötzlich erfolgte sogar der australische Gegenstoß.

Geführt von ihren Offizieren stürmten die Australier den Gebirgsjägern entgegen. In ihren hellbraunen Uniformen mit den flachen Stahlhelmen stürzten sie aus den Gräben heraus und schleuderten Handgranaten. Diese Handgranaten platzten mitten in den Reihen der vorgehenden Gebirgsjäger auseinander. Viele stürzten tödlich getroffen zu Boden. Und auf einmal hasteten sie den Südhang der Kastellhöhe hinunter, verfolgt von den Australiern. Noch im Hinunterhasten fielen die Gebirgsjäger.

Dann aber erkannten die Männer der 1. Kompanie auf der Kirchhofshöhe den Angriff. Ihre MG richteten sich auf die khakigekleideten Gegner. In langen Feuerstößen ließen sie diesen Angriff zusammenbrechen. Nur wenige von ihnen erreichten die schützenden Ruinen der Kastellhöhe wieder und tauchten in ihren Deckungen unter.

Inzwischen war die Sonne weit nach Westen gewandert. Die Gebirgsjäger hielten jetzt mit der Kirchhofshöhe *nur eine* der entscheidenden Höhen um Galatas. Damit war die Lage besorgniserregend geworden, denn in der Nacht hätten die Männer von der Kirchhofshöhe zurückgenommen werden müssen. Gleichzeitig hätten alle anderen vorgedrungenen Einheiten auf die Ausgangsstellungen zurückgehen müssen, um nicht von einem nächtlichen englischen Gegenstoß abgeschnitten und vernichtet zu werden. In dieser Situation traf auf dem Gefechtsstand von Generalmajor Ringel die Meldung aus Athen ein, daß die Stukas noch einmal um 18.00 Uhr angreifen würden.

Sofort ging die Meldung an die im Einsatz stehenden Gebirgsjäger und Fallschirmjäger hinaus. Wenige Minuten später erschienen die Stukas schon über Galatas. Mit ihnen kamen Bomber und Kampfflugzeuge.

Bomben aller Kaliber heulten auf die britischen Stellungen hinunter.

Auch im Abschnitt des I. Bataillons fielen vier schwere Bomben. Zum Glück wurde kein einziger Gebirgsjäger dadurch getötet.

Oberst Utz ging nun zu den Männern der 3. Kompanie vor, die vor wenigen Minuten vom Gegenstoß der Australier von der Kastellhöhe hinuntergeworfen worden waren.

An der Spitze der Gebirgsjäger stürmte der Oberst gegen die englischen Stellungen zwischen Galatas und der Kirchhofshöhe vor. Mit neuem Mut wurde das Plateau erreicht und im letzten entscheidenden Ansturm diese Höhe, nur 500 m südöstlich Galatas, im Sturm genommen.

Die 2. Kompanie trat fast gleichzeitig gegen die Kastellhöhe an und nahm sie ebenfalls in Besitz. Von Süden her rollte sie die feindliche Stellung auf.

Durch einen flachen Graben kroch der Zug Graindl hangaufwärts.

Als der Feldwebel aufsprang, um die letzten Meter im Sturm zu nehmen, folgte ihm der Zug geschlossen. Sie erreichten die Hochfläche und – erhielten sofort aus den halblinks schräg unter ihnen liegenden Häusern von Galatas schwerstes MG-Feuer.

Sekunden später feuerten auch einige MG von halbrechts aus einer Mulde. »Dieser Gegner muß ausgeschaltet werden!« befahl der Zugführer.

Graindl wußte, daß die Nachbarkompanie ebenfalls Galatas angreifen würde und daß dann diese Höhe feindfrei sein mußte.

Langsam schob sich der Feldwebel an den Rand der Mulde vor. Dann schnellte er sich mit einem Satz in die Mulde hinunter und landete drei Meter tiefer in einer verlassenen Feindstellung. Sechs seiner Jäger folgten ihm.

Wildes Abwehrfeuer schlug ihnen aus der englischen Stellung entgegen. Von Loch zu Loch, von Busch zu Busch sprangen die Gebirgsjäger vor. Als sie noch 50 m vor dem Gegner lagen, empfing dieser sie mit rasendem Feuer. Fast gleichzeitig hörten sie vom Plateau her den Ruf:

»Die Tommies greifen an!«

Im gleichen Augenblick griffen auch an ihrer Mulde die Gegner an. Das mitgenommene MG begann zu stottern. Als der Gegner bis auf 20 Meter herangekommen war, brach der letzte von ihnen zusammen. Die weiter rückwärts in Deckung gegangenen Australier zogen sich schnell zurück. Im Gegenstoß erreichten die sechs Männer unter Feldwebel Graindl das MG-Nest des Gegners und setzten es außer Gefecht.

Auf dem Plateau selbst aber griff der Gegner nun mit starken Kräften an. Aber von der Kirchhofsnähe hämmerten Pak-Abschüsse, und die Granaten schmetterten in die englischen Gruppen hinein. Im Handgranatenkampf wurde der letzte Gegner niedergerungen. Die Kastellhöhe war wenig später fest in der Hand der 2. Kompanie.

Durch diesen Erfolg entschied sich auch die schwierige Lage, die beim II. Bataillon eingetreten war. Hier, wo die 7. Kompanie gegen die starkbesetzten Hügelstellungen westlich Galatas stürmte und immer wieder zurückgeworfen und von den schweren Waffen der Briten eingedeckt wurde, hier, wo auch die 6. und 8. Kompanie – nördlich von der 7. angreifend – starke Verluste erlitten hatten, ging es plötzlich vorwärts.

Im Nahkampf wurden die Stellungen der Engländer durchbrochen, und als die Nacht einfiel, stand das II. Bataillon am West- und Nordrand von Galatas.

Es war inzwischen 19.30 Uhr geworden. Unter den ersten in Galatas eindringenden Gebirgsjägern befand sich auch Oberjäger Kerer mit seinem MG-Halbzug. Er hatte Befehl erhalten, mitten im Ort in Stellung zu gehen und das Sammeln der beim Angriff weit auseinandergerissenen drei Kompanien (der 7., 8. und 9. Kompanie) zu decken.

Der MG-Halbzug hatte bereits seinen Halbzugführer und drei Verwundete verloren. Oberjäger Kerer übernahm die Führung des Halbzugs und bezog mitten in Galatas Stellung, als er Frontalfeuer erhielt. Der Gegner hatte sich im Norden von Galatas festgesetzt und ging nun in der Dunklheit über Mauern, Hecken und Trümmer gegen die eingedrungenen Gebirgsjäger vor. Eben hatten sich die ersten sMG auf diesen vorgehenden Gegner eingeschossen, als auch hier der Ruf erscholl:

»Feindpanzer greifen auf der Hauptstraße an!«

Schon sah Oberjäger Kerer auch die Umrisse zweier Panzer aus der Finsternis auftauchen. Sie kamen schnell näher. Das Kettengerassel vermischte sich mit den Abschüssen aus ihren MG und Schnellfeuerkanonen.

Auch hier begann nun – ebenso wie bei der Gruppe Burghartswieser – der Kampf. Binnen weniger Minuten rollte auch hier beim

Halbzug Kerer ein blutiges, düsteres Ringen ab. Der Angriff des Gegners, durch die Panzer vorgetragen, kam näher. In das wilde Tohuwabohu von Kettengerassel, MG-Salven und Kanonen-Abschüssen mischte sich das Heulen der Querschläger und die Rufe der Verwundeten.

»Alle Männer außer den Schützen I der sMG zu mir!« befahl Oberjäger Kerer.

Neun Männer scharten sich um ihn.

»Wir greifen die Panzer an und halten sie auf!«

»Mit Gewehrgranaten, Herr Oberjäger?« fragte einer der Jäger.

Doch er hörte keine Antwort mehr, denn schon rollten die ersten Panzer direkt auf die Mauer zu, hinter welcher die Männer in Deckung gegangen waren.

»Zurück ins Haus, ehe sie uns überkarren!« befahl Oberjäger Kerer.

Die Männer rasten in das wenige Meter weiter rückwärts liegende Haus. Hier stießen sie auf Feldwebel Burghartswieser, der soeben aus südlicher Richtung dieses Haus erreicht hatte.

»Gebt Feuerschutz!« befahl Kerer.

Noch ehe ihn jemand zurückhalten konnte, eilte er mit einer Handvoll Handgranaten wieder ins Freie. Er warf auf den vordersten Panzer und traf ihn. Wieder und wieder traf er den Panzer. Die Explosionen knallten. Dann warf eine Granate aus der Schnellfeuerkanone Oberjäger Kerer zu Boden.

Der vorderste Panzer war inzwischen auf der Straße bis auf 5 Meter an das Haus herangekommen. Er drehte sich einmal um seine eigene Achse und blieb frontal zum Haus stehen. Sein sMG feuerte. Seine Schnellfeuerkanone spuckte Flammenstrahlen aus, die Granaten durchschlugen die Mauern des Hauses. Steinsplitter und Querschläger wimmerten. Verwundete und Getroffene schrien.

Und auf einmal tauchte hinter dem zweiten Panzer, der ebenfalls zu feuern begonnen hatte, britische Infanterie auf. Sie erreichte den Garten. Im Haus waren inzwischen die Handgranaten ausgegangen.

Feldwebel Burghartswieser, der »Stoßtruppführer vom Dienst«, wie ihn alle kannten, organisierte die Verteidigung. Dennoch wäre es schlecht für die beiden Gruppen ausgegangen, wenn nicht noch von dritter Seite Hilfe gekommen wäre. Lassen wir an dieser Stelle den Kriegsberichter Ernst E. Strassl berichten:*)

»Die Entschlußkraft eines einzelnen ist es wieder, die dem bedrängten Häuflein Luft schafft.

Der Feldwebel Faltermeier, der sich inzwischen, von hinten kommend, bis zu dem Verteidigungsnest vorgearbeitet hatte, bringt seinen Schützentrupp in Stellung. Aus nächster Entfernung gehen

*) In: Die Nacht von Galatas.

die Schützen die englischen Panzer an, und diesen wird die Gegenwehr unangenehm. Sie schwenken wieder auf die Straße ein und bauen sich in einiger Entfernung neu auf.

Diese Atempause genügt unseren Jägern. Sie verlassen das Haus und gehen wieder an der schützenden Mauer in Stellung. Schon schießen ihre Maschinengewehre und Gewehre wieder. Die höchste Gefahr ist beseitigt; beinahe hätten die englischen Infanteristen die eigene Stellung überlaufen. Jetzt liegt man sich auf zwanzig Meter gegenüber. Das eine Maschinengewehr hat bereits drei Verwundete, das andere ist durch Handgranatentreffer ausgefallen. Der Tommy schießt mit Leuchtspurmunition. Wie glitzernde Sternchen ziehen die Geschosse über die Deckung hinweg.

Der erste Panzer ist bewegungsunfähig liegengeblieben, schießt aber noch aus allen Rohren. Der zweite hat scheinbar genug. Er rattert schwerfällig die Dorfstraße zurück.

Indessen haben die Engländer, den Ausfall des einen Maschinengewehrs ausnützend, ihre Front verbreitert und sich halbkreisförmig um die ›deutsche Festung‹ zusammengezogen. Sie greifen erneut an, kommen näher und näher. Schon klettern die beiden ersten über die Mauer, aber noch hält die deutsche Verteidigung stand.

Von hinten sind inzwischen wieder neue Jäger nach vorn gestoßen, die die Ausfälle wettmachen und die Feuerkraft der Verteidiger erhöhen. Feldwebel Burghartswieser hat in einer neuen kühnen Aktion mit den letzten Handgranaten den zweiten feindlichen Panzer zum Schweigen gebracht. Der Engländer greift mit einer Zähigkeit an, die erkennen läßt, wie sehr ihm an Galatas gelegen ist. Beim Halbzug Kerer fällt jetzt auch das zweite MG aus. Nur fünf Mann des Halbzugs sind noch kampffähig.

Der Gegner erlahmt nicht in seinen Angriffen. Von allen Seiten regnet es Schüsse auf die deutschen Verteidiger. Der ganze Garten liegt voller Verwundeter. Es ist unbegreiflich, daß die Zahl der tödlichen Ausfälle so verhältnismäßig gering bleibt. Unsere Jäger übertreffen sich selbst. Sie halten nicht nur den Widerstand aufrecht, sie schaffen auch ihre Verwundeten nach hinten.

Da bringt ein Melder die Nachricht, daß sich inzwischen die Kompanien im Ort gesammelt und zur Verteidigung eingerichtet haben. Der Auftrag des Halbzugs, den Gegner bis zu diesem Zeitpunkt zu fesseln, ist erfüllt. Der Halbzug hat sich für die Kompanie geopfert, hat in planmäßiger Abwehr die Front gehalten. Jetzt kann er sich vom Feind lösen und auf die neuen Stellungen der eigenen Kompanie zurückgehen. Fünf Mann kehren zurück.«

Soweit der Bericht eines Augenzeugen.

Galatas war im Kampf um Kreta die entscheidende Phase. Hier hatte der Gegner alles auf eine erfolgreiche Verteidigung der beherrschenden Höhenstellungen gesetzt. Hier sollten die Fallschirmjäger und Gebirgsjäger aufgehalten werden. Daß sie nicht gestoppt wurden, war das höchste Verdienst der Gebirgsjäger, die diese Stellung aufrollten und Galatas in der Nacht gegen vielfache Übermacht hielten. Aber der Kampf um Galatas war noch nicht zu Ende. Er entbrannte aufs neue.

Major Schury, der nach dem Ausfall des verwundeten Kommandeurs des zweiten Bataillons die Führung übernommen hatte, ließ sein Bataillon und die 2. Kompanie des I. Bataillons (Major Schrank) am Südrand von Galatas sammeln und sich in den Häuserruinen festsetzen. Ein Leutnant der 2. Kompanie warf sich hier allein einer Gruppe angreifender Neuseeländer entgegen. Mit seiner Maschinenpistole streckte er eine Reihe Gegner nieder, ehe auch ihn der tödliche Schuß traf. Kleine Gruppen und Einzelkämpfer hielten sich in den Trümmern. Stundenlang kämpften sie verbissen auf eingeschlossenem Vorposten, ehe sie sich zum Südrand durchschlugen. Als der Tag heraufdämmerte, wurden die letzten Handgranaten und die letzte Munition verteilt. Major Schury und Major Schrank besprachen den letzten Angriff, der sie in den Besitz der Ortschaft setzen sollte. Immer vorausgesetzt, daß er – gelang.

An der Spitze der zum Angriff vorgehenden vier Kompanien stand wieder der Zug von Feldwebel Burghartswieser. Der Feldwebel hatte nur noch wenige Männer um sich versammelt. Aber er war entschlossen, Galatas so weit zurückzuerobern, wie er die Ortschaft sechs Stunden vorher in Besitz genommen hatte. Der Feldwebel hätte längst mit den übrigen Verwundeten zurückgeschafft werden können. Er hatte beim Nahkampf einen Bajonettstich in den Oberschenkel erhalten. Weil keine Kugel mehr in der Maschinenpistole war, hatte er sich des Gegners nur durch eine kräftige Ohrfeige erwehren können.

Nun aber ging er – mit einem Notverband angetan – wieder vor.

Feuer peitschte ihnen entgegen. Handgranaten platzten auseinander. Wo der Gegner erkannt wurde, wurde er mit schnellen Schüssen vertrieben oder mit Handgranaten ausgeschaltet.

Noch feuerte der Gegner, zog sich aber, von den nächtlichen Kämpfen ebenso angeschlagen wie die Deutschen, mehr und mehr unter dem deutschen Druck zurück. Dann erreichte der Zug Burghartswieser den Nordrand von Galatas. Die nachfolgenden Kompanien sicherten. Nun endlich war Galatas fest in ihrer Hand. Sie hatten es doch noch geschafft. Der Gegner war weich geworden. Er wollte einen solchen Kampf nicht noch einmal durchstehen.

Bei Tageslicht bot die Ortschaft einen grausigen Anblick. Gefallene, Freund und Feind, lagen nebeneinander. Deutsche und Neuseeländer, die Waffen in den erstarrten Fäusten.

Mit der englischen Niederlage bei Galatas wurde der noch Tage dauernde Verfolgungskampf eingeleitet, der zur wilden Flucht des Gegners und zur teilweisen Evakuierung führte. Ein großer Teil der britischen Streitkräfte konnte dabei gefangengenommen werden.

Aber noch war es nicht soweit. Noch standen Tage erbitterter Kämpfe vor den beiden deutschen Divisionen auf der Insel. Daß die Gebirgsjäger mit einem solchen Einsatz kämpften, das war ihrem Kompanieführer, Oberleutnant Bauer, Oberfeldwebel Burghartswieser, Oberjäger Kerer und Feldwebel Faltermeier zu danken, die die ihnen unterstellten Männer immer wieder mitrissen.

Im Wehrmachtsbericht des 29. Mai heißt es über den Einsatz dieser Männer: »... Bei den Kämpfen um Chania zeichneten sich die Angehörigen des Gebirgsjäger-Regiments 100, Oberleutnant Bauer, Oberfeldwebel Burghartswieser, Oberjäger Kerer und Feldwebel Faltermeier durch besondere Tapferkeit aus.«

Zur gleichen Zeit hatte die Gruppe Ramcke die Neuseeländer beiderseits der Küstenstraße aus ihren Stellungen geworfen und stand auf gleicher Höhe mit den Gebirgsjägern. Damit lief die Angriffsfront in nordsüdlicher Richtung geschlossen von der Küste bis zur Straße Chania-Alikianou. In der Mitte dieser HKL lag Galatas, mit der 6., 7. und 8./100. Nach Süden und Südosten schlossen sich die 2., 1. und 3./100 zwischen der Ortschaft und der Kirchhofshöhe mit Front nach Osten an. Noch weiter südlich davon stand die Gruppe Heidrich.

General Ringel stand in dieser Phase des Kampfes vor schwerwiegenden Überlegungen. Lassen wir ihn an dieser Stelle aus seinem Werk berichten:*) »Während der Abendstunden waren die Reste meiner Division in Malemes gelandet und sofort ostwärts in Marsch gesetzt worden. Das Gebirgsjäger-Regiment 85 sammelte in der Niederung nördlich von Alikianou. Ich konnte ihm keine Rast gönnen, denn bei Galatas hing, trotz des Erfolges in letzter Minute, alles nach wie vor an einem seidenen Faden. Selbst wenn der Gegner die Niederlage hinnahm, war es fraglich, ob die beiden Bataillone der 100er im Verein mit den Fallschirmjägern der Gruppen Ramcke und Heidrich imstande waren, am nächsten Tag einen weiteren Riegel vor Chania aufzubrechen. Außerdem war mit Si-

*) Hurra die Gams!

cherheit anzunehmen, daß sich die Angriffsfront dort gewaltig verbreitern würde, denn die Hauptstadt Kretas war den Engländern weniger wichtig, als der etwa 6 km südöstlich davon gelegene Kriegshafen Suda.

Ich durfte daher nicht alles auf eine Karte setzen, sondern mußte rechtzeitig Sicherheiten schaffen; für den Fall, daß es bei Galatas nicht mehr weiterging. Der schmale Streifen an der Nordküste allein war nur durch Frontalangriffe gegen Osten zu verlängern. Wie hart und verlustreich dieses Verfahren war, hatten die Kämpfe um Galatas wieder bewiesen; wie oft uns ähnliches noch bevorstand, bevor wir Suda und damit die Entscheidung erreichten, war nicht abzusehen. Es mußten daher *neue Umgehungen* eingeleitet werden.

Dazu war in erster Linie das Regiment 85 ausersehen, das aus dem Raum von Alikianou quer durch das Gebirge bis in die Gegend südlich von Suda vorgehen sollte. War uns bei Galatas oder vor Chania ein Halt geboten, so sollte die erstarrte Kampffront durch Flankenangriffe der Gruppe Oberst Krakau, des verstärkten Regiments 85, wieder in Fluß gebracht werden.

In Sorge um ein vorzeitiges Erlahmen unserer Kräfte hatte mir Generalfaldmarschall List noch das verstärkte Gebirgsjäger-Regiment 141 der 6. Gebirgsdivision unter Oberst Jais zugewiesen. Es wurde am 26. und 27. Mai nach Malemes geflogen und unverzüglich auf der Marschroute der 85er in Bewegung gesetzt.«

Diese Umgehungsgruppe unter Oberst Krakau stand vor einer großen Aufgabe. Das aus Niederbayern und Österreichern zusammengesetzte Regiment, das im Griechenland-Feldzug den Istibei, die stärkste Stellung der Metaxas-Linie erstürmt hatte, mußte Unvorstellbares leisten. Es marschierte in der glühenden Sonne des 25. Mai über Felsen und Dorngestrüpp, durch Schluchten und Gräben bei 45, 50 und mehr Grad Hitze im Schatten über die Insel. Für sie wurde das Wort von der »heißen Hölle Kreta« Wahrheit.

Am 26. Mai – einen Tag nach diesem blutigen Ringen um Galatas, das die Entscheidung bringen sollte, sprach Sir Winston Churchill im englischen Unterhaus darüber und führte unter anderem aus:

»Die Schlacht um Chania tobt mit unbeschreiblicher Wucht, ebenso heftig, wenn auch in kleinerem Maße, die um Rethymnon und Heraklion. General Freybergs Truppen haben Verstärkungen an Menschen und Material erhalten und erhalten sie weiter.«

An dieser Stelle wurde der Kriegspremier vom Beifall des Hauses unterbrochen, aber er fuhr fort:

»In dem Augenblick, da ich jetzt spreche, ist der Erfolg ihres heldenhaften Widerstands noch ungewiß. Wie die Schlacht auch endgültig ausgehen mag, so wird doch die Verteidigung Kretas, als eines Vorpostens vor Ägypten, in den Annalen des britischen Heeres und der Flotte an erster Stelle stehen.«

In den frühen Morgenstunden des 26. Mai erhielt Generalmajor Ringel die Meldung von Oberst Utz, daß Galatas ganz in der Hand der Gebirgsjäger sei.

»Weiter vorgehen« befahl er. »Wir folgen dem Gegner in breiter Front nach Osten. Jetzt ist er weich geworden. Nun darf er sich nicht wieder setzen. Vor dem Sperriegel vor Chania bleiben wir stehen, denn es erscheint ratsam, den Angriff auf diese Stellung durch den Flankenstoß des Regimentes 85 von Süden her zu unterstützen. Dazu muß abgewartet werden, bis die Umgehung von Süden her vollzogen ist.«

Generalmajor Ringel arbeitete diesen Angriffsplan unter größtmöglicher Schonung seiner Gebirgsjäger und der ihm unterstellten Gruppe Ramcke aus. Die schweren Waffen des Regiments Utz und der Gruppen Ramcke und Heidrich wurden am 26.5. nachgezogen und dort in Stellung gebracht, von wo aus sie die Ziele des Sperrriegels Chania und Ziele in der Stadt selbst unter Feuer nehmen konnten.

Um Suda – den wichtigsten englischen Kriegshafen auf der Insel – so schnell wie möglich in die Hand zu bekommen, schob Generalmajor Ringel die neu hinzugekommene Gruppe Jais (Gebirgsjägerregiment 141) zwischen die Gruppen Utz und Heidrich ein und verstärkte so den rechten Flügel des Angriffskeils auf Chania sehr. Wichtig erschien auch die schnellstmögliche Hilfeleistung für die bei Rethymnon eingeschlossenen und seit einer Woche auf Biegen und Brechen kämpfenden zwei Gruppen des Fallschirmjägerregiments 2. Diese beiden Gruppen waren noch 50 km von der Gruppe West entfernt.

Doch im Lauf des Vormittags des 26.5. wurde klar, daß der für 16.30 vorgesehene Angriff auf Chania nicht durchgeführt werden konnte. Vom Regiment 85 eintreffende Meldungen sagten dem Stab der 5. Gebirgs-Division, daß diese Gruppe mit großen Geländeschwierigkeiten kämpfte, und daß sie erst am 27. Mai an Ort und Stelle sein konnte. Den ganzen Tag über wurden die Vorbereitungen getroffen. Dann war alles für den entscheidenden Angriff auf Chania bereit.

Bei Rethymnon bis zur Befreiung – Heraklion: Lage gebessert – Allgemeine Übersicht

In der Nacht zum 26.5.1941 ließ Major Kroh in der Verteidigungsstellung seiner Kampfgruppe – der Ölfabrik – alles zum befohlenen Durchbruch nach Heraklion bereitmachen. Zwei leichte Flakgeschütze, die nicht mitgenommen werden konnten, wurden in der Nacht ins Meer geworfen. Eine leichte Flak wurde zerlegt und mit aller Munition mitgenommen.

Die 17 Schwerverwundeten, die in der Ölfabrik lagen, mußten unter der Obhut einiger deutscher Sanitäter und der elf britischen Gefangenen zurückgelassen werden.

Um 2.00 begann der Abmarsch. Es ging zunächst zum Abwurfplatz entlang der Küste nach Ostnordosten. Nach zweidreiviertel Stunden erreichten die überlebenden 250 Männer diese Stelle. Hier wurde die Verpflegung ausgeteilt. Die Fallschirmjäger hatten das unmöglich Erscheinende geschafft und sich unerkannt vom Gegner abgesetzt. Nun waren sie nach dem dreistündigen schweren Marsch erschöpft.

Major Kroh gliederte hier die eingetroffenen Fallschirmjäger verschiedenster Einheiten zu neuen Kampfgruppen. Kompanien wurden zusammengelegt; aus Resten wieder kampffähige Einheiten gebildet. Die Neuaufstellung lautete:

1. Kompanie, Oberleutnant Schindler. Gebildet aus Resten der 1. und 4. Kompanie.

2. Kompanie, Oberleutnant Rosenberg. Gebildet aus dem Regiments-Nachrichtenzug und 2./MG-Bataillon.

3. Kompanie, Oberleutnant von Roon. Gebildet aus 3. und 13. Kompanie.

Kompanie Hinz, gebildet aus den Resten der 10., 11. und 12. Kompanie.

Schwere Kompanie, Oberleutnant Marr. Gebildet aus 2./Fla.MG-Bataillon 7 mit 1 leichten Flak, 1 leichte Pak, 1 sMG, 3 sGranatwerfer.

Jede der neugebildeten Kompanien verfügte nach Verteilung aller vorhandenen Waffen über jeweils 2 lMG, 1 Granatwerfer und 30 Gewehre.

Die Männer, die keine Waffen besaßen, wurden zu Trägerkolonnen zusammengezogen.

In dem Gebiet der Flußmündung, am Absprungplatz, herrschte

den ganzen Tag über leichte Kampftätigkeit. Versteckt lauernde Partisanen schossen immer wieder. Sie wurden im Feuergefecht ausgeschaltet.

Am Abend des 26. 5. jedoch wurde durch einen neuen Korpsbefehl der Befehl zum Durchbruch widerrufen. Dieser neue Korpsbefehl lautete:

»Fallschirmjäger-Regiment 2 hält in den alten Stellungen aus und fesselt den Gegner.«

Major Kroh beschloß nun die Stellungen am Fluß durch einige Vorstöße weiter auszudehnen. Am Abend des 27. 5. stürmte die 3. Kompanie unter Oberleutnant von Roon – nach Feuerunterstützung durch Pak und Flak – die Höhe 156. Wenig später nahm die 1. Kompanie die Höhe 217 östlich des Abwurfplatzes, die die Umgegend beherrschte. Der Bataillonsgefechtsstand wurde auf der Höhe 217 eingerichtet. Die zweite Kompanie stieß weiter nach Süden vor und nahm die Ortschaft Prinos in Besitz. Hier standen den Fallschirmjägern überwiegend griechische Truppen und Partisanen gegenüber.

Bei der Kampfgruppe Wiedemann im Raum Peribolia griff der Gegner am Morgen des 27. Mai mit starken Kräften den Ostteil des deutschen Verteidigungsigels an. Von 5.00 Uhr bis 6.40 Uhr lag starkes Artilleriefeuer auf den deutschen Stellungen. Dann rollten vier Panzer gegen den rechten deutschen Flügel vor. In zwei Wellen folgte ihnen britische Infanterie nach. Die Panzer rollten direkt auf die Batterie Thorbecke (2./Fallschirm-Artillerieabteilung 7) zu, die zwischen Wegegabel und Strohschoberhöhe in Stellung gegangen war. Ein Zug der 14. Kompanie, der ebenfalls hier lag, sollte die Batterie vor Infanterie-Angriffen schützen.

Es kam zu einem erbitterten Kampf. Die Batterie feuerte, was aus den Rohren ihrer Geschütze hinausging. Der erste Panzer blieb brennend liegen. Kurz darauf wurde der zweite lahmgeschossen. Vier Fallschirmjäger arbeiteten sich trotz des Feuers der beiden übriggebliebenen Panzer vor und erledigten den liegenbliebenen und immer noch feuernden zweiten Panzer mit Sprengmitteln und Handgranaten.

Die Batterie Thorbecke hatte die ersten Ausfälle. Drei Kanoniere wurden schwerverwundet; ein Mann fiel, von einer Panzergranate durchbohrt. Dann aber nahm das rechte Flankengeschütz den dritten Feindpanzer ins Visier. In einem kurzen Duell gelang es dem Geschütz, diesen dritten Panzer auszuschalten.

Jetzt drehte der vierte ab und rollte zurück. Eine der ihm nachgeschickten Granaten traf und beschädigte ihn. Doch er konnte trotzdem entkommen. Die englische Infanterie blieb im MG-Feuer des Zuges liegen. Um 7.00 Uhr war dieser starke Angriff mit blutigen Verlusten für den Gegner abgewiesen. Auf dem linken Verteidigungsflügel gelang es dem Gegner, der zur gleichen Zeit angriff, als auch auf der rechten Flanke der Kampf tobte, bis auf Einbruchsentfernung an die Stellungen der hier verteidigenden 9. Kompanie heranzukommen. Hier war es das schwere MG von Oberjäger Zillkens, das aus guter überhöhter Stellung heraus die Flanke des Feindangriffes auffaßte und den Gegner in langen Feuerstößen zu Boden warf, so daß er den Angriff aufgab. Zu stark war das Feuer, zu hoch waren die Verluste, ohne auch nur einen Meter tief in den deutschen Igel eingedrungen zu sein.

Abermals begann die Artillerie des Gegners auf den Igel zu feuern, dessen südlichste Spitze nach wie vor auf der Kapellenhöhe verlief. Die Kapellenhöhe war am Nachmittag das Ziel eines neuen Angriffs, der mit frischen Kräften vorgetrieben wurde.

Aber auf der Höhe saßen die Männer von der 9. Kompanie, die diese Höhe bereits am 21. Mai in Zugstärke besetzt hatten und sie trotz mehrfacher Angriffe nicht mehr freigaben.

Auch an diesem Tag gaben sie die Höhe nicht aus der Hand. Die vorgehenden Australier gelangten nur bis auf ca. 350 Meter an die Höhe heran. Dann blieben sie im flankierenden MG-Feuer liegen. Die Kampfgruppe Wiedemann, seit dem Durchbruch des überlebenden Regimentsstabes nach Peribolia von Major Schulz geführt, hielt ihre Stellung.

Noch in der Nacht griff der Gegner hier abermals an. Um 1.00 Uhr des 28.5. stürmte er die Hänge zur Kapellenhöhe empor, um sie im Schutz der Dunkelheit zu gewinnen. Vergebens. Die Fallschirmjäger waren auf der Hut. Einer wohl zehnfachen Übermacht gegenüberstehend, hielten sie sich. Um 2.00 Uhr gelang es dem Gegner, in eine Lücke zwischen der 9. und 14. Kompanie im Südosten einzubrechen. Diese Gruppe stürmte unter Ausnutzung ihrer Chance weiter vor. Sie erreichte Peribolia und setzte sich in einigen Häusern der Ortschaft fest. Bis 4.00 Uhr drangen die Spitzengruppen bis zum Bataillonsgefechtsstand und sogar bis zum Lazarett vor.

Major Schulz raffte alle Männer des Stabes zusammen. Mit Meldern, Funkern und Nachrichtenmännern stellte er sich dem Gegner entgegen. Sein Gegenstoß warf die Australier zruück. Zwanzig Gefangene wurden gemacht.

Doch ein Teil der Australier saß immer noch fest in Peribolia, in der Gegend der Straßengabel. Durch ihr Scharfschützenfeuer traten deutscherseits schwere Verluste ein. Um den Pfahl im Fleisch der eigenen Minen zu beseitigen, wurden nacheinander drei Stoßtrupps der 9. und 11. Kompanie auf dieses Widerstandsnest angesetzt. Mit Pakunterstützung gingen die Fallschirmjäger vor. Doch zäh verteidigten die Australier diese günstigen Positionen. Die Fallschirmjäger erlitten auch hier wieder schwere Verluste.

Durch diese Kämpfe und die der vorangegangenen Tage lichtete sich die vorderste Verteidigungslinie des Igels mehr und mehr. Die Lücken konnten nicht mehr geschlossen werden, da nicht ein Mann als Reserve zur Verfügung stand. Jeder Fallschirmjäger, der eine Waffe tragen konnte, war schon in den Abwehrring eingebaut worden.

Hauptmann Wiedemann wurde im Verlauf der Kämpfe am Vormittag des 28. Mai verwundet. Oberleutnant Paul wurde ebenfalls schwer verwundet, Oberleutnant Pabst, Oberleutnant Begemann und Leutnant Molsen fanden den Tod.

Am Mittag des 28. Mai verfügte die Kampfgruppe noch über drei Offiziere: den Kampfgruppenführer, Major Schulz, und die Leutnante Klitzing und Kühl. Dennoch gab sie nicht auf.

Unterstützt wurde sie durch die Lufteinsätze von Stukas, Zerstörern und Bombern.

Es sah trostlos aus. Noch wußte keiner der Männer, daß schon der kommende Tag die endgültige Rettung und den Sieg bringen sollte.

Der Wehrmachtsbericht des 27. Mai 1941 gab bekannt:

»Auf der Insel Kreta befinden sich die deutschen Truppen nach erfolgreichen Kämpfen und Besetzung mehrerer Ortschaften in weiterem planmäßigem Vorgehen. Die Luftwaffe unterstützte die Kämpfe durch wirksame Angriffe von Sturzkampfflugzeugen auf britische Stützpunkte, Truppenansammlungen und Zeltlager. Flakartillerie schoß über der Insel ein Jagdflugzeug vom Muster Hurricane ab. Südlich Kreta wurde ein großer Transporter durch Bombentreffer schwer beschädigt.

Im östlichen Mittelmeer griffen deutsche Sturzkampfflugzeuge einen starken britischen Flottenverband an. Sie erzielten vier Bombentreffer schweren Kalibers auf einem Flugzeugträger und mehrere Bombentreffer auf zwei Kreuzern.«

Aus dem Oberkommando von General Wavell in Kairo wurde über den Kreta-Einsatz folgendes mitgeteilt:

»Kreta: Unterstützt durch einen neuen heftigen Luftangriff lösten die deutschen Truppen am Montagabend in der Gegend von Chania einen weiteren Angriff aus, bei dem sie tiefer in unsere Verteidigungslinien eindrangen, so daß sich unsere Truppen auf neue Stellungen hinter diese Linien zurückziehen mußten. Weitere deutsche

Streitkräfte gelangten auf dem Luftweg nach Kreta, und der erbitterte Kampf geht weiter.«

Das II./Fallschirmjäger-Regiment 2, das als Verstärkung der Kampfgruppe Bräuer unter Major Schirmer bei Heraklion gesprungen war, hielt am 26. Mai die Höhe 296 besetzt, die den Flugplatz von Heraklion beherrschte. Als die Engländer hier an diesem Tag zum Gegenangriff antraten, wurden sie von den erschöpften Männern geworfen.

In einem Olivenhain sammelte der Stabsarzt die Verwundeten. Drei Gefangene halfen ihm freiwillig bei der Versorgung. Verwundete Gegner wurden ebenso versorgt wie die deutschen Fallschirmspringer. Als das Verbandsmaterial und Morphium knapp wurden, entschloß sich der Stabsarzt, die Schwerverwundeten durch die feindlichen Linien ins englische Lazarett zu bringen. Ein Sanitäts-Feldwebel, zwei Sanitätsgefreite und drei Männer der 11./Fsch JägRgt. 2 gingen mit dem Stabsarzt, der an der Spitze der Gruppe mit einer weißen Fahne vorausging.

Als sie bis auf 200 Meter an die englischen Stellungen herangekommen waren, wurden sie von MG-Feuer empfangen. Der gefangene Engländer, der einen Kniegelenkschuß hatte und ebenfalls mitgeführt wurde, rief zu den britischen Stellungen hinüber:

»Kameraden nicht schießen! Die Deutschen sind unsere Freunde!«

Das Feuer verstummte. Die kleine Gruppe ging auf die englischen Stellungen zu und in Rufweite herangekommen, ließ der Stabsarzt halten:

»Ist dort ein englischer Offizier, mit dem ich verhandeln kann?« rief er zum Gegner hinüber.

»Ja, hier ist ein englischer Offizier!« hallte nach geraumer Weile die Antwort zurück.

»Stellen Sie das Feuer ein!« setzte der Stabsarzt den Dialog fort.

»Das Feuer ist eingestellt!«

»Ich verlange freies Geleit!«

»Sie haben freies Geleit, auf mein Offiziers-Ehrenwort.«

Wenig später stand der deutsche Stabsarzt vor dem Offizier, einem Neuseeländer. Soldaten kamen herbeigeeilt. Es waren Neuseeländer und Australier.

Der Stabsarzt trug dem Offizier seine Bitten und Wünsche vor. Er sagte auch, daß oben auf der Höhe noch weitere Verwundete beider Seiten lägen und dringend versorgt werden müßten. Er wollte diese Verwundeten durch eine freie Zone hierherbringen.

Der Oberleutnant, ein blonder Mann mit einem sympathischen

Gesicht und offenem Blick, entfernte sich, um seinem Kommandeur über diesen Wunsch zu berichten.

Er hatte sich eben entfernt, als die Australier und Neuseeländer den Deutschen die Auszeichnungen fortnahmen. Der Stabsarzt protestierte laut. Der Oberleutnant, der sofort wieder erschien, ließ die Auszeichnungen zurückgehen, bat aber darum, sie nicht wieder anzustecken.

Unter Bewachung wurde der kleine Transport dann durch eine tiefe Schlucht zum Gefechtsstand geführt. Hier eröffnete der Kommandeur dem Stabsarzt, daß er ihn nicht wieder freilassen könne, weil er zuviel von den englischen Stellungen gesehen habe. Ein Posten führte den deutschen Stabsarzt ab und wies ihm ein Dekkungsloch als vorläufigen Aufenthaltsort zu. Hier erschien wenig später ein weiterer englischer Offizier, dem »der Ic auf dem Gesicht geschrieben stand«.

Mit den Worten:

»Ich bin Arzt, ich verstehe nichts von militärischen Dingen«, zog sich der deutsche Stabsarzt aus der Affäre.

Eine Weile später wurde er wieder zur Vernehmung in den Gefechtsstand geführt, wo ihm mitgeteilt wurde, daß er Gefangener sei, daß er aber die deutschen Verwundeten betreuen könne, die hier auf den englischen Verbandsplätzen lägen.

Der Oberstabsarzt wurde dennoch in der kommenden Nacht von demselben Oberleutnant, der ihm sein Offiziers-Ehrenwort gegeben hatte, zu der Schlucht zurückgebracht, wo sie am Tage auf ihn gestoßen waren. Hier stießen auch die Sanitäter wieder zu ihm, von denen er getrennt worden war. Von den englischen Vorposten erhielten sie Keks und Proviant für die englischen und deutschen Verwundeten.

Als sich der Oberarzt von dem Oberleutnant verabschiedete und ihm die Hand reichte, sagte dieser zu ihm:

»Bitte, legen Sie mir jeweils im Morgengrauen die Verwundeten vor die Stellung, ich werde alle sicher in unser Lazarett weiterleiten. Benutzen Sie aber eine große weiße Flagge, die von allen meinen Männern gesehen wird, damit nichts geschehen kann.«

Einen Tag darauf bereitete Oberst Bruno Bräuer alles zum abermaligen Angriff auf Heraklion vor. Seitdem das Bataillon Vogel hier als Verstärkung gesprungen und die Nachschubfrage durch die Ju 52 gelöst worden war, hatte sich die Lage des Fallschirmjäger-Regiments 1 gefestigt.

Am Morgen des 27. Mai flog eine einzelne Ju 52 den Flugplatz von Heraklion an. Sie hatte ein Fallschirmgeschütz und die dazugehörige Bedienung und Munition an Bord. Mit einer fliegerischen

Meisterleistung landete der Pilot diese Maschine auf einer von Fallschirmjägern besetzten Felskuppe am Südrand des Flugplatzes. Das Geschütz wurde sofort in Stellung gebracht. Es feuerte von nun an in die englischen Befestigungen hinein und bereitete so alles zum Sturm auf Heraklion vor.

Mit dem Fallschirmjäger-Sturmregiment nach Chania hinein – Befreite deutsche Fallschirmjäger – Gruppe Heidrich stürmt vor

In den frühen Morgenstunden des 27.5.1941 gingen die Stoßtrupps des IV. Bataillons vor dem Abschnitt ihrer Kampfgruppe vor und stellten fest, daß die gegnerischen Stellungen noch besetzt waren.

Ein Spähtrupp des II. Bataillons unter Hauptfeldwebel Barnabas brach unter geschickter Ausnutzung des unübersichtlich versteckreichen Geländes durch die vordersten Linien des Gegners durch und hob in überraschendem Ansprung mit unvergleichlichem Kampfgeist mehrere feindliche Widerstandsnester aus.

Um 6.34 Uhr und wenig später noch einmal zeigte der Spähtruppführer auf einer den eigenen Linien zugewandten Kuppe die Hakenkreuzfahne.

Ein Zurückziehen des Spähtrupps vor Beginn des geplanten eigenen Stukaangriffes war nicht mehr möglich, da keine Verbindung zu ihm bestand. Doch Hauptfeldwebel Barnabas hatte bereits, in Erwartung dieses Angriffs, in einer tiefen Schlucht mit seinem Spähtrupp und den Gefangenen Deckung genommen, um dem Bombenhagel zu entgehen.

Durch dieses kühne Spähtrupp-Unternehmen, mitten durch die feindlichen Linien hindurch, wurde der verbissen kämpfende Gegner weich. Als dann nach starker Artillerie-Feuerunterstützung um 10.00 Uhr der Angriff in Richtung Chania begann, konnten die Gebirgsjäger durchstoßen. Auch das II./Fallschirmjäger-Sturmregiment erreichte unter geringen Verlusten das Ziel dieses ersten Angriffes: die letzten Höhen südwestlich von Chania.

Die Gruppe Gericke hatte sich mit Teilen der Gruppe Schmitz mit den vordersten Linien bis an den Westhang der Höhe östlich Mauroutrixas vorgeschoben, was – durch Olivenhaine gedeckt – ohne Verluste geschehen konnte.

Nachdem das Artilleriefeuer schlagartig vorverlegt wurde, ging die Gruppe Gericke zum Angriff vor und nahm, unterstützt durch das flankierende Feuer von der Halbinsel, die Höhen bis zum Westrand der Stadt in Besitz. Hauptmann Gericke ließ seinen Gefechtsstand sofort in den Olivenhain am Westrand von Chania vorverlegen. In seinem Werk*) hat Hauptmann Gericke diesen letzten Sturm des 26. und 27. 5. 1941 auf Chania in knapper eindringlicher Sprache dargestellt. Geben wir ihm an dieser Stelle das Wort:

»Lange vor Sonnenaufgang, bevor der Kampf wieder auflebte, hatte sich der Kommandeur zum Gefechtsstand des anschließenden Gebirgsjäger-Bataillons begeben, hatte die gemeinsame Trennungslinie, die Feuerunterstützung und die Zusammenarbeit für den Angriff festgelegt, der um 10.00 Uhr beginnen soll und war auf seinen eigenen Gefechtsstand zurückgekehrt, um mit seinem Adjutanten die Befehle fertigzumachen. Melder bringen sie jetzt zu den einzelnen Kompanien. Rechtzeitig erfährt jeder von dem Vorhaben und von seiner Durchführung. Ein konzentrischer Stukaangriff soll den Angriff einleiten. Der Kommandeur blickt auf die Uhr. Es ist 9.30 Uhr geworden. Viel zu langsam rückt der Zeiger vor. Es wird 9.45. Kein Motorengebrumm.

9.50 Uhr – 10.00 Uhr!

Nichts zu sehen, nichts zu hören von den Stukas! Verdammte Schweinerei! Schimpfend fährt der Kommandeur auf den vorgeschobenen Beobachtungsstand der Artillerie. Von dort will er den Angriff leiten, der nun ohne Bombardierung der Stadt vorgetragen werden muß. Beschleunigt will er das Südufer der Suda-Bucht erreichen, um dem Gegner die Heranführung von Verstärkungen und Nachschub zu verwehren.

Außerdem erfordert die Lage der Fallschirmspringer bei Rethymnon baldige Hilfe. Eine starke Kampfgruppe der Gebirgsjäger soll ferner von Alikianou her in Richtung auf die Suda-Bucht vorstoßen. Sie nehmen Alikianou schnell, aber ihr weiteres Vordringen wird durch dauernde Gegenangriffe verzögert. Der Angriff gegen Chania selbst aber gewinnt rasch an Boden. Ein großes Zeltlager vor den Toren der Stadt ist bereits erobert, als die ersten Kampffliegerverbände und Stukas am Himmel erscheinen und in den Kampf eingreifen.

In einem kastellartigen Dorf auf einem unübersichtlichen Höhenzug haben sich die Engländer noch einmal zum Widerstand aufgerafft. Riesentrichter, von Stukabomben gerissen, haben das Gelände aufgewühlt.

Immer lebhafter wird es auf der Höhe. Erst fallen einzelne Schüsse, dann ganze Salven. Dazwischen krachen Granatwerfer, und schließlich zwingen langanhaltende Feuerstöße der MG die Männer des angreifenden IV. Bataillons zu Boden. Jenseits der Straße humpelt ein Leutnant, gestützt auf einen Stock, nach hinten – verwundet! Sein Rock ist zerrissen, aus dem Verband tropft Blut. Er humpelt weiter zum Gefechtsstand.

*) In: Da gibt es kein Zurück . . .!

Zu beherrschend ist die Höhenstellung der Engländer. Der Angriff stockt am rechten Flügel. Am Strand geht es besser vorwärts. Bis auf eine Landzunge, die sich weit hinaus ins blaue Meer erstreckt, sind sie schon gekommen.

›Mit leichten Waffen allein ist gegen den besetzten Höhenzug nicht anzukommen; hier können nur Jabos oder Stukas helfen‹, meldet der Leutnant. ›Nur sie sind in der Lage, die einzelnen Felsennester zum Schweigen zu bringen.‹

Der Kommandeur forderte sie über das Regiment an. Für 16.00 Uhr werden sie zugesagt. Aber bis dahin ist eine lange Zeit. Schließlich wird es 16.00 Uhr. Ja, es wird sogar 16.10 Uhr. Alle warten auf die zugesagte Waffenhilfe. Sie wissen nicht, warum keine Maschine kommt. Aber die Führung hat keine einzige Maschine frei. Alle fliegen sie Angriffe gegen die vor Kretas Küste konzentrierte Royal Navy.

Die Meldungen von vorn überschlagen sich. Die Kompanie am linken Flügel meldet:

›Von hier aus gute Waffenmöglichkeit für schwere Waffen in Flanke und Rücken des Gegners und auf den Westrand der Stadt!‹

›Das kann unsere Rettung sein‹, sagte der Kommandeur. ›So können wir unseren steckengebliebenen Angriff wieder in Gang bringen.‹

Ein sMG-Zug erhält Befehl, sich auf einen größeren Stellungswechsel vorzubereiten.

Kaum ist es dämmrig, da setzt sich der sMG-Zug schwerbepackt in Bewegung und zieht unbemerkt von den Engländern in die vorbereiteten Stellungen ein.

Die Nacht geht ruhig dahin. Am frühen Morgen bricht der Sturm noch einmal los. Die Engländer fluten zurück, verlassen die Höhen. Pak- und Fla-MG-Bedienungen ziehen ihre Geschütze vor.

›Jetzt mit Schwung nachstoßen, dem Tommy keine Zeit gönnen, sich irgendwo wieder festzusetzen. Chania muß heute fallen!‹

Bomberverbände überfliegen die Stadt und öffnen ihre Schächte. In langer Kette nacheinander kann man die Bomben fallen sehen. Mächtige Explosionen erschüttern die Luft. Riesige Rauchfontänen schlagen gen Himmel, fallen wieder in sich zusammen und werden von neuem emporgehoben. In Chania brennt das Haupt-Munitionslager. Granaten detonieren; mit unaufhörlichem Geknatter geht Gewehrmunition in die Luft. Auf den Gebirgspfaden erkennt man die ersten Gebirgsjäger, die von den Bergen heruntersteigen. Der Ring um Chania schließt sich mehr und mehr.«

Das II. Bataillon (Major Stentzler), das durch die keilartige Verengung zwischen den Gebirgsjägern rechts und der Gruppe Gericke links eingeklemmt war, wurde als Kampfgruppenreserve am Westrand von Chania angehalten, um Überraschungen beim Durchkämmen der Stadt entgegentreten zu können.

Fallschirmjäger und Gebirgsjäger stießen nun Schulter an Schulter in die Stadt Chania hinein. Die motorisierten Teile der Kampfgruppe Schmitz, die die Spitze hielten, hißten um 16.15 Uhr die Kriegsflagge auf dem roten Kirchturm im Mittelpunkt der Stadt Chania. Von Süden stieß die Gruppe Heidrich auf Chania vor. Das I. Bataillon vorn. Hauptmann von der Heydte schickte Leutnant Krüger mit einem Stoßtrupp vor. Dieser Stoßtrupp nahm eine Funkstelle in Besitz, drang zum Hafen vor und hißte auf der dort stehenden Moschee die Kriegsflagge.

Die Gruppe Gericke erreichte gegen 17.00 Uhr den Nordostrand der Stadt. Die schweren Waffen wurden unmittelbar darauf dorthin nachgezogen.

In der Stadt selbst fand die motorisierte Vorausabteilung der Gruppe Schmitz nur wenig Widerstand. Chania war durch die voraufgegangenen Bombenangriffe stark zerstört. Der Feind war auf Suda und die Halbinsel Akrotiri ausgewichen.

Das I. und II. Bataillon blieben für die Nacht als Reserve in den Olivenhainen auf den Höhen hart westlich von Chania; dort wurde auch für die Nacht der Regimentsgefechtsstand eingerichtet.

Hauptmann Gericke berichtet:

»Am Weg brennt eine große Tankstelle. Dicker Qualm quillt aus den Ölbehältern und bildet riesenhafte Rauchpilze. Mitleidlos brennt die Sonne herab. Vereinzelt klingt ein Schuß aus der Ferne herüber. Die Straßen von Chania füllen sich mit Fallschirmjägern. Sie sind glücklich, daß sie zu den Überlebenden gehören. Mitten auf dem Marktplatz steht der Kommandeur, umgeben von seinem Stab. Truppweise ziehen die einzelnen Kompanien an ihm vorbei. Einer ruft:

›Herr Major, sehen Sie dort unsere Flagge!‹

Er weist mit der Hand auf den Kirchturm. Kaum hat er es ausgesprochen, da fangen die Glocken an zu läuten. Panzerjäger (der Gruppe Schmitz) sind auf ihren Krädern zur Kirche vorgedrungen, sie läuten den Sieg ein, denn die Niederlage der Engländer ist vollständig.

Hunderte und aber Hunderte Engländer ziehen als Gefangene durch die Straßen. Vor ein paar Tagen haben ihre Vorgesetzten ihnen erzählt, daß die Deutschen mit Booten an der Küste zu landen versucht hätten und daß die Royal Navy alle Boote zerstört und 10000 Deutsche getötet habe.

Das Gewimmel auf dem Marktplatz wird größer. Aus einer schmalen Seitengasse wälzt sich ein Strom von Menschen heraus; barfuß, ohne Kopfbedeckung, in grünen zerschlissenen Uniformen. Es sind Italiener, die damals in Griechenland in englische Gefangenschaft gerieten und jetzt von den Gebirgsjägern befreit wurden.

Zwei Fallschirmjäger rollen auf einem englischen Beute-Lkw durch die Stadt, um zu den vordersten Sicherungen zu fahren. Plötzlich türmt sich eine verlassene Straßensperre vor ihnen auf. Sie steuern in eine Seitengasse hinein, treffen dort auf zwei Tommies, die sie überwältigen. Einer von ihnen stellt sich als Major vor, und als ihm bedeutet wird, daß die ganze Stadt voller Deutscher ist, sagt er:

›Ich bin der Kommandant des hiesigen Gefangenenlagers.‹

Er wendet sich um und deutet auf ein großes Gebäude.

Der Major geht mit ihnen zum Gefängnis. Auf dem kurzen Weg dorthin wird er gesprächig.

›We have three hundred Germans‹, sagt er.

Die beiden trauen ihren Ohren nicht. Dann zieht er die Glocke. Langsam wird das riesige Tor geöffnet. Ein englischer Posten, das Gewehr in der Hand, erscheint. Erstaunt betrachtet er die zwei deutschen Fallschirmjäger in voller Kriegsbemalung.

Der Major geht schnell auf ihn zu, klopft ihm auf die Schulter, nimmt ihm das Gewehr aus der Hand und stellt es in die Ecke. Dann öffnet der Major selbst die Tür zur Wachstube; sechs weitere Tommies treten heraus. Der Major ruft sie an:

›Hallo boys! Chania ist gefallen. Jeder Widerstand ist zwecklos!‹

Da stellen auch sie die Gewehre an die Wand. Draußen in der großen Toreinfahrt hängt eine schwarze Tafel und daran die Zellenschlüssel. Einzeln nimmt sie der Major herab, bis er ein ganzes Bündel in der Hand hat. Er steigt die steinernen Treppen empor, und die beiden Fallschirmjäger folgen ihm.

Der Major schließt die erste Zellentür auf. Hinter einem zweiten niedrigen Tor sehen sie ihre Kameraden. Da stürzen die beiden Fallschirmjäger nach vorn.

›Kameraden, ihr seid alle frei! Chania ist gefallen!‹

Ein Jubel ohnegleichen hebt an. Sie fallen sich um den Hals. Es sind 300, wie der Major gesagt hatte.

Dann stürmen sie hinunter auf die Straße, formieren sich zu einem langen Zug, nehmen den englischen Major und seine Wachmannschaft in die Mitte und setzen sich in Marsch.«

Soweit der Bericht von Hauptmann Gericke.

Die Nacht zum 28. Mai verlief ruhig. Am Morgen des 28. Mai übernahm Oberst Ramcke auf Befehl des XI. Fliegerkorps die Führung über den gesamten Kampfabschnitt West, von der Suda-Bucht bis zum äußersten Westen der Insel. Die Gebirgsjäger wurden aus dem Abschnitt herausgezogen – nur das PiGebBat. 95 blieb zurück – und zum Vormarsch auf Rethymnon angesetzt.

Das gesamte Sturmregiment wurde der neuen Gruppe West unterstellt. Der Gefechtsstand der Gruppe West wurde am Stadtrand, 1 km nordöstlich Chania, eingerichtet. Das II. Bataillon (Major Stentzler) übernahm die Stadtkommandantur Chania. Das IV. Bataillon und die Gruppe Schmitz übernahmen den Küstenschutz vom Ostrand von Chania bis zum Ostrand von Malemes. Das Gefangenenlager wurde vom dezimierten I. Bataillon übernommen und bewacht.

Wie die ersten Gefangenenaussagen der Neuseeländer, Australier Griechen und Teile des englischen Welsh-Regiments ergaben, hatte der Gegner seit dem 10. Mai mit einem Einfall der Fallschirmtruppen auf Kreta gerechnet. Er lag seit dem 18. Mai in dem zur Verteidigung überaus günstigen Gelände in erhöhter Alarmbereitschaft.

Durch Spionage war sogar das Datum und die ungefähre Uhrzeit des Einfalls dem Gegner bekannt geworden.

In dem Abschnitt, der mit der Einnahme von Chania restlos in deutscher Hand war, hatten die Neuseeländer, Australier und Engländer anständig und tapfer gekämpft. Sie waren bis zum Kampf Mann gegen Mann in ihren Stellungen verblieben. Besonders bei den Neuseeländern und Australiern gab es viele gute Scharfschützen, denen so mancher Fallschirmjäger zum Opfer gefallen war.

Hier der Lagebericht des Kommandeurs der Kampfgruppe West, Oberst Ramcke, vom 28. Mai 1941:

»Während der Zeit vom 20. bis 27. Mai wurden vom Fallschirmjäger-Sturmregiment weit über 800 Engländer gefangengenommen. Die Verluste des Sturmregimentes beliefen sich bis zum Abend des 27. Mai wie folgt:*)

Offizier:
Uffz. u. Mannschaften:

	Offizier	Uffz. u. Mannschaften
Verwundet:	31	499
Vermißt:	4	395**)
Gefangen:	3	–

*) Keine endgültigen Zahlen.

**) Die vermißt gemeldeten Fallschirmjäger sind zum größten Teil ebenfalls gefallen.

Das Fallschirmjäger-Sturmregiment mit seinen unterstellten Teilen hatte die ihm gestellte Aufgabe: Freikämpfen des Flugplatzes Malemes, nach harten und verlustreichen Kämpfen am 21.5. gelöst und in weiteren schweren Kämpfen nach Osten bis Dorf Malemes Gelände gewonnen.

Vom 21.5. abends bis zum 23.5. morgens wurden mehrere stärkere Gegenangriffe aus östlicher Richtung abgeschlagen.

Dann hatte das Regiment Schulter an Schulter mit den Gebirgsjägern – den Schwerpunkt des Angriffes beiderseits der Küstenstraße – von Angriff zu Angriff bis zum 27.5. abends 19.00 Uhr Chania und damit die Hauptstadt des Landes eingenommen.

Kampf der 5. Gebirgsdivision um Chania und die Suda-Bucht – Verfolgungskämpfe

Die Aufstellung der Kampfgruppen der 5. Gebirgsdivision zum Sturm auf Chania war die gleiche wie bei Galatas.

Am linken Flügel der Angriffsfront stürmten die Fallschirmjäger der Gruppe Ramcke. Ihm angeschlossen das II./Geb.JägRegt. 100; anschließend das I./100 und zwischen beide Gebirgsjägerbataillone eingeschoben das Bataillon Forster des GebJägRgt. 141. Dann die Fallschirmjäger der Gruppe Heidrich und endlich der Umfassungsflügel des Gebirgsjägerregiments 85 weit südlich in schwerem Anmarsch.

Gegen 10.00 Uhr des 27.5. tauchten die ersten Ketten der Ju 87 auf. Sie flogen den Westrand von Chania an und bombardierten die gegnerischen Stellungen. Unmittelbar danach stießen alle Einheiten vor. Im überraschend genauen Zusammenspiel mit den eigenen schweren Waffen gewannen die Gebirgsjäger schnell an Boden. Zum erstenmal hatten die Angreifer auf Kreta genügend Geschütze und schwere Waffen zum Sturmreifschießen der Stellungen des Gegners zur Verfügung. Der Angriff ging zügig vorwärts. Von Hain zu Hain, von Schlucht zu Schlucht rückten die Gebirgsjäger vor. In Gehöften und Kakteendickichten leistete der Gegner erbitterten Widerstand. Im Handgranatenduell und anschließendem Nahkampf wurde er geworfen.

Es war genau 13.00 Uhr, als das I./GebJägRgt. 100 unter Major Schrank die Ortschaft Platanias erreichte. Damit war diese Gruppe nur noch 2,5 km vom Westrand von Chania entfernt.

Von Süden griffen die Gruppe Heidrich und die Gruppe Forster an.

DER ANGRIFF AUF CHANIA UND DIE SUDA-BUCHT

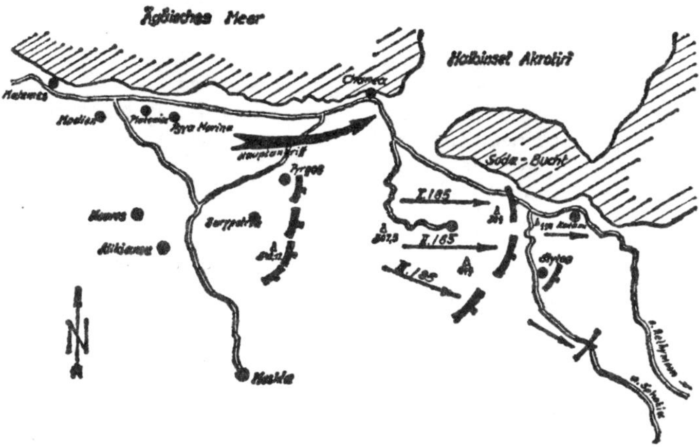

Um 14.00 Uhr erreichte das II./100 unter Major Schury das Dorf Paligoria, unmittelbar vor Chania gelegen. Aber die Fallschirmjäger waren vor den Gräben der Neuseeländer dicht vor Chania steckengeblieben.

In dieser Situation schwenkte die 6./100, die seit dem Tag von Galatas die Verbindungskompanie zur Gruppe Ramcke war, von Süden her ein. Die Kompanie tauchte ganz überraschend im Rücken der Neuseeländer auf und brach hier den weiteren Widerstand. Das gesamte II. Bataillon stürmte nun vor. Die Männer kletterten auf die bei Paligoria erbeuteten Lkw. Pak wurden angehängt und so stürmte das Bataillon als Spitze nach Chania hinein.

Unmittelbar vorher hatte Generalmajor Ringel der Gruppe Oberst Utz den Befehl erteilt, nach Zerschlagung des feindlichen Widerstands vor Chania die Stadt links liegen zu lassen und unverzüglich auf den so wichtigen Kriegshafen Suda vorzustoßen.

Doch als der Melder zu Major Schury vorgedrungen war, rollte das II. Bataillon bereits auf den Beutefahrzeugen nach Chania hinein. Um 15.30 – noch vor den Fallschirmjägern – hißte der Major auf dem Hauptplatz von Chania die Kriegsflagge.

Während die Gruppe Heidrich und die Gruppe Utz hinter den in Richtung Suda fliehenden Gegner hersetzten, griff Major Schury mit der sechsten Kompanie die Zitadelle an. Geben wir hier dem Obergefreiten Feutner das Wort, der mit der 6. Kompanie diesen Angriff nach Chania hinein und bis zur Zitadelle mitgemacht hat:

»Die Hitze des Tages – es ist bereits 14.00 Uhr – lastet schwer auf unseren müden Knochen. Das Wasser in der Feldflasche ist längst zu Ende, der Durst geradezu unerträglich. Und dennoch liegen wir wiederum in voller Deckung zum weiteren Angriff bereit. Während eine vorgeschobene Gruppe die ›Gelbe Höhe‹ sichert, nehmen wir mit einem Zug der Nachbarkompanie Verbindung auf und decken sein weiteres Vorgehen auf das Dorf Paligoria. Was wird uns jetzt in der Stadt erwarten? Ist sie nach all den Luftangriffen überhaupt noch besetzt? Werden wir wiederum auf bewaffnete Zivilisten und Dachschützen stoßen?

Major Schury, der sich auf der ›Gelben Höhe‹ aufhält, gibt um 14.15 Uhr den Befehl, das Fort in der Stadtmitte zu nehmen und zu halten.

Die Kompanie tritt sofort zum Angriff an. Der Stadtrand wird über Gärten, Mauern und versumpftes Gelände, vorbei an blühenden Agaven, erreicht. Wir stoßen die ersten Haustore auf. Überall gähnende Leere. Die Straßen sind menschenleer, die Hausdächer zerfetzt. Mauerreste liegen auf den Wegen. Die weiße tote Stadt in Glut und Schweigen wirkt gespensterhaft. Nichts, aber auch absolut nichts, ist in diesem Tohuwabohu von Drähten, Mauertrümmern, Schutthaufen und Häuserresten zu vernehmen.

Mit schußbereiten Gewehren schleichen wir uns vorwärts. Hin und wieder fällt ein Schuß, kracht eine Handgranate auseinander.

Eine Lücke in der linken Häuserreihe der Hauptstraße gibt den Blick frei auf das wuchtige alte türkische Fort. Die Eingänge sind mit Steinmauern verbarrikadiert. Wir erkennen einen Kopf hinter einer der Mauern. Noch ehe Schüsse knallen, ist er schon wieder verschwunden und auf einmal braust hinter dem Steinhaufen ein vielchoriger Ruf auf:

›Italiani! – Italiani!‹

Das ist kein Schrei des Entsetzens! Es ist ein Schrei des Aufjauchzens und des Jubels! Das sind Italiener.

Wir stürzen in den Graben hinab, brechen rasch den geringen Widerstand der englischen Wachtposten und holen hundert italienische Gefangene aus dem Fort. Ihre Freude ist überwältigend. Sie fallen uns um den Hals, schütteln uns die Hände und immer wieder braust der Ruf:

›Evviva! – Heil Deutschland!‹

Es ist ein Taumel der Befreiung und nur für den zu begreifen, der weiß, was diese tapferen Soldaten seit ihrer Gefangennahme in

Griechenland, nach ihrer Verschleppung nach Kreta und seit den Stuka-Angriffen auf Chania durchgemacht und überlebt haben.

Es gilt, unseren Auftrag restlos durchzuführen; wir haben keine Zeit zum Verweilen. Das Fort wird besetzt und gesichert, dann dringen wir nach dem Hauptplatz vor. Um 15.30 Uhr steigt die Kriegsflagge am Fahnenmast empor. Chania, die Hauptstadt der Insel, ist in deutscher Hand. Nun heißt es, die Häuserreihen durchkämmen. Auf dem Weg zur Hafenmole treffen wir einen englischen Offizier, der uns nach seiner Entwaffnung bekanntgibt, daß in den Lagerhäusern am Hafen noch Gefangene sind. Zu dritt eilen wir im Laufschritt dorthin. Wir erklären dem wachhabenden englischen Offizier, daß jeder Widerstand sofort mit Waffengewalt gebrochen wird. Er versichert uns, er werde entsprechende Befehle an seine Wachen geben. Wir laufen durch ein schweres eisernes Tor, überqueren einen schmalen Hof und stehen dann vor dem Eingang der Unterkünfte.

Noch ehe wir eindringen können, kommen uns schon die ersten Deutschen entgegen; es sind Fallschirmjäger, Flieger, Marinesoldaten und Gebirgsjäger; alle ohne Waffen. Ein Ruf hallt durch die dunklen Gefangenenräume:

›Sie sind da! – Die Gebirgsjäger sind da!‹

Abermals wurden über 300 deutsche Soldaten und weit über hundert Italiener befreit.

Als sich eine englische Nachhut am Ostrand von Chania festsetzt, schwillt noch einmal der Gefechtslärm an. Diese Gegner feuern auf die Männer, die sich über die Straße der Halbinsel Akrotiri nähern wollen. Gebirgsjäger greifen ein. Im Handgranatenduell und im anschließenden Nahkampf wird dieser letzte Widerstand gebrochen.«

Als gegen 17.00 Oberst Utz in Chania eintraf, übergab ihm der Bürgermeister offiziell und in aller Form die Stadt und bat darum, die Einwohner zu schonen und sie nicht entgelten zu lassen, was vielleicht die Engländer verübt haben mochten.

Oberst Utz erwiderte in seiner offenen knappen Art:

»Die deutschen Soldaten sind wohl als Sieger in Chania eingezogen, aber nicht als Feinde. Von Plünderung und Sühne kann nicht die Rede sein.«

Schon zwei Stunden nach Einnahme der Stadt erhielt Generalmajor Ringel von Generalfeldmarschall List – dem OB der Luftflotte 4 – einen Funkspruch, in dem es hieß:

»Bravo, Ringel! Glückwunsch und Anerkennung den Gebirgsjägern!«

Aber noch war keine Zeit zum Feiern. Am Abend des 27. Mai standen das I./100 und das III./141 knapp vor der Bucht und dem

Kriegshafen Suda. Hier hatte sich der Gegner zum letzten verbissenen Widerstand eingerichtet. Ob es allerdings nur eine Nachhut war und sich das Gros bereits weiter nach Osten abgesetzt hatte, konnte von den erschöpften Gebirgsjägern nicht festgestellt werden.

In den Bergen marschierte noch immer das Regiment 85. Die Gruppe Oberst Krakau hatte Suda bereits überflügelt und konnte nun jederzeit zum Flankenstoß eingesetzt werden.

Es war durchaus denkbar, daß das Gros des geschlagenen Gegners nach Süden ausgewichen war. Er konnte bei Wrises und Alikampos, wo die Straße zum Südhafen Sfakia abzweigt, eine Flankenstellung errichten. Noch immer waren die Truppen unter General Freyberg den auf Kreta stehenden deutschen Soldaten an Zahl und Bewaffnung weit überlegen. Noch brauchte der Kampf nicht zu Ende sein.

Generalmajor Ringel bezog alle diese eventuell möglichen Fälle in seine Befehlsgebung ein. Am Abend des Sieges von Chania ließ er über Funk folgenden Befehl an Oberstleutnant Wittmann, einem bewährten und schneidigen Offizier seines Stabes, ergehen:

»Im Laufe der Nacht werden Ihnen auf der Straße zur Suda-Bucht bis dicht an unsere vordersten Postierungen folgende Verbände zugeführt und unterstellt:

Die Divisions-Aufklärungsabteilung unter Rittmeister Fürst zu Castell.

1 Kompanie Panzerjäger, 1 Kradschützenkompanie, 1 behelfsmäßig motorisierter Zug Pioniere und 3 ebenfalls behelfsmäßig motorisierte Gebirgsgeschütze.

Treten Sie mit dieser Kampfgruppe möglichst bald an und kämpfen Sie als erstes die Suda-Bucht frei. Dann in der Verfolgung den Feind nicht zur Ruhe kommen lassen. Stoßrichtung: Hauptstraße und Rethymnon, um dort womöglich noch die eingeschlossenen Fallschirmjäger zu befreien. Suchen Sie baldmöglichst auch mit der dort auf Stylos vorgehenden Umgehungsgruppe Krakau Verbindung zu bekommen. Hinter der Vorausabteilung werden Gruppe Utz und Gruppe Jais auf Wamos und Wrises folgen. Die Fallschirmjägerverbände werden herausgezogen und zur Räumung der Halbinsel Akrotiri angesetzt.«

Mit diesem Auftrag leitete General Ringel die Bewegung ein, die den Feldzug auf Kreta in weiteren fünf Tagen siegreich beenden sollte.

Bereits um 3.00 Uhr des 28.5. stand die Kampfgruppe Wittmann auf der Küstenstraße zwischen Chania und der Suda-Bucht bereit. Sie umfaßte nur 400 Mann.

Noch vor Aufbruch der Gruppe Wittmann waren die ersten Späh- und Stoßtrupps schon vorgestoßen und hatten die Meldung zurückgebracht, daß der Gegner vor der Stadt Suda seine Stellungen geräumt habe. Dennoch gingen die Aufklärungsabteilungen zuerst zu Fuß vor. Es fiel kein Schuß.

Inzwischen war der Tag angebrochen. Die Aufklärungsabteilung erreichte die Bucht, sah das Meer und die Stadt Suda. Linker Hand lag die Felsküste von Akrotiri. Dann tauchte der Kriegshafen auf. Aus dem Wasser ragten halb versenkte Schiffstrümmer heraus. Mitten unter den vernichteten Zerstörern und Handelsschiffen der schwere Kreuzer *York*, dem eine Stukabombe das Vorschiff aufgerissen hatte.

Die Fahrzeuge zogen nun nach. Sie erreichten die ersten Sperren; auch diese waren unbesetzt. Suda war vom Gegner frei. Die Fahrzeuge rollten der Bucht entlang weiter. Vor der Straßengabelung nach Mega Chorafia hatte der Gegner die Brücke gesprengt. Hier führte die Straße dicht am Meer entlang, während rechterhand eine senkrechte Felswand aufstieg. An dieser Stelle eröffnete der Gegner aus guten Stellungen das Feuer auf die gesprengte Brücke.

Es war inzwischen schon fast Mittag geworden. Unbarmherzig brannte die Sonne nieder. Die Gebirgsjäger kletterten in dieser Gluthitze bis zur Flanke der Felswand empor und nahmen die Felskanzel mit den englischen Stellungen unter Feuer. Erst jetzt räumte der Gegner diese Stellung und zog sich weiter zurück.

Mega Chorafia wurde erreicht. Hier war die gefährliche Küstenfahrt zu Ende. Von hier aus teilte sich die Straße und führte in zwei Einzelstraßen einmal nach Georgiupolis und nach Stylos.

Die Vorausabteilung jagte mit Vollgas über die Bergstraße in Richtung Stylos. Als die an der Spitze rollenden Kradschützen sich dem Dorf näherten, vernahmen sie Kampflärm. Dort stand die Umgehungs-Kampfgruppe Krakau im Gefecht mit dem Gegner. Doch das Gros des Gegners schien schon nach Wrises weitergezogen zu sein, denn als die Kradschützen in den Kampf eingriffen, zog sich auch die Nachhut in diese Richtung zurück.

Weiter ging es hinter dem zurückweichenden Gegner her, bis vor dem Dorf Kaina eine Straßensperre mit zwei Panzern die Vorhut abermals aufhielt.

Hier waren es die Männer der Kampfgruppe Krakau, die nach dreitägigem zermürbenden Marsch noch einmal die Hänge emporkletterten und den Gegner warfen.

Als die Nacht einfiel, verstummte der Gefechtslärm. Zwei britische Panzer hatten sich ebenfalls feuernd zurückgezogen.

Generalmajor Ringel ließ die Kampfgruppe Krakau weiter durch das Gebirge bis Wamos vorziehen. Von dort aus sollte sie mit den nachfolgenden Teilen der Gruppe Jais hinter der Vorausabteilung auf der Küstenstraße nach Rethymnon vorstoßen. Diese Bewegungen wurden notwendig, weil sich die geschlagenen Gegner höchstwahrscheinlich nach Ostkreta zurückziehen würden. Der Gegner mußte diesen Weg nehmen, wenn die Insel nicht verlorengehen sollte.

Die Kampfgruppe Utz aber, die die Hauptlast in den Kämpfen um Galatas und Chania getragen hatte, sollte von der Straßengabel von Wrises aus nach Süden marschieren und den Raum um den Südhafen Sfakia und die Küste vom Feind säubern.

Das II./GebJägRgt. 85 war in den frühen Morgenstunden des 28. Mai in Richtung Stylos aufgebrochen. In beschwerlichem Marsch arbeitete es sich an den Rand der zerklüfteten Hochfläche heran, an deren Fuß die Straße von Mega Chorafia über Stylos, Wrises und Alikampos an die Südküste nach Sfakia führte.

Als die 8. Kompanie als Bataillonsspitze gegen 5.30 Uhr über die Straße bei Stylos auftauchte, lag die Ortschaft völlig friedlich vor ihr. So stiegen die Gebirgsjäger entlang einem tief eingeschnittenen Bachbett den steilen Hang hinunter, der den Ausläufer der Weißen Berge – der Levka gori – bildete. Sie kamen bis dicht an die Straße von Stylos und Neo Chorian heran. Dann aber schlug ihnen Artilleriefeuer entgegen. Vom Gegenhang peitschten die Feuerschläge durch den Morgen. Ganz plötzlich wimmelte es auf dem Steilhang rechts und links vor ihnen von khakigelb gekleideten Engländern. Drüben, am Gegenhang, standen vier Panzer und feuerten in schnellster Schußfolge. Nur ihre Türme und die Aufbauten ragten über den deckenden Fels hinweg. Schließlich setzte auch heftiges MG- und Gewehrfeuer ein.

Die Gebirgsjäger krallten sich in den felsigen Boden. Sie suchten Deckung. Die anderen Kompanien zogen nach. Der Kommandeur kam mit dem Bataillonsstab. Hier also hatte sich der Gegner noch einmal zur Verteidigung festgesetzt.

Der Kampf tobte sechs Stunden. Zuerst gelang es der 6. Kompanie mit einem Zug der 7. das Dorf zu umklammern und den Gegner im Häuserkampf niederzuringen.

Einem Panzerbüchsentrupp gelang es, einen der vier Panzer lahmzuschießen. Die Besatzung stieg aus.

Die 8. Kompanie jedoch lag festgenagelt auf dem letzten Steilhang. Sooft auch nur einer versuchte, höher emporzukriechen, bellten MG-Salven.

Die Infanteriegeschütze des schweren Zuges trafen nacheinander ein und wurden in Stellung gebracht. Mit drei Granaten wurde das schwere feindliche Doppellauf-MG am Burgberg zerschmettert. Die nächsten Feindstellungen gingen ebenfalls schnell in Flammen und Rauch auf und endlich – nach sechsstündigem Kampf – ergaben sich sich die Engländer. Mit erhobenen Armen und waffenlos verließen sie diese Stellungen.

Andere Gruppen versuchten in Richtung Wrises zu entkommen. Die drei übriggebliebenen Panzer deckten ihren Rückzug. Der Kampf um Stylos war entschieden. Auf allen Straßen befanden sich die geschlagenen Gegner auf der Flucht.

Die Wehrmachtsberichte – Bei Rethymnon – Der Feind ist geschlagen – Das Fazit der Schlacht um Kreta

Am 28. Mai 1941 gab das deutsche Oberkommando der Wehrmacht bekannt:

»Auf der Insel Kreta gehen die Operationen im engen Zusammenwirken zwischen Gebirgsjägern, Fallschirmjägern und Luftlandetruppen gut vorwärts. Gestern brachen deutsche Gebirgstruppen trotz schwieriger Geländeverhältnisse den zähen Widerstand britischer Kräfte und Insurgentenbanden. Sie warfen in kühnem Angriff den Feind aus seinen Stellungen, nahmen die Hauptstadt Chania und verfolgten die geschlagenen feindlichen Kräfte südlich der Suda-Bucht. Unter den zahleichen Gefangenen befindet sich auch der griechische Marinebefehlshaber von Kreta.

Verbände von Kampf- und Zerstörerflugzeugen griffen in rollenden Einsätzen in den Erdkampf ein, zersprengten feindliche Truppenansammlungen, brachten Batterien zum Schweigen und fügten dem zurückweichenden Feind schwere Verluste zu. Sturzkampfflugzeuge verhinderten den Versuch der Briten, sich über See zurückzuziehen.

Sie versenkten in der Suda-Bucht vier Handelsschiffe mit zusammen 5400 BRT und beschädigten zwei weitere Handelsschiffe schwer. Lufttransportverbände unterstützten den Kampf auf der Insel, indem sie fortlaufend neue Kräfte heranführten.

Südlich Kreta stellten deutsche Kampfflugzeuge einen britischen Flottenverband zum Kampf, erzielten Bombenvolltreffer auf einem Zerstörer und warfen einen Tanker in Brand.«

Das Oberkommando von General Wavell in Kairo meldete am gleichen Tage:

»Kreta: Die deutschen Streitkräfte erhielten auf dem Luftwege neue Verstärkungen und werden durch die ständig sich steigernden Bombardierungen unterstützt. Die Deutschen gingen wieder zu schweren Angriffen auf unsere Streitkräfte in Chania über. Diese schlagen sich zwar mit größter Entschlossenheit, mußten aber trotzdem einen neuen Rückzug auf günstigere Stellungen durchführen.«

Am 29. Mai lautete der deutsche Wehrmachtsbericht:

»Auf der Insel Kreta verfolgen deutsche Gebirgstruppen nach erfolgreichen Kämpfen den geschlagenen Feind. Sie erreichten die Bucht von Armini und brachten wiederum eine größere Anzahl Gefangener ein. Die bisher von den Briten als Flottenstützpunkt benutzte Suda-Bucht ist vom Feind frei. Die deutsche Luftwaffe griff gestern mit stärkeren Verbänden von Kampf- und Sturzkampfflugzeugen britische Stellungen an der Nordküste wirksam an und versenkte im Seegebiet der Insel ein Handelsschiff und ein Vorpostenboot. Flakartillerie schoß zwei britische Kampfflugzeuge ab. Italienische Truppen landeten auf der Insel Kreta.«

Hingegen meldete das Hauptquartier von General Wavell:

»Auf Kreta mußten sich unsere Truppen vor neuen feindlichen Angriffen der neuerdings verstärkten deutschen Streitkräfte auf Stellungen im Osten der Suda-Bucht zurückziehen. Die Bombardierung durch Sturzkampfflieger wurde in großem Umfang weitergeführt. In Nahkämpfen haben sowohl die feindlichen wie auch unsere Truppen am Mittwoch schwere Verluste erlitten.«

Am 28. Mai 1941 faßte Major Kroh den Entschluß, mit seiner Kampfgruppe wieder nach Westen, in den am 26.5. geräumten Einsatzraum und damit in Richtung auf den Flugplatz Rethymnon vorzustoßen.

Gegen 4.30 Uhr unternahm die am weitesten nach Süden vorgezogene 2. Kompanie einen Vorstoß auf Prinos. Die hier mit leichten und schweren Granatwerfern verteidigenden Griechen hielten den Vorstoß auf.

Am 29. Mai wurde endlich wieder von Ju 52 Verpflegung und Munition abgeworfen. In Richtung Osten wurde ein Spähtrupp gegen Panormon vorgetrieben. Ein weiterer Stoßtrupp ging 9 km weit nach Süden in die Berge vor, und ein dritter versuchte, unter Umgehung von Prinos, auf Kimari vorzustoßen.

Um 19.30 Uhr begann der Angriff auf Kimari. Der Gegner wurde hier im überraschenden Ansturm geworfen und setzte sich in einem Olivenhain nördlich von Kimari fest.

Die 2. Kompanie gelangte diesmal nach Prinos hinein und kämpfte die Häuser frei. Major Kroh ließ das gesamte Bataillon bei Prinos zusammenziehen, um am 30. Mai mit der geballten Kraft aller Waffen den Angriff nach Westen vorzutragen.

Zu diesem Zeitpunkt wußte niemand in dieser Gruppe von den Geschehnissen auf der Insel. Niemand ahnte, daß bereits Teile der

5. Gebirgsdivision auf Rethymnon zustürmten.

Um 6.30 Uhr am 30.5. ließ Major Kroh zum Angriff auf die Ölfabrik antreten. Als die Kampfgruppe vorging, stieß sie plötzlich an einem Straßenknie auf Kräder, Pak und Lastwagen. Feldgraue Gestalten waren auf diesen Fahrzeugen aufgesessen. Es waren die ersten Teile des Kradschützen-Bataillons 55 und Gebirgsjäger, die wenig vorher im Raum um die Ölfabrik schon 1200 Australier gefangengenommen hatten und nun zum Entsatz der Gruppe Kroh angebraust kamen.

Nach zehn Tagen heftiger Kämpfe und vieler Krisen war nun auch für die Kampfgruppe Kroh die Stunde der Befreiung von der ungewissen Zukunft herangekommen. Die Gruppe, die schwere Verluste erlitten hatte, zählte noch neun Offiziere und 448 Mann. Hinzu kamen die auf dem Verbandsplatz verbliebenen 34 Verwundeten.

Im Morgengrauen des 29.5. brachen die am Vortag bei der Gruppe Wiedemann in Peribolia eingedrungenen Australier aus. Sie stießen durch die dünne Front der Fallschirmjäger und gelangten unter geringen Verlusten zu ihren eigenen Linien zurück.

Im Einsatzraum der nun von Major Schulz geführten Gruppe Wiedemann um Peribolia und die Kapellenhöhe versuchte der Gegner am Morgen des 29. Mai erneut mit starkem Artillerie- und Werferfeuer die Verteidiger zu erschüttern. Nach dem Feuerüberfall griffen die Australier den Südabschnitt der Abwehrfront an. Dieser Angriff konnte nur mit Einsatz der letzten Kräfte abgewehrt werden. Die Fallschirmjäger um Major Schulz fürchteten das Schlimmste, denn lange konnten sie nicht mehr gegen eine solche Übermacht bestehen. Doch um 12.00 Uhr erklang plötzlich aus Westen Gewehr- und MG-Feuer.

»Das sind deutsche MG!« sagte ein Waffen-Unteroffizier.

Er hatte sich nicht getäuscht, denn wenig später wurden auch deutsche Leuchtkugeln geschossen. Ein Zug des Kradschützen-Bataillons stieß eine Stunde später bis Peribolia durch. Kurz darauf folgten Gebirgs- und Fallschirm-Artillerie.

Sofort wurde auch hier das Feuer auf die Stellungen des Gegners eröffnet. Den ganzen Tag dauerte das Artillerieduell an. Jetzt aber stand den Australiern eine genügend große deutsche Streitmacht mit schweren Waffen gegenüber. Noch am Morgen des 30. Mai erwiderten die Geschütze und Werfer des Gegners das deutsche Feuer. Um 7.00 Uhr traten die Kradschützen – unterstützt von zwei deutschen Panzern, die auf besonderen Fähren nach Kreta geschafft worden waren – im Feuerschutz der eigenen Artillerie zum Angriff an. Der Gegner wurde sehr schnell geworfen. Nur einen Tag lang hatte er im Feuer der deutschen Geschütze gestanden. Nun aber war er schon weich geworden und zog sich zurück.

Bis um 11.00 Uhr ergaben sich 1100 Australier den deutschen Truppen. Der Kampf war auch im Abschnitt der Gruppe Wiedemann bei Peribolia zu Ende. Die Entsatzkräfte waren in letzter Sekunde gekommen. Es war sehr zweifelhaft, ob die Fallschirmjäger noch einen Tag länger hätten standhalten können.

Hier bei Rethymnon verlor das Fallschirmjägerregiment 2 (ohne das bei Heraklion eingesetzte II. Bataillon) 550 Mann an Gefallenen. Insgesamt gerieten 500 Männer in Gefangenschaft, die aber wenig später wieder befreit werden konnten.

Die schnellen Kampfgruppen aber rückten sofort weiter auf Heraklion vor, um auch die Gruppe Bräuer zu entsetzen. Doch bei Heraklion hatten die Engländer ihre Stellungen verlassen.

Am 29. Mai ließ Oberst Bräuer alle Einheiten zum zweiten Sturm auf Heraklion antreten. Die Vorgehenden erhielten nur wenig Feuer. Der Gegner zog sich nun auch hier zurück. Dieser Rückzug artete in wilde, überstürzte Flucht aus. Damit war Heraklion fest in deutscher Hand.

Während das Fallschirmjäger-Sturmregiment im Raum Chania verhielt, hatten die Gebirgsjäger auch bei Stylos gesiegt. Die Kampfgruppe Wittmann war anschließend sofort in Richtung Georgiupolis und Rethymnon weitergerollt. Episkopi wurde kampflos genommen und passiert. Dann ging es die letzten Kilometer zum Ziel hinunter: nach Rethymnon. Auch hier war der Gegner verschwunden. Nur einige Straßensperren hielten die Gebirgsjäger auf. Keiner aus dieser Kampfgruppe wußte etwas über das Schicksal des Fallschirmjäger-Regiments 2, das sie entsetzen sollten.

Direkt hinter Rethymnon erhielten die Kradschützen Werferfeuer. Dann auch MG-Feuer aus einer flachen Mulde, die sich von den Hügeln rechter Hand zur Küste hinzieht.

Die Kradschützen gingen gegen die Mulde vor, aus der plötzlich weiße Fahnen auftauchten. Das Feuer verstummte. Männer tauchten auf. Es waren griechische Soldaten. Die Abordnung eines ganzen Regiments. Sie wurden nach den deutschen Fallschirmjägern befragt und deuteten nach Osten.

»Dort irgendwo«, sagte ein griechischer Oberstleutnant, »kämpfen diejenigen, die noch nicht gefangen oder getötet worden sind.«

»Und wo befinden sich die Gefangenen?«

»Sie sitzen in der Stadt.«

Als ein Kradfahrer in die Stadt zurückfuhr, um dem Gros diese Meldung zu übermitteln, hatten die Nachgerückten die Gefangenen schon befreit. Es waren über 300 Fallschirmjäger. Und unter ihnen auch der Regimentskommandeur, Oberst Sturm.

Oberstleutnant Wittmann aber preschte an der Spitze seiner Kradschützen weiter nach Osten. Sie stießen auf Peribolia und den kleinen Igel der Gruppe Wiedemann. Hier erfuhren sie, daß die Gruppe Kroh, weitere 20 km nach Osten, noch kämpfte.

Abermals fuhr die Vorausabteilung los. Bei ihr befand sich auch der Kommandierende General des XI. Fliegerkorps, General der Flieger Student.

Wenige Kilometer weiter stieß die Vorausabteilung auf eine Riegelstellung des Gegners, die verbissen verteidigt wurde. Oberstleutnant Wittmann beschloß, den Angriff auf den nächsten Morgen zu verschieben, wenn die schweren Waffen in Stellung gebracht waren und den Angriff unterstützen konnten.

Pünktlich um 5.00 Uhr begann die schwere Waffengruppe unter Hauptmann von Kaufmann das Gefecht mit einem Feuerüberfall aus allen Waffen. Der Gegner erwiderte das Feuer.

In dieser vorbereitenden Phase des Angriffs tauchten die beiden Panzer auf, die General Ringel gleich nach ihrem Eintreffen in Kastelli hinter der Vorausabteilung hergeschickt hatte.

Oberstleutnant Wittman wies die Panzer ein, die im Küstenstreifen in ihre Bereitstellung rollten. Noch einmal ging ein Eisenhagel auf die Feindstellungen nieder.

Plötzlich zeigte der Gegner auch hier weiße Fahnen. Drei Stunden waren seit Beginn der Feuereröffnung vergangen, als ein australischer Oberst mit seinem Stab auftauchte und die Kapitulation seines Regiments anbot. Auch hier schwiegen nun die Waffen. Der Kampf um Rethymnon war zu Ende. Und so sehr sich der Gegner angestrengt hatte, an *keiner* Stelle der Insel Kreta war es ihm gelungen, einzelne Kampfgruppen der deutschen Fallschirmjäger, seien sie auch seit zehn Tagen eingeschlossen, zur Kapitulation zu zwingen.

Die Vorausabteilung der 5. Gebirgsdivision saß wieder auf. Die Fahrt ging nach Heraklion, das weitere 50 km östlich lag.

Bei Prines, in den Wäldern aus Aleppokiefern, kam es noch einmal zum Feuergefecht gegen griechische Partisanen.

Auf der Hochfläche von Damasta sahen die Männer der Vorausabteilung unter sich in der östlich sich anschließenden Niederung die weißleuchtende Stadt Heraklion – das alte griechische Herakleion, die sagenhafte Hafenstadt des nicht weniger sagenhaften König Minos.

Als sie in Heraklion ankamen, hatte das Fallschirmjägerregiment 1 die Stadt bereits zum zweitenmal, und diesmal endgültig, genommen.

Die Vorausabteilung der 5. Gebirgsdivision aber stieß immer weiter vor. Ihr nächstes Ziel war Neapolis. Von dort wurde der

Golf von Mirabella erreicht, und als die Nacht niedersank und die Vorausabteilung die Bergstraße in Richtung Ierapetra an der Südküste entlangrollte, tauchte vor ihr plötzlich ein Panzer auf.

Die Kradschützen saßen ab und pirschten sich an diesen Panzer heran. Aber es war ein italienischer Panzerwagen. Italienische Truppen waren am Vortag, von Rhodos herüberkommend, in Sitia an der Ostküste von Kreta gelandet.

Um Mitternacht des beginnenden 30. Mai erreichte die Vorhut der 5. Gebirgsdivision Ierapetra.

Von Heraklion aus waren Kampftrupps des Fallschirmjägerregimentes 1 hinter den nach Süden fliehenden englischen Bataillonen angesetzt.

Noch immer war nicht klar, wohin die drei britischen Divisionen sich gewandt hatten. Aber nun blieb nur noch die in Bau befindliche Straße nach Sfakia übrig, die über den 900 m hohen Paß bei Alikampos nach Süden führte. General Ringel setzte die Gruppe Utz auf Sfakia an.

Die Gruppe Utz – das Gebirgsjägerregiment 100 – hatte am 28. und 29. Mai die Südküste der Suda-Bucht bis Kap Drapanon gesäubert und dort 300 Kadetten der Kriegsschule Athen aufgegriffen, die sich auf Kreta zurückgezogen hatte.

Nach Eintreffen des Befehls ihres Divisionskommandeurs wandte sich die Gruppe Utz nach Süden. In Wrises traf sie auf einen von der Vorausabteilung Wittmann zurückgelassenen Radfahrzug. Mit diesem stieß sie in Richtung Alikampos nach Süden vor.

5 Kilometer südlich Alikampos traf die Vorausabteilung auf den Gegner. Es war die englische Nachhut, die sich an der Kehrenstraße nach Askyfos nur kurz verteidigte und sich dann zurückzog. Oben auf dem Paß verteidigte sich der Gegner verbissen. Doch seine Stellungen wurden von den Gebirgsjägern nach Westen umgangen. Der Gegner zog sich unter Sprengung der Engstellen zurück.

In der Nacht wurden die Sprengstellen wieder passierbar gemacht, und im Morgengrauen des 30. 5. stürmte das Regiment 100 über die Weißen Berge hinter dem Gegner nach Süden. Bei Imwros erhielten die Spitzengruppen abermals Feuer. Die Engländer, Meister des Rückzugs, verteidigten mit den Nachhuten zäh und verbissen, um das Gros zu retten.

Hier bei Imwros, vor gut ausgebauten englischen Stellungen mit Panzerunterstützung, erlitten die Gebirgsjäger noch einmal schwere Verluste. Der Kampf und die Umgehungsversuche dauerten den ganzen Tag über. Sie blieben erfolglos.

Oberst Utz war klar, daß diese letzte und stärkste Sperrstellung der Engländer nur mit dem massierten Ansatz aller Regimentsteile genommen werden konnte.

Das I. Bataillon (Major Schrank) erhielt Befehl, den Gegner frontal zu binden und keinen Angriffsversuch mehr zu unternehmen, der nur unnötige Opfer gefordert hätte. Dem III. Bataillon (Major Schury) befahl Oberst Utz, mit der 7. Kompanie im Westen und mit der 8. im Osten in weitausholender Umgehung nicht nur diese Stellung, sondern auch den Hafen Sfakia flankierend zu packen. Die 1. Kompanie setzte er in Richtung auf die Höhe 892 nördlich Braskas an der Küste an, mit dem Ziel, diese Höhe zu nehmen und dort ein Infanteriegeschütz in Stellung zu bringen.

Der Marsch der Gebirgsjäger am 31. Mai, dem Samstag vor Pfingsten, zählt zu dem Schlimmsten, was diese eisenharten Männer hinter sich gebracht hatten. Ihr Kommentar dazu:

»Der Marsch über die Berge von Sfakia ist die Hölle selbst.«

Aber auch dieser letzte Marsch fand einmal ein Ende. Am Abend standen beide Umgehungsgruppen über dem schmalen Küstensaum, auf dem der Hafen von Sfakia und die Ortschaften Komitades und Braskas liegen. Damit standen sie weit im Rücken der englischen Sperrstellung bei Imwros.

Mit der 1. Kompanie erreichte Oberst Utz mit seinem engsten Stab die Höhe 892. Er schaute von der Höhe zum Hafen hinunter. Der Strand bei Sfakia wimmelte von Engländern. Tausende und aber Tausende mußten dort lagern. Hier stand das Gebirgsjägerregiment 100 mit zwei zerschlagenen Bataillonen General Freybergs gesamten Truppen gegenüber, die auf Schiffe warteten, um die Insel verlassen zu können.

Angesichts dieser feindlichen Überlegenheit schickte Oberst Utz sofort einen Melder zur Division zurück. Als der Melder wieder beim Regiment erschien, brachte er den Befehl von General Ringel mit, nicht – wie erst vorgesehen – am nächsten Morgen um 8.00 Uhr anzugreifen, sondern zu warten. Stukas würden diese Strandstelle zuerst sturmreif bomben.

Die 7. und 8. Kompanie hingegen erfuhren nichts mehr von der Verzögerung des Angriffs und dem Bombardement der Stukas. Sie standen unmittelbar am Rand des Geschehens, als um 8.00 Uhr vier Stukas und vier Jagdbomber erschienen und sich auf den Strand von Sfakia hinunterstürzten.

Bomben heulten der Erde entgegen. In ihre Detonationen hinein brüllten alle Waffen der Maschinen, heulten die Jericho-Sirenen. Wild fluteten die Engländer auseinander, und in diesem Augenblick stießen die 7. und 8. Kompanie zum Angriff vor. Und das Unglaubliche geschah. Zu Hunderten, dann zu Tausenden, ergaben sich die Gegner den wenigen Gebirgsjägern. Weiße Tücher wurden geschwenkt, und ein Offizier sprach aus, was vielleicht alle dachten:

»Damned war! Finish! We have enough of this bloody story!«

Komitades wurde genommen.

Bei Sfakia aber wurde die Sache kritisch, als die Australier und Neuseeländer erkannten, wie wenige Deutsche ihnen gegenüberstanden. Aber auch hier fand sich ein deutscher Offizier, der dem Gegner entgegenrief:

»We are only the first ones from another four thousand german soldiers.« Damit war auch der letzte Gegner überzeugt.

Der Pfingstsonntag von Sfakia war die Krönung des Unternehmens Merkur und der Abschluß des Feldzugs gegen Kreta. Über 10 000 Briten und 300 Griechen streckten bei Sfakia und Lutro die Waffen. Der Kampf um Kreta war zu Ende.

Am 30. Mai 1941 gab das Oberkommando der Wehrmacht bekannt:

»Die am 20. Mai durch eine gewaltige Luftlandung begonnenen Operationen zur Besitznahme des britischen Bollwerks Kreta nähern sich ihrem Abschluß. Der feindliche Widerstand ist überall zusammengebrochen. Die im Westteil der Insel aus Gebirgs- und Fallschirmjägern gebildete Angriffsgruppe hat nach überaus harten Kämpfen, bei glühender Hitze und unter größten Bewegungsschwierigkeiten, den Feind geschlagen und zersprengt. Die Entsetzung der eingeschlossenen Fallschirmjäger bei Rethymnon, die sich über acht Tage lang einer starken feindlichen Übermacht gegenüber tapfer behauptet haben, ist vollzogen.

Die Reste der zersprengten britischen Einheiten flüchten, von unseren Truppen verfolgt, gegen die Südküste, um sich dem weiteren Kampf durch Einschiffung zu entziehen.«

Am gleichen Tag teilte das Oberkommando General Wavells mit:

»Kreta: Am Donnerstag sind neue deutsche Verstärkungen auf dem Luftweg nach Kreta transportiert worden. Die Operationen der Sturzkampfflieger hielten den ganzen Tag über an. Unsere Truppen besetzten wiederum neue Stellungen. Sie haben den deutschen Truppen schwere Verluste beigebracht.«

Der deutsche Wehrmachtsbericht des 31. Mai lautete:

»Auf der Insel Kreta setzten deutsche Gebirgstruppen die Verfolgung des geschlagenen Feindes nach Osten fort und nahmen Verbindung mit den bei Heraklion stehenden Fallschirmtruppen auf.«

Der Wehrmachtsbericht des 1. Juni stellte auf beiden Seiten die Entscheidung heraus. Er lautete deutscherseits:

»Auf Kreta schreitet die Säuberung des Südteiles der Insel von den Resten britischer und griechischer Truppen gut vorwärts. Bei Ierapetra ist die Verbindung mit den am 29. Mai im Ostteil der Insel gelandeten italienischen Truppen hergestellt worden. Bei den Kämpfen auf Kreta zeichnete sich eine Gebirgsjägerkompanie unter Führung von Oberleutnant Walter besonders aus.«

Am gleichen Tag gab das britische Kriegsministerium bekannt:

»Nach zwölf Tagen einer Schlacht, die unzweifelhaft die erbittertste dieses Krieges war, ist beschlossen worden, unsere Streitkräfte aus Kreta zurückzuziehen. Obwohl dem Gegner an Mannschaften und Flugzeugen riesige Verluste beigebracht wurden, ergab sich deutlich, daß wir nicht hoffen konnten, mit unseren Land- und Seestreitkräften unbeschränkte Zeit in Kreta oder in dessen Gewässern ohne größere Unterstützung durch die Luftstreitkräfte zu operieren, die von unseren afrikanischen Stützpunkten aus eingesetzt werden konnten. Bereits 15000 Mann sind in Ägypten eingetroffen, doch muß zugegeben werden, daß wir schwere Verluste erlitten haben.«

Unter welch glücklichen Umständen, mit welch heroischen Anstrengungen es der englischen Mittelmeerflotte gelang, diese 15000 Soldaten von der Insel herunter nach Ägypten zu bringen, sei nach dem Bericht von Admiral Cunningham, dem Oberbefehlshaber Mittelmeer, an die englische Admiralität vom 14.9.1941 geschildert:

»Die Räumung folgte ohne Pause auf den Kampf um Kreta, wo die Flotte so schwere Verluste erlitten hatte, und bedeutete eine letzte und fast untragbare Beanspruchung für die leichten Verbände, von denen die meisten seit Beginn des Unternehmens ›Lustre‹ (d. i. der Transport des englischen Heeres nach Griechenland) am 4.3.1941 fast ununterbrochen auf See operiert hatten.

Nur die Räumung von Heraklion konnte von einem Hafen aus vorgenommen werden. Alle übrigen mußten aus dem kleinen, offenen Küstenstreifen bei Sfakia fortgeschafft werden, zu dem der Zugang von Land her schwierig und langsam vonstatten ging.

Wegen der ungewissen Lage auf Kreta und wegen des Stegreifcharakters der Verschiffungsmaßnahmen wurde Generalmajor Evetts vom Generalstab Mittelost entsandt, um als Heeresverbindungsoffizier bei meinem eigenen Stab zu fungieren. Sein Urteilsvermögen und seine Mitarbeit waren von unschätzbarem Wert.

Beim Amt des Oberbefehlshabers Mittelmeer wurde gleichzeitig eine Organisation für die Koordinierung des Jagdschutzes auf See geschaffen. Der RAF-Oberst Pelly vom Stab der RAF-Mittelost wurde entsandt, um diese Organisation in Angriff zu nehmen, die unter seiner tüchtigen Leitung schnell Gestalt annahm und fraglos viele der Bordinsassen am Leben blieben.

Bei Räumung von Heraklion sah Konteradmiral Rawlings sich vielen schweren Entscheidungen gegenüber. Die eigentliche Verladung bei Heraklion wurde außerordentlich schnell durchgeführt und machte allen Beteiligten Ehre. Das Verhalten der *Hotspur* bei der Einschiffung und dem Transport von insgesamt 900 Mann muß bewundernswert gewesen sein.

Die Folge der unbehinderten deutschen Luftangriffe war der Verlust der *Hereward* und die Schäden an der *Orion* und *Dido*. Der schwere Entschluß, die *Hereward* ihrem Schicksal zu überlassen, war fraglos korrekt, und es ist wenigstens ein gewisser Trost, daß viele der Bordinassen am Leben blieben.

Diese katastrophale Seefahrt brachte den Oberbefehlshaber Mittelmeer in eine höchst unangenehme Lage. Von den bei Verband B verladenen 4000 Mann waren – nach Verladen von Kreta – nicht weniger als 800 auf See gefallen, verwundet oder gefangen. Sollte dies der Verlustmaßstab werden, dann sah es so aus, als ob – abgesehen von unseren eigenen voraussichtlichen Verlusten an Schiffen und Mannschaften, die sich schwerlich umgehen ließen – unsere Anstrengungen zur Rettung des Heeres vor Gefangennahme nur zur Vernichtung eines großen Teiles der Truppen führen könnte. Nur nach langen besorgten Überlegungen konnte der Entschluß zur Fortsetzung des Abtransports gefaßt werden.

Dieser Entschluß erwies sich als weitgehend gerechtfertigt, weil die übrige Evakuierung fast ohne Personalverluste vor sich ging. Der Jagdschutz wurde ständig wirksamer und der Feind weniger unternehmungslustig: Daß er die nächtliche Verladung bei Sfakia nicht störte, war außerordentlich überraschend und erinnerte an die Räumung Griechenlands.

Der Kommandierende Vizeadmiral des 15. Kreuzergeschwaders, King, führte zwei erfolgreiche Räumungen durch und verlud jeweils in der Nacht zum 30.5. und in der letzten Nacht zum 1.6. große Bestände an Mannschaften. Bei der ersten Gelegenheit hatten wir Glück, daß – wenn auch die *Perth* getroffen und beschädigt wurde – die *Glengyle* mit 3000 Mann entkam.

Die Leistung des Kapitäns der 7. Zerstörerflottille auf der *Napir*, Captain Arliss, beim Verladen von jeweils 700 Mann auf die *Napir* und *Nizam* in der Nacht zum 31.5. war beachtlich.

Der Verlust der *Kalkutta* am 1.6. – nur 100 Meilen vor Alexandrien – kam als letzter Schlag. Dieses schöne, kleine Schiff hielt trotz der Luftangriffe den Rekord an Tapferkeit und schwierigem Einsatz, der bei der englischen Marine wohl fast unübertroffen ist. Man darf sagen, daß sie einem aufs Geratewohl geführten Schlag zum Opfer fiel, und die Mittelmeerflotte ist durch ihren Verlust ärmer geworden.

Kapitän Carne auf der *Coventry* hatte die Aufgabe, ihre Überlebenden zu bergen, und hat sich durch die Rettung so vieler Männer verdient gemacht.

Der Entschluß, in der Nacht zum 2.6. keine weitere Evakuierung zu versuchen, wurde mit größtem Widerstreben gefaßt; da aber die Verbände immer mehr zusammenschmolzen und Männer und Maschinen der Erschöpfung nahe waren, ließ sich ein weiterer Versuch nicht rechtfertigen zu einem Zeitpunkt, wo den Truppen bereits der Kapitulationsbefehl erteilt worden war. Besonders qualvoll war es, daß ein großer Teil der Männer, die für die Kapitulation zurückblieben, aus englischer Marineinfanterie bestand, die ein so tapferes Nachhutgefecht geliefert hatte.

Verhalten und Disziplin bei den Offizieren und Mannschaften aller Truppengattungen bei dieser Feuerprobe war eine Quelle der Begeisterung. Am Schluß meines Berichts über diese Phasen des Kampfes um Kreta mache ich die Bemerkung, daß ich auf die Mittelmeerflotte nie stolzer gewesen bin als bei jenen Prüfungen, die sie noch durchzumachen hatte. Mehr als einmal hatte ich das Gefühl, daß ein Stadium erreicht war, wo man nicht noch mehr von Offizieren und Mannschaften verlangen konnte.«

Soweit der Bericht des Oberbefehlshabers Mittelmeer. Die englische Flotte hatte (nach Angaben der britischen Admiralität) zu diesem Zeitpunkt 2 Kreuzer und 4 Zerstörer verloren. Ein Flugzeugträger, 2 Schlachtschiffe, 1 Kreuzer und 1 Zerstörer waren darüber hinaus außer Gefecht gesetzt worden. Weitere 5 Kreuzer und 4 Zerstörer waren von den Bomben deutscher Flugzeuge getroffen und leicht beschädigt worden.

Bereits am 27. Mai 1941 zog der britische Kriegspremier, Winston Churchill, das Fazit des Kreta-Unternehmens der Deutschen. Vor dem Unterhaus verlangte er die schnellstmögliche Aufstockung der britischen Fallschirmjäger-Kontingente von 500 auf 5000 Mann. Er hatte erkannt, daß der Fallschirm- und Luftlandeeinsatz von Truppen auch in Zukunft von entscheidender Bedeutung sein würde. Vor allem bei einer Landung auf dem europäischen Festland.

Auch in Amerika wurde die Ausbildung von Fallschirmjägern nach dem gelungenen deutschen Kreta-Unternehmen noch mehr als bisher forciert.

Schon kurz nach den deutschen Erfolgen im Mai 1940 in Holland hatte General Marshall, der US-Stabschef, den damaligen Major C. Lee zum Fallschirm-Entwicklungsoffizier ernannt.

Lee befehligte später als Generalmajor die 101. US-Luftlandedivision. Daß die erste amerikanische Versuchseinheit, die in Stärke von 48 Mann im September 1940 aufgestellt wurde, so schnell zur Division heranwuchs und daß sich ihr bald eine zweite Division hinzufügte, war die natürliche alliierte Reaktion auf den großartigen deutschen Kreta-Erfolg.

Den rund 20 000 Mann deutscher Truppen hat auf Kreta ein in festen, gut ausgebauten und mit schweren Waffen und Panzern ausgerüsteter Gegner gegenübergestanden, der sich aus 28 000 britischen, 10 000 griechischen und 4000 Arbeitsdienst-Soldaten zusammensetzte.*) Dieser doppelt so starke Gegner wurde durch eine große Flottenstreitmacht geschützt.

In dem zusammenfassenden Bericht des OKW über den Balkanfeldzug hieß es über die Verluste auf Kreta:

Die Verluste betragen beim Heer:

an Toten:	20 Offiziere,	301 Unteroffiziere u. Mannschaften
an Vermißten:	18 Offiziere,	596 Unteroffiziere u. Mannschaften
an Verwundeten:	13 Offiziere,	274 Unteroffiziere u. Mannschaften
Insgesamt:	51 Offiziere,	1171 Unteroffiziere u. Mannschaften

Die Verluste bei der Luftwaffe (Flieger- und Fallschirmtruppe):

an Toten:	105 Offiziere,	927 Unteroffiziere u. Mannschaften
an Vermißten:	88 Offiziere,	2009 Unteroffiziere u. Mannschaften
an Verwundeten:	104 Offiziere,	1528 Unteroffiziere u. Mannschaften
Insgesamt:	297 Offiziere,	4464 Unteroffiziere u. Mannschaften

Die britischen Verluste wurden in diesem zusammenfassenden Bericht wie folgt angegeben:**)

an Gefangenen: 10 700 britische Offiziere und Mannschaften
5 000 griechische Offiziere und Mannschaften

an Gefallenen: 5000 britische u. griechische Offiziere u. Mannschaften (ohne die auf See zugrunde gegangenen).

Neuseeländische Historiker beziffern die Verluste der britischen Landstreitkräfte an Toten, Verwundeten und Gefangenen auf 15 743 Mann.

Die Verluste innerhalb der britischen Marine wurden von ihnen mit 2011 Mann angegeben.

Daß deutscherseits nicht so viele Menschen auf See blieben, lag einmal darin begründet, daß nur die beiden Leichten Schiffsstaffeln

*) Anlage 5: Das Kräfteverhältnis in den verschiedenen Kampfabschnitten.

**) Siehe Anlage: Britische Verluste.

mit dem Gegner in Kampfberührung kamen. Zum anderen hat der deutsche Seenotdienst – in keiner Publikation über Kreta erwähnt, aber dennoch mit vorbildlicher Einsatzreue kämpfend – immer wieder heroische Anstrengungen unternommen, um deutsche Schiffbrüchige zu retten.

Die mit Beendigung des griechischen Feldzugs in der Ägäis zur Verfügung stehenden Kräfte reichten für den Seenotdienst nicht mehr aus. Die mehrfachen Anträge der Luftflotte 4 auf Verstärkung des Bestands an Seenotflugzeugen, erbrachte eine Vermehrung um 3 Maschinen, die aus der Seenotzentrale Sizilien stammten. Es kam beim Seenotdienst in der Ägäis darauf an, durch Improvisationen Lücken zu schließen. So wurden

1. alle für den Seenotdienst geeigneten Maschinen unter der nach Phaleron verlegten Seenotzentrale Ägäis zusammengefaßt.
   a) Die eigentlichen Seenotflugzeuge: 5 He 59 und 3 Do 24.
   b) Die bei den Jagdgeschwadern befindlichen FW 58, für Abwurf von Schlauchbooten.
   c) Verstärkungen an Landflugzeugen der Westa 76 und der Flugbereitschaft Luftflotte 4.
   d) Eine neue eingetroffene Staffel der Seeaufklärungsgruppe 126, mit He 60 ausgerüstet, zur Aufklärung des Seegebiets nach Seenotfällen.
2. Die Bereitstellung einer größeren Anzahl von Seenotfahrzeugen erwies sich bei dem geringen Schiffsbestand in der Ägäis als unmöglich. Mit größter Mühe konnten drei bedingt geeignete Fahrzeuge ausgerüstet werden.
3. Es wurde durch Nachschub aus Deutschland eine ausreichende Anzahl Schlauchboote bei der Seenotzentrale Ägäis für den Abwurf bereitgestellt.
4. Durch Admiral Südost wurde sichergestellt, daß alle in der Ägäis befindlichen Schiffe, besonders die der italienischen Kriegsmarine, zur Bergung von in Seenot befindlichen Leuten schnell herangezogen werden konnten.
5. Einrichtung von Seenotstützpunkten in Melos und Molaci.

Auf dieser Grundlage war es möglich, größere Verluste auf See zu vermeiden und nach Vernichtung der einen Hälfte der 1. Leichten Schiffsstaffel einen großen Teil der im Wasser treibenden Soldaten zu retten.

Im Verlauf der Operationen um Kreta wurden durch den Seenotdienst gerettet:

Mit Flugzeugen:	178 Mann
Mit Bootsgruppen:	84 Mann.

Dieser Erfolg der Seenotdienste verdient besondere Erwähnung, da die Rettung zum größten Teil dicht an der kretischen Küste bei schwerem Seegang erfolgte und oft nur durch Überbeladen der Flugzeuge möglich war. Eine große Anzahl weiterer Schiffbrüchiger wurden durch die nach der Versenkung der 1. Leichten Schiffsstaffel sofort ausgelaufenen italienischen Schnellboote sowie durch die italienischen Torpedoboote *Lupo* und *Lyra* gerettet, die in ihrem Einsatz vorbildlich waren.

Durch den Abwurf von Schlauchbooten konnte eine Reihe weiterer im Wasser treibender Soldaten gerettet werden.

Anlage 1

Die britische Mittelmeerflotte

Schlachtschiffe:
Queen Elizabeth, Barham, Waspite, Valiant.

Flugzeugträger:
Formidable

Kreuzer:
Gloucester, Fiji, Ajax, Dido, Orion, Perth, Naiad, Phoebe, Calcutta, Carlisle.

Minenkreuzer:
Abdiel.

Zerstörer:
Napier, Nizam, Kandahar, Kelvin, Kipling, Kingston, Kimberley, Kelly, Nubian, Juno, Janus, Jervis, Jackal, Isis, Imperial, Illex, Hero, Hotspur, Hereward, Hasty, Havock, Griffin, Greyhound, Decoy, Defender, Stuart, Voyager, Vendetta, Waterhen.

Kanonenboote:
Auckland, Flamingo.

Netzleger:
Protector.

Anlage 2

Verlustmeldung des I./Luftlande-Sturmregiment im Kreta-Einsatz)*

Bataillonsstab:

Gefallen:	3 Offiziere,	5 Unteroffiziere,	13 Mannschaften
Verwundet:	1 Offizier,	5 Unteroffiziere,	6 Mannschaften
Vermißt:	– Offiziere,	– Unteroffiziere,	2 Mannschaften

1. Kompanie:

Gefallen:	2 Offiziere,	7 Unteroffiziere,	5 Mannschaften
Verwundet:	1 Offizier,	4 Unteroffiziere,	11 Mannschaften
Vermißt:	– Offiziere,	3 Unteroffiziere,	12 Mannschaften

2. Kompanie:

Gefallen:	2 Offiziere,	11 Unteroffiziere,	32 Mannschaften
Verwundet:	– Offiziere,	6 Unteroffiziere,	11 Mannschaften
Vermißt:	3 Offiziere,	1 Unteroffizier,	1 Mannschaften

3. Kompanie:

Gefallen:	1 Offizier,	3 Unteroffiziere,	12 Mannschaften
Verwundet:	2 Offiziere,	13 Unteroffiziere,	10 Mannschaften
Vermißt:	– Offiziere,	1 Unteroffizier,	– Mannschaften

4. Kompanie:

Gefallen:	3 Offiziere,	4 Unteroffiziere,	18 Mannschaften
Verwundet:	1 Offizier,	11 Unteroffiziere,	12 Mannschaften
Vermißt:	– Offiziere,	1 Unteroffizier,	2 Mannschaften

Gesamtverluste:

Gefallen:	11 Offiziere,	27 Unteroffiziere,	80 Mannschaften
Verwundet:	5 Offiziere,	39 Unteroffiziere,	50 Mannschaften
Vermißt:	3 Offiziere,	6 Unteroffiziere,	17 Mannschaften

Die Verluste der zugeteilten LS-Flugzeugführer betrugen:

Gefallen:	2 Offiziere,	11 Unteroffiziere,	
Verwundet:	2 Offiziere,	5 Unteroffiziere,	4 Mannschaften

*) Ausschließlich der Kompanie Osius (F.-Kompanie).

Anlage 3

Beim Unternehmen »Merkur« fielen folgende Sanitätsoffiziere:

Oberarzt Dr. Otto Brinkhaus
Stabsarzt Dr. Ellenbeck
Oberarzt Dr. Hartmann
Oberarzt Dr. Hecker
Oberarzt Dr. Hesse
Assistenzarzt Rommeswinkel
Oberarzt Dr. Stehfen
Oberarzt Dr. Zwick

Fast alle Sanitätsoffiziere wurden im Einsatz verwundet. Die Zahl der Toten, Verwundeten und Vermißten unter dem Sanitätspersonal ist außerordentlich hoch. Allein beim I./Luftlande-Sturmregiment betrug die Zahl der Gesamtausfälle beim Sanitätspersonal 10 Mann. Das III./Luftlande-Sturmregiment hatte 25 Mann Sanitätspersonal-Verluste.

Die Sanitäts-Kompanie Dietzel jedoch, zu der die Einsatzgruppe unter Oberarzt Dr. Hartmann gehörte, die am frühen Nachmittag des 21.5.1941 westlich Platanias mitten in die feindlichen Feldstellungen sprang, wurde fast völlig aufgerieben. Nach der Meldung von Oberarzt Dr. Dietzel vom 9.6.1941 an den Regimentsarzt verlor die Kompanie:

Gefallene:	6 Offz., Uffz. und Mannschaften
Vermißte:	6 Offz., Uffz. und Mannschaften
Verwundete:	13 Offz., Uffz. und Mannschaften
Sprungverletzte:	2 Offz., Uffz. und Mannschaften
Gesamtverluste:	53 Offz., Uffz. und Mannschaften

Anlage 4

Das Kräfteverhältnis in den verschiedenen Kampfabschnitten

Auf deutscher Seite			Auf alliierter Seite
Fallschirmjäger			
Abschnitt Malemes:	1860 Mann	. . . .	11859 Mann
Abschnitt Suda:	2460 Mann	. . . .	14822 Mann
Abschnitt Rethymnon:	1380 Mann	. . . .	6730 Mann
Abschnitt Heraklion:	2360 Mann	. . . .	8024 Mann
Hauptquartier:	– Mann	. . . .	405 Mann
Summe:	8060 Mann		41840 Mann
später:			
Gebirgsjäger gelandet:	13980 Mann	Seetransport:	800 Mann
Gesamt-Truppen:	22040 Mann		42640 Mann

Anlage 5

Britische Verluste

	Tote	Verwundete	Gefang.	Gesamt
British Army	612	224	5315	6151
Royal Marines	114	30	1035	1179
Royal Air Force	71	9	226	306
Cypriots & Palestinians	9	1	396	406
Australian IF	274	507	3102	3883
Insgesamt:	1751	1738	12254	15743

Die Verluste der griechischen Armee konnten nicht ermittelt werden. Die angegebene Zahl von insgesamt 5000 Mann Verlusten dürfte ungefähr zutreffend sein.

Quellenangabe

Alman, Karl:	Sprung in die Hölle (Rastatt 1964)
Bräuer, Bruno:	Unser Oberst Schulz (Zs.)
Buchner, Alex:	Schwere Tage bei Rethymnon (Zs.)
ders.:	Gebirgsjäger an allen Fronten (Hannover 54)
Churchill, Sir Winston:	Memoiren (Bd. II und III Hamburg 1949)
Cunningham, Admiral:	A saylors Odyssee (London 1951)
Dobiasch, Sepp und Major Flecker:	Gebirgsjäger auf Kreta (Berlin 1942)
Genz, Alfred:	Kampfberichte Kreta (i. Ms.)
Gericke, Walter:	Da gibt es kein Zurück (Münster 1955)
Grabler, Josef:	Eine Armee flog durch die Luft (Zs.)
Heilmann, Ludwig:	Chania (Zs.)
v. d. Heydte, Prof. Dr.:	Daedalus Returned (London 1958)
Kerutt, Helmut:	Einsatz Rethymnon (i. Ms.)
Kollatz, Karl:	Generalmajor Karl-Lothar Schulz (Rastatt 1962)
ders.:	General der Fallschirmtruppe Ramcke (Rastatt 1962)
Langemeyer, Dr. Carl:	Die Männer mit den blauen Spiegeln (Zs.)
Lepkowski, Erich:	Mein Einsatz bei Rethymnon (i. Ms.)
Moorehead, Alan:	Afrikanische Trilogie (Braunschweig 1948)
Neumann, Dr. Heinrich:	Der Kreta-Einsatz des Luftlande-Sturmregimentes, Kampfberichte. – Sanitätsberichte (i. Ms.)
OKW:	Die Wehrmacht 1941 (Berlin 1941)
Ramcke, Bernhard:	Vom Schiffsjungen zum Fallschirmjäger-General (Berlin 1943)
Rechenberg, Hans:	Stunde der Bewährung: Kreta (Berlin 1941)
Ringel, Julius:	Hurra die Gams (Graz o. Jahr)
Schulz, Karl-Lothar:	Kampfbericht Heraklion (i. Ms.)
Seemen, Gerhard von:	Die Ritterkreuzträger 1939–1945 (Bad Nauheim 1955)
Sieber:	Gefechtsbericht der Gruppe Sieber (i. Ms.)
Spencer, John Hall:	Battle for Crete (London 1962)
Strassl, Ernst E.:	Die Nacht von Galatas (Berlin 1941)
Stephanides, Theodore:	Climax in Crete (London 1950)
Tippelskirch, Kurt v.:	Geschichte des Zweiten Weltkrieges (Bonn 1953)
Zentner, Dr. Kurt:	Illustrierte Geschichte des Zweiten Weltkrieges (München 1963)
Zierer, Otto:	Rot scheint die Sonne (Stuttgart o. J.)

Wehrmachts-Heeresberichte, Kriegstagebücher, Zeitschriften

Der Kampf um Kreta (Bericht des Oberbefehlshabers Mittelmeer, Admiral Cunningham an die englische Admiralität; Phase I bis IV)

Bericht Kreta (Der Luftflotte 4)

Einsatz Kreta (Bericht des XI. Fliegerkorps)

Einsatz Kreta (Bericht des Regimentsarztes des Fallschirmjäger-Sturmregimentes)

Deutsche Soldatenzeitung

Der deutsche Fallschirmjäger (1952–1964)

Die Wehrmacht (1941)

Infantry School Quarterly (1956/57)

Der Adler (1940–1941)

Deutsche Luftwacht (Ausgabe Luftwelt)

Die Garnison (1962)

Wehrmedizinische Mitteilungen (1960)

Der besondere Dank des Autors gilt Herrn Oberstarzt d. Res. Dr. Heinrich Neumann, der erst die ausführliche Darstellung des Einsatzes der Sanitäts-Einheiten auf Kreta möglich machte.

Herr Generalmajor Walter Gericke besorgte die kritische Durchsicht des Manuskriptes und gab wertvolle Hinweise zur weiteren Ausgestaltung desselben. Darüber hinaus stellte er bisher noch nicht ausgewertetes Quellenmaterial zur Verfügung.

TEXT - FOTOS

Oberst Bruno Bräuer, Kommandeur des FJR 1, Mitte, im Gespräch mit Major Schulz, links (oben)

Major Schulz in Heraklion (unten)

General der Flieger Student trifft auf Kreta ein und wird von Generalmajor Ringel, dem Kommandeur der 5. Gebirgs-Division, in die Lage eingewiesen (oben)

Mit einem Krad fährt General Student nach vorn (unten)

Nach dem nächtlichen Gefecht dringen die Fallschirmjäger des III. III. FJR 1 unter Major Schulz in Heraklion ein (oben)

Major Schulz (rechts mit Stahlhelm) und Oberleutnant Kerfin verhandeln mit dem Bürgermeister von Heraklion (unten)

Karl Lothar Schulz hier als Oberst nach der Verleihung der Schwerter zum Ritterkreuz mit Eichenlaub ganzseitig)

Kurz bei der Landung nahe Malemes, die Waffenbehälter werden entladen (oben)

Es geht zum Einsatz (unten)

Zeltlager am Rande eines Olivenhaines bei Malemes (oben)

Griechenmädchen bestaunen das Zeltlager (unten)

Me 110 fliegen Geleitschutz über dem Mittelmeer (oben)

Ju 52 werden für Kreta beladen (unten)

Absprung über Kreta — Vom Himmel in die Hölle (oben)

Luftlandetruppen der zweiten Welle verlassen ihre Transportmaschine (unten)

Fallschirmjäger fallen vom Himmel.

Blick auf Heraklion knapp ein Jahr später, im Februar 1942

Ju 52 müssen zum Start nach Kreta neu betankt werden.

General der Gebirgstruppen Julius Ringel, der auf Kreta seine Gebirgsjäger zum Sieg führte (ganzseitig)

Kampfpause auf Kreta; ein Schluck Tee aus der Feldflasche erfrischt

Der Kampf ist bei Heraklion beendet. Major Schulz und Oberst Bräuer sind erleichtert.

Major Hans Kroh (hier als Brigádegeneral der Bundeswehr war die Seele der Verteidigung der bei Rethymnon eingeschlossenen Kampfgruppe (ganzseitig)

General der Fallschirmtruppe Student auf dem Gefechtsstand der 5. Gebirgs-Division; zweiter von rechts. Generalmajor Ringel, ganz links, berichtet von seinen Jägern (oben)

Gebirgsjäger des GJR 100 verfolgen den weichenden Gegner in Richtung Rethymnon (unten)